세계
존재의
이해

존재에 대한 다양한 이론

세계 존재의 이해

지은이 / 손동현, 김태경, 김영균, 이충진, 이광모, 한희진, 김종엽, 박필배, 박정희,
홍지호, 전대석
펴낸이 / 강동권
펴낸곳 / (주)이학사

1판 1쇄 발행 / 2013년 2월 28일

등록 / 1996년 2월 2일 (등록번호 제 03-948호)
주소 / 서울시 종로구 안국동 17-1 우 110-240
전화 / 02-720-4572 · 팩스 / 02-720-4573
이메일 / ehaksa@korea.com

ISBN 978-89-6147-175-6 93100

* 책값은 뒤표지에 표시되어 있습니다.

이 도서의 국립중앙도서관 출판시도서목록(CIP)은 e-CIP 홈페이지(http://www.nl.go.kr/ecip)와 국가자료공동목록시스템(http://www.nl.go.kr/kolisnet)에서 이용하실 수 있습니다.
(CIP제어번호: CIP2013000814)

세계 존재의 이해

손동현
김태경
김영균
이충진
이광모
한희진
김종엽
박필배
박정희
홍지호
전대석

존재에 대한 다양한 이론

이학사

차례

서론: 존재론적 탐구의 시원과 전개

손동현

1. 현실에 대한 지적 대응

인간은 항상 문제 상황 속에서 그 생을 영위하고 있다. 문제 상황의 연속 그 자체가 곧 인간의 삶이라고도 말할 수 있다. 인간이 이 문제 상황을 면할 수 없는 이유는 그 문제 상황의 근원이 그에게 주어진 자연적 생에 있기 때문이다. 더 구체적으로는, 그 자연적 생의 내외 양 측면, 즉 그의 '내적 자연'과 '외적 자연'이 부정합하다는 사실 때문이다. 그의 내적 자연이란 곧 그의 자연적 본성이요, 외적 자연이란 그의 삶이 영위되는 외부의 자연 세계이다.

삶에 문제가 없다는 것은 내적 자연으로부터의 욕구와 외적 자연에 의한 이의 충족 사이에 어떤 식으로든 평형과 조화가 이루어져 있음을 가리키는 것이다. 그런데 인간의 경우, 그의 자연성에 내재해 있는 '부정합성' 때문에 이런 평형상태에 도달한다는 것은 원리적으로 불가능한 일이다. 그리고 이 근원적인 부조화 때문에 인간은 살아 있는 한, 항상 어떤 문제든 문제에 부딪치게 되어 있다.

이 근원적 부조화, 부정합성이란 무엇인가?

모든 동물은 그 종(種)에 따라 자연 속의 특정한 지리적·생태 기능적·구조적 영역을 그 고유한 삶의 터전으로 확보하고 있다. 그리고 이른바 이 '환경 세계(Umwelt)' 속에서 다른 어떤 동물보다도 가장 유리하게 삶을 영위할 수 있도록 그 신체적 구조 및 이에 따르는 운동·감각기능이 일정한 방향으로 특수화·전문화되어 있다. 그러나 인간이라는 종은 전혀 그렇지 않다. 신체적 구조가 특정 방향으로 발달되어 있지도 않고, 감각·운동 기능에 있어 어느 것 하나 다른 동물보다 월등한 것으로 내놓을 만한 것이 없다. 특수화·전문화를 통한 신체적 무장이 전혀 되어 있지 않다는 것이다. 따라서 그에게는 텃세를 부리며 가장 유리한 입장에서 생존해나갈 수 있는 자연 속의 고유한 환경 세계 또한 주어지지 않는다. 즉 다른 동물에 있어선 그 신체가 지니는 자연적 본성(즉 내적 자연)과 환경 세계(즉 외적 자연)가 서로 빈틈없이 대응·합치하고 있는데, 인간에게 있어선 이 대응·합치가 이루어지지 않는다는 것이다. 그리하여 다른 동물은 그에게 자연이 부여한 본성에 따라 주어진 자연환경 속에서 생존해나감에 아무 어려움이 없는 데 반해, 인간은 그렇게 주어진 대로는 생존 자체가 위협을 받는다. 감각·운동 기능의 비전문성, 신체적 비무장상태뿐 아니라, 성장의 지진성(遲進性) 및 비자립성 등이 인간을 동물 중 가장 무력한 열등아로 만드는 것이다.

내적 자연과 외적 자연의 구별이 인간 존재에 있어 중대한 의미를 갖는 더 큰 적극적 이유는 인간이 저 양자 간의 히아투스(Hiatus), 즉 불합치·부정합(不整合)에 굴복해 도태되지 않고, 이를 극복함으로써 정신적·문화적 존재로 고양된다는 사실에 있다. 시점을 달리해보자면, 동물적 삶에 있어서 신체적 구조나 기능의 특수성·전문성은 삶의 고정성을 의미하며, 환경 세계의 고유성은 삶의 폐쇄성을 의미하는 것이다. 이에 비해 볼 때 인간의 자연적 생에서의 신체적 미정형성(未定形性)은 삶의 방식의 무한한 가능성을 의미하고, 안정된 환경 세계의 부재(不在)는 '세계'의 개방성을 의미하는 것이다.

그런데 우리가 끊임없이 부딪치게 되는 문제들 가운데 중대한 문제일수록 그 해결도 쉽지 않은 것이 보통이요, 따라서 치열한 지성적 활동이 요구되는 것도 바로 여기에서이다. 부정합성에서 오는 문제의 해결에 요구되는 것이 지성이요, 또한 바로 그 부정합성 때문에 가능한 것이 지성이다. 즉 인간으로 하여금 고정된 신체 구조의 제약을 벗어나서 본능적 활동의 한계를 넘어서게 하는 힘이 곧 지성이다.

이렇듯 지성의 본질은 그것이 연유한 인간적 삶의 미정형성과 연관되어 있다. 즉 지성은 고정된 삶의 폐쇄된 영역에서 벗어날 때 출현하는 것인데 인간은 앞서 보았듯 그 자연적 생에 있어 한정된 영역에 갇혀 있지 않고, 열려진 세계를 마주하고 있는 것이다. 그리하여 지성은 직접적인 자연적 생의 대상으로부터 '거리를 취하고 뒤로 물러섬'에 그 근원적 본성이 있다. 동물의 자연적 생이 사물에 대해 오직 밀착적인 태도만을 취하는 데 반해, 인간은 자연과 거리를 가지고 사물을 자신에 대하여 '마주(ob, gegen) 서 있는(iectus, stehendes)' 것으로서, 즉 대상(object, Gegenstand)으로서 '바라보는' 태도를 취하거니와, 이것이 바로 지성적 활동의 근본이다. 지성의 산물인 이론·학설을 뜻하는 말(theory, Theorie)이 사물을 대상화시켜 '그저 바라본다(theorein)'는 뜻의 헬라어에서 유래함은, 지성의 본성을 밝혀주는 훌륭한 거울이 된다. '그저 바라본다.'고 해서 얼빠진 채 정신없이 바라본다는 것은 물론 아니다. '그저 바라본다.'는 것은 오히려 직접적이고도 구체적인, 그 어떤 유기적 자연의 생의 요구에도 사로잡히지 않은 채, 정신을 바짝 차리고 사물을 그저 있는 그대로 관조하는 것이다. 현실적인 이해관계나 개인적인 취향이나 선입견에서 벗어나 사물을 바라볼 때, 우리는 사물에 대한 공정하고도 객관적인 지식을 얻게 되거니와, 바로 여기에 지성의 본성이 있다는 것이다.

인간이 자연적 존재이자 또한 정신적·문화적 존재라는 상식적인 명제의 참뜻은, 인간은 자연적 존재인데 거기서 멈추지 않고 한 걸음 더 나아가, 추가적으로 정신적 존재이기도 하다는 데 있지 않고, 오히려 인간은 그저 '자연적으로'만은 도저히 생존조차 할 수 없는 특이한 자연적 존재라서 문화적 존재가 되지 않을 수 없다는 데에 있다. 인간은 일차적으로 자연적 존재임에 틀림이 없으나, 그 자연적 삶의 여건을 문화적 삶의 세팅으로 재구성, 전변시키지 않고서는 그 자연적 생 자체를 유지해나갈 수 없는 존재라는 점이다. 인간의 정신적·문화적 삶은 곧 그의 자연적 삶으로부터 필연적으로 귀결되는 것이요, 따라서 인간은 그 '자연적 본성'에 있어서 정신적·문화적 삶을 영위할 수 밖에 없는 "자연적으로 문화적인" 존재이다. 인간은 문화 세계를 구축하여 그것을 삶의 터전으로 하지 않으면 자연 세계에서조차 생존할 수 없는, 본성적으로 항상 위기(Krisis)에 처해 있는 존재요, 이 위기를 극복하는 능력이 곧 지성에 있다는 것이다. 지성의 근본 과제가 비판(Kritik)에 있는 것은 그것이 바로 저 위기에 대처하는 것이기 때문이다.[1]

1 '위기'와 '비판'이 같은 어원(희랍어 krinein: 가르다, 구별하다, 떼내다)에서 나왔다는 것은 함의하는 바가 크다. 가르고 구별하고 떼어내는 일이 곧 비판이요, 이런 활동이 불가피한 상황이란 곧 위기의 상황이다.

2. 형이상학적 문제의 등장

지성의 본성이 사물로부터 거리를 취하고 유기적 생의 요구로부터 벗어나 사물을 있는 그대로 바라봄에 있다고는 했으나, 지성의 활동에는 이것이 이러한 본성에 얼마나 충실한가에 따라 몇 단계의 구별이 생기게 된다. 이 구별은 물론 달리 보면 지성적 활동을 통해 해결토록 주어진 문제가 어떤 종류, 어떤 성질의 것이냐에 따라, 그리고 거기서 얻어진 지식이 어떤 성격의 것이냐에 따라 생기는 것이라 할 수 있다.

외적인 환경과의 일상적인 교섭에서 가장 직접적으로 쉽게 얻게 되는 것은 감각적 지각을 통한 경험적 지식이다. 이는 우리 각자가 직접적인 감각적 교섭에서 시행착오의 과정을 거쳐 얻은 가장 원초적인 지식이다. 따라서 이러한 지식은 지극히 주관적이고 그 타당성 또한 지극히 제약되어 있다.

그런데 이러한 경험적 지식이라 하더라도 이것이 사회적으로 축적되어 공동성·일반성을 띠게 되면 거기에 이른바 상식이 형성된다. 비록 시행착오를 바탕으로 한 감각적·직접적 지식이긴 하지만 공동체 구성원 모두에게 공유되어 있는 것이라면, 이는 사회적으로 마땅히 일반적 타당성의 성격을 부여받게 된다. 상식이란, 말하자면 개인소유가 아닌 공동소유의 지식이요, 사회 구성원 모두에게 통용이 요청되는 것으로 사회적 유대를 공고히 하는 지반이 되기도 한다. 일상적 사회생활에서 이 상식을 벗어날 때, 이를 때로 죄악시하기까지 하는 것은 이 상식이 단순한 사실적 지식의 영역에 국한되어 있는 것이 아니라, 공동체의 존속에 필요한 가치판단의 영역에까지 확장되어 있음을 가리키는 것이다.

그러나 상식은 그 원인 내지 근거에 대한 비판이나 반성이 없이 그저 자명한 것으로 용인되는 단편적인 지식이다. 그것은 말하자면 공동의 독단이라고도 할 수 있는 것이다. 그러기에 상식은 왕왕 부당한 것으로 판명되기도 하는 것이다. 상식은 또 특정한 시대나 사회 공동체에 그 통용이 국한되는 역사적·지역적 상대성을 벗어나지 못한다. 조선 시대의 상식이 오늘날 우리에게 타당치 않으며, 미국인의 상식이 우리에게 그대로 적용될 수 없음이 그 때문이다. 따라서 상식은 일상적인 공동체적 경험의 세계를 넘어서서 새로운 세계를 만나게 되면 지식으로서의 가치를 잃고 동요하게 된다. 바로 이 상식의 한계에서, 인간은 원인 내지 근거에 대한 뚜렷한 반성 가운데 그에 대한 해명을 통해 보편타당성을 갖는 지식을 추구하게 된다. 여기에 성립되는 지식이 다름 아닌 과학적 지식이다.

과학적 지식은 경험된 사실에 대한 지식이 아니라 그 사실의 원인 근거에 대한 지식이다. 즉 그것은 개별적 사실에 대한 단순한 주관적 지식이 아니라 개별적 사실들을 지배하는 보편적 원리에 대한 지식이다. 과학적 지식이 역사적·지역적 제약을 벗어나 보편타당성을 가질 수 있는 이유는, 그렇듯 그 대상의 보편성에 기인한다. 이렇게 볼 때 우리는 과학적 지식의 단계에 와서 지성의 본성이 바야흐로 유감없이 드러남을 보게 된다. 즉 과학은 일상의 실리적 관심에서 벗어나 거리를 두고 사물을 대할 때 성립하는 것이다. 그래야만 사물의 배후에 그 원인으로서 깔려 있는 보편적 원리를 찾아낼 수 있는 것이다. 오직 실리적인 이해관계만을 안중에 둔다면, 보편적 원리보다는 경험의 누적, 즉 경험적 숙련이 더 중요하게 보일 것이다. 그러나 직접적인 실리를 떠남으로써 과학은 오히려 인간의 가능한 경험 세계를 무한히 확장시키며, 이로써 우회적이고 간접적으로 더 큰 실리의 추구도 가능하게 해준다. 보편적 법칙의 발견은 그것에 의존하는 미경험의 세계를 예측할 수 있게 해주기 때문이다. 오늘날 과학의 성과가 우리에게 엄청난 실리를 가져다주고 있지만, 이는 보편적·과학적 지식을 개별적 사실 세계에 적용시킴으로써 결과한 것이요, 과학적 지식 자체의 추구가 그 단초에서부터 사물과의 직접적 이해관계에서 나온 것이라고 보긴 어렵다.

과학의 현실에 대한 적용은 과학이 사실로부터 추상된 순수한 이론적 지식이면서도, 또한 실험을 통해 경험적으로 입증될 수 있는 실증적 지식이라는 점과도 상통한다. 과학은 보편 법칙의 파악이라는 점에서 이론적·추상적이지만, 그것이 경험적 실증을 동반한다는 점에서 경험적이기도 하다는 것이다.

그러면 인간의 지성적 활동은 과학에 이르러 그 정점에 도달했다고 할 수 있겠는가? 인간의 지성적 활동은 따지고 보면 그 자연적 생이 난관, 즉 아포리아(aporia, '나룻배가 없어 길이 막힘'이라는 뜻)에 봉착할 때, 그 놀라움(thaumazein)으로 인해 발동되는 것이다. 그런데 인간에게 주어지는 모든 문제는 남김없이 과학에 의해 해결되는가? 그리하여 과학은 인간에게 어떤 난관도 없는 삶을 보장해주는가?

그렇지는 않다. 여기에 바로 과학의 한계가 있는 것이다. 우선 과학은 어떤 무비판적인 전제 위에 선다. 과학이 회의와 비판을 통해 사물의 배후로 들어가 보편적인 원리를 찾는 것은 사실이지만, 그때 과학은 그 원리의 근거를 더 깊이 궁구해 들어가지는 않는다. 즉 최후의 궁극적 원리까지 추구하지는 않고, 일정한 세계상을 전제로 하여 발견된 법칙의 보편타당성을 입증하려고 하는 것이 과학이다.

또한 과학은 세계를 그 전체에 있어서 파악하려 하지 않는다. 과학이 보편적 원리를 탐구한다고는 하나, 그것은 특정한 존재 영역에 있어서의 원리요, 세계 전체를 지배하는 존재 일반의 궁극적 원리는 아닌 것이다. 이를테면 물리학은 물리적 자연에, 경제학은 인간의 경제생활에 국한된 과학이다. 과학의 발달이 과학적 탐구의 영역을 점점 더 세분해나가고 있거니와, 이는 과학이 존재 일반의 특정 부분만을 탐구하는 지적 활동임을 잘 말해주는 것이다.

나아가 과학은 어디까지나 객관적 세계를 그 탐구의 대상으로 할 뿐, 삶의 주체인 '나'에 대해선 침묵한다. '나'라는 주체의 참된 모습은 무엇이며, '나'의 삶의 의미와 목적은 무엇인지, 이런 문제에 대해 과학은 접근조차 하지 않는다. 이는 과학이 그 지적 활동의 방법상 한계가 있기 때문이다.

과학의 한계에서 만나게 되는 문제들, 모든 원인이나 법칙의 근거가 되는 최후의 원리는 무엇인가? 도대체 이 세계의 존재는 무슨 의미가 있으며 어떤 목적을 향하고 있는가? 그리고 그 안에 살고 있는 나는 무엇이며 내 삶의 의의는 무엇인가? 이러한 문제들이야말로 실은 우리에게 진정 중대하고 심각한 문제들이요, 우리가 불가피하게 부딪치게 되는 난문들이거니와, 이런 문제들에 관한 지적 사색의 작업이 시작될 때, 마침내 철학적 사유의 지평은 열리는 것이다. 철학이란, 인간의 지성적 활동의 정점에서 전개되는 것이요, 따라서 지성의 본성이 그 극단에서 발휘되는 곳이기도 하다. 인간에게 주어지는 문제 중 가장 근원적이고 궁극적인 문제들, 이러한 철학적 문제들이 바로 형이상학적 문제들이다.

3. 형이상학적 문제에 대한 존재론적 탐구

이렇듯 지적 탐구의 최종 단계에서 전개되는 철학적인 문제 영역의 배후에는 어디에나 형이상학적인 문제가 도사리고 있게 마련이다. 그렇다면 이 형이상학적 문제들에 대해 우리는 어떤 태도를 취해야 할까? 과학적 탐구의 한계에서, 인간의 지적 활동의 정점에서 만나게 되는 난문(難問, aporia)들을 우리는 어떻게 다루어야 할까? 이지적 탐구의 태도는 더 이상 유효하지 않으니 포기해야 할까? 종교적 신앙이나 예술적 정서의 영역으로 들어가야 할까? 여전히 지적 탐구의 태도를 견지한다면 어떤 길을 가야 할까? 희랍철학은, 그리고 희랍철학에서 기원한 서양철학의 주류는 이 문제에 대해 존재론적 탐구로 대응하는 태도를 취한다.

거꾸로 말하자면 존재론은 형이상학적 물음에 대한 희랍철학적인, 즉 서양철학적인 응답이다. 인간과 세계의 근원과 종국에 대한 물음, 인간의 운명에 대한 물음, 세계의 존재 및 인간의 삶의 의의에 대한 물음, 자연의 변화를 지배하는 원리와 인간의 행동이 따라야 할 원리에 대한 물음, 이러한 궁극적 난문 앞에서 고대 희랍의 식자들이 취한 태도는 신화적 사고를 벗어나 역시 이지적 탐구의 길을 더 밀고 나아가는 것이었다.

희랍철학은 우선 주어진 자료에 대한 이론적 인식에서부터 출발한다. 자료 없이 형성되는 사유는 비록 철학적이고자 한다 해도 여전히 신화적 사고에서 아직 덜 벗어난 단순한 세계관에 머물기 쉽다. 물론 이 이론적 인식은 '모든 것'을 자료로 삼는 존재론에서 그 정점에 이른다. 따라서 이러한 희랍철학적인 이지적 태도를 전승하는 한, 서양철학에서 형이상학은 존재론을 기초로 한다. '모든 것'을 자료로 삼는다는 것은, 존재론이 모든 존재자를 다만 존재자로서 다룸으로써 사물의 존재 자체를 탐구한다는 언명의 실질적 내용이다.

형이상학적 문제에 대한 서양철학의 이러한 지적 대응을 처음으로 명료히 정리한 사람은 물론 아리스토텔레스이다. 그는 이미 '으뜸가는 철학(prote philosophia)'이 다루어야 할 주제로서 '궁극적(제1의) 원리들', '존재로서의 존재', 그리고 '최고의 존재'를 제시함으로써, 존재론적 논구를 벗어나는 형이상학적 문제는 이 '으뜸가는 철학'의 내용이 될 수 없다는 암시를 한다. 실로 서양철학의 내부에서는 형이상학과 존재론이 내용적으로 동일시되거나 적어도 크게 중첩되는 것으로 이해될 만큼[2] 존재론은 형이상학적 사유의 중심에 놓여왔다.

그러나 형이상학이 곧 존재론인 것도 아니요, 형이상학적 문제에 대한 탐구가 반드시 존재론적인 것이어야 할 필연적인 이유가 있는 것도 아니다. 형이상학적 물음에 대응하는 지적 탐구는 다른 방향으

2 자세히 살펴보면, 아리스토텔레스의 『형이상학』에도 이미 존재론이 중심적 내용을 이루면서, 이와는 다른 내용, 즉 '최고의 존재'에 대한 '신론(神論)'이 포함되어 있지만, 그후 형이상학과 존재론의 관계는 스콜라철학 이후에 이와 유사한 구도로 정리된다. 즉 존재론은 형이상학 중에서도 가장 기초가 되는 '일반 형이상학(metaphysica generalis)'으로 이해되고 있다(Chr. Wolff의 체계 참조). '초월적 존재'에 대한 논구는 '형이상학'으로, '내재적 존재'에 대한 논구는 '존재론'으로 보려는 관점도 있는데, 이에 따르면 형이상학과 존재론은 그 자체로서는 중첩되지 않고 구별된다. 그러나 나는 형이상학을 그저 '철학적 난문들의 체계적 연관'으로 보고, 존재론은 그 난문들에 답하려는 근본적인 탐구라는 N. 하르트만의 견해를 받아들인다(Hartmann, 1935; 하르트만, 1986: 서론 참조). "형이상학"을 (한국에서는 특히 그 번역어의 표현 때문에) 논리학, 윤리학, 인식론, 미학 등과 나란히 병존하는 하나의 철학적 분과, 그것도 체계적 내용을 갖는 분과로 보는 것은 사안에 대한 이해 부족에서 오는 심각한 오해다. 형이상학은 탐구 성과의 체계가 아니라 기껏해야 '난제거리들의 집합'으로서 '문제의 형이상학'이 될 수 있을 뿐이다. 차제에, 철학의 분과 중 어떤 것은 "-학"으로, 어떤 것은 "-론"으로 번역하는 것은 잘못된 관행으로 개선되어야 함을 지적해둔다. 고 하기락 선생의 "존재학" 명칭은 이런 점에서 합당한 것이다.

로 나아갈 수도 있다. 우주의 본성[性]에 따라 인간이 마땅히 걸어야 할 길[道]을 궁구하여 이를 실행에 옮길 개인적, 사회적 방도[禮]를 모색함으로써 이러한 난문들에 대응할 수도 있고, 사물의 실체라는 것이 실은 공허한 것이요[諸法無我], 우주의 생멸 과정이라는 것도 일정치 않음[諸行無常]을 깨달아[覺] 외부로부터 다가오는 고통을 뛰어넘을 수 있는 정일(靜逸)한 내면적 마음가짐을 얻는[涅槃寂靜] 방도를 모색함으로써 이러한 난문들에 대응할 수도 있다.

철학적 탐구의 근본 문제를 이렇듯 유교 철학이 행동의 원리와 이의 실천에서 찾고 불교 철학이 주관의 내면적 의식과 이의 정화(淨化)에서 찾았다면, 서양철학은 세계의 인식, 그것도 총체로서의 세계 인식을 겨냥한 '존재론'에서 찾은 셈이다. 서양철학은 동양적인 접근법과는 달리 직접적인 실천적 연관으로부터 벗어나, 순수하게 이론적인 접근로를 택한 것이고, 거기서 모든 것을 다 포괄하는 가장 일반적이고 보편적인 문제 연관으로서 '존재'를 이론적 인식의 총괄체로서 문제 삼은 것이다. '존재'는 세계 전체를 남김없이 포괄한다. 존재 아닌 것은 곧 무(無)요, 무란 없는 것이기 때문이다. '존재'란 세계를 그 자체 있는 그대로 대하되, 모든 실질적인 내용은 남김없이 사상(捨象)하고 오직 그 가장 형식적인 면만 문제 삼고자 할 때 우리에게 드러나는 것이다. 이를 거점으로 하여 우리는 특정한 제약으로부터 벗어나 보다 일반적인 것, 보다 보편적인 것에로 사유를 확장시켜 나아갈 수 있다. 이 사유의 길은 곧 구체적인 것을 점진적으로 버려 나아가는 추상화의 길이기도 하다. 그리고 존재란 이 확장적, 추상적 사유의 길의 종국에서 비로소 열리는 세계의 평면도이다.

형이상학적 문제를 지적으로 다루는 데 있어 존재론적인 탐구가 적절한 것으로 택해졌던 까닭은 무엇이었을까? 서양철학이 '존재'의 인식을 문제 삼은 배경에는, 우선 인간의 삶이 인간 자신의 내면적인 희망과 욕구와 태도보다는 인간의 외부에 있는 객관적 현실에 의해 더 크게 좌우된다는 각성이 있었다고 생각된다. 희랍의 철학적 사고가 그 풍부했던 신화적 사고를 마감하며 등장했던 지성사적 사실이 이를 뒷받침한다. 이러한 지적 풍토에서 출현한 철학적 사고는 세계 그 자체에 관한 신뢰할 만한 지식의 근원으로 '존재자로서의 존재자', '존재 그 자체'에까지 진입해 들어간 것이다. 신뢰할 수 있는 지식이란 언제 어디서나 누구에게나 타당한 지식이어야 한다. 그리고 세계에 대해 보편타당한 지식을 얻기 위해서는 이 세계를 그 독자적, 객관적 측면에서, 즉 그 존재 자체에서 파악해야 한다.

존재에 관한 탐구가 세계의 인식에서 가장 근본적인 까닭은 무엇인가. 세계의 인식에서 제일 먼저 문제되는 것은 인식의 주체도, 인식의 대상도 자기동일성을 갖는 불변자여야 한다는 점이다. 인식주관의 자기동일성은 자명한 것으로 전제된다 하더라도 인식 대상의 자기동일성은 그저 단적으로 주어지는 것이 아니고 인식주관이 정립해야 하는 것이다. 이 대상의 자기동일성이 어떤 차원에서 어떤 내용의 것으로 확보되느냐에 따라 여러 서로 다른 학문이 성립한다.[3] 존재론이란 이 모든 차원에서 사물의 자기동일성이 성립하는 근본적인 기초를 마련해주는 논구요, 따라서 가장 높은 단계의 추상적 사고에서 이루어지는 것이다(박홍규, 1995: 16 이하 참조). 이런 맥락에서 존재론은 보편적인 불변의 하나의 원리를 탐색하고자 한다. 세계 내의 사물들은 우리의 일상적 경험에 '서로 다른 모습으로[差異性, 差別相]', '여럿

3 이를테면 그 자기동일성의 내용이 물리적 실체성이냐, 생명적 개체성이냐, 아니면 단순한 공간적, 양적 단위냐 등에 따라 물리학, 생물학, 기하학 등의 학문이 성립한다.

으로[多數性, 複數性]', '임의적이고 우연적인 것으로[偶然性]', '변화하면서[可變性]' '특수한 개개의 것으로[特殊性, 個體性]' '나타날[現象]' 뿐이다. 세계의 이러한 모습만을 자료로 해서는 세계에 대한 보편타당한 지식을 얻을 수 없다. 사물들의 이러한 피상적인 모습 뒤에 '한결같은[同一性]', '여럿을 하나로 통합시켜주는[統一性, 一者性]', '필연적인[必然性]', '불변하는[不變性]' '보편적인[普遍性]' 모습이 감추어져 있다면, 이것이야말로 사물들의 '진정한 모습[實在]'이 아니겠는가. 그리고 그것에 대한 지식만이 보편적으로 타당한, 신뢰할 만한 것이 아니겠는가. 그렇다면 그것을 탐구하는 것은 세계에 관한 다른 지식들의 기초가 되는 것으로서 가장 근본적인 보편적 탐구가 될 것이다. 존재론은 이렇듯 그 형식적 탐구를 통해 그 추상화의 정점에서 존재의 동일성, 보편성, 불변성, 필연성 등의 개념을 구명하고 또 존재의 계기, 구조, 방식, 양상 등을 밝힌다. 그리하여 다른 분과 학문들이 각기 그 탐구 영역에서 탐구 대상이 되는 사물의 자기동일성을 확보하여 사물들을 선명히 구분하고 또 이를 토대로 사물들의 관계를 밝히고 나아가 그 세계의 질서를 구명할 수 있는 기초를 마련한다.

존재론은 이렇듯 주관 독립적인 세계의 존재 자체를 문제 삼고 이 세계의 보편적 존재 기초 및 존재 원리를 탐구한다. 즉 존재론적 탐구는 사유 주관의 자기 투사(投射)이거나 자기반성이 아니라, 주관 독립적인 사유 밖의 세계를 지향하는 직지향적(直指向的, intentio recta) 탐구이다. 이런 점에서 존재론은 세계에 대한 긍정적이고 적극적인 지적 태도를 드러낸다. 존재론을 수행하는 이러한 지적 태도는 인간과 세계, 삶과 현실에 대한 이지적 태도를 반영하는 것으로 서양의 주지주의적, 합리주의적 전통의 원천이 된다. 존재론은 또 세계를 총체적으로 그 근본에 있어 문제 삼는다는 점에서 물론 철학적 탐구이지만,

그 탐구는 심정적, 종합적, 직관적, 주관적 지식을 추구하지 않고 오히려 논리적, 분석적, 설명적, 객관적 지식을 추구한다. 이러한 점들에 비추어볼 때 존재론은 근대 실증과학의 기초가 되고 또한 방법적 선구(先驅)가 된다. 그리고 이러한 점에서 희랍철학이 존재론으로 발단하고 서양철학이 전반적으로 이 전통을 계승한 것은 근대 이래 실증과학이 등장하게 된, 필연적 배경은 아니라 하더라도 충분한 배경은 되었다고 할 수 있다.

4. 존재론적 탐구의 가능 근거

그런데 과연 존재론적 탐구는 형이상학적 문제들을 공략하는 데 있어 성과를 거둘 수 있을까? 형이상학적 문제란 아포리아들이다. 지적 탐구의 한계에 등장하는 문제들로서 그 해결이 난망(難望)한 것들이다. 존재론적인 탐구가 이 난문들을 다루어 세계 해명에 새로운 빛을 던져 세계의 진상 파악에 진척을 보인다는 것이 과연 가능한 일이며 성과가 있는 일일까? 존재론적 탐구가 세계 파악에 기여할 수 있는 가능한 토대는 방법론적 관점에서 볼 때 과연 어떤 것인가?

세계는, 그것에 대한 우리의 인식 여부에 비추어보자면 우리가 이미 알고 있는 영역과 아직 모르고 있는 영역으로 구분된다. 달리 말하면 대상화된 영역, 즉 대상 영역과 대상화되지 않은 영역, 즉 초대상 영역으로 구분된다. 그런데 우리가 아직 모르는 초대상 영역은 다시 인식 가능한 영역과 인식 불가능한 영역으로 구분된다. 아직은 모르지만 앞으로 탐구의 결과 알게 될 영역이 인식 가능한 영역이라면, 원리적으로 탐구 자체가 불가능한, 즉 아무리 애써도 인간의 지력으로는 알 수 없는 영역이 인식 불가능한 영역이다.

세계의 존재 그 자체는 그것의 인식('대상화') 여부와 무관하기 때문에 인식의 경계는 원칙상 무제한 밀려날 수 있는 것이다. 그러나 세계를 인식해나감으로써 그 경계를 밀어내는 인간의 인식주관의 능력에는 한계가 있으므로 제2의 경계인 인식 가능성의 경계는 유동적인 인식의 경계와는 달리 고정된 절대적인 것이다(Hartmann, 1965: 59 참조). "이 제2의 경계 저편에 놓여 있는 인식 불가능한 영역은 달리 말하자면 비합리적인 것(das Irrationale)이요, 초지성적인 것(das Transintelligible)이다."(Hartmann, 1965: 59)[4] 그리고 바로 이 영역에 속하는 난제들, 즉 '비합리적인 나머지 문제들(die irrationale Restprobleme)'이 곧 모든 철학적 분과 영역의 배후에 도사리고 있는 형이상학적인 문제들이다(Hartmann, 1965: 126).

그렇다면 존재론적인 탐구가 형이상학적 문제들을 공략한다는 것도 무망(無望)한 일이 아닐까? 꼭 그렇지만은 않다. 우리는 인식 가능하긴 하지만 아직 인식하지 못하고 있는 초대상 영역과 아직 모를 뿐 아니라 원리적으로도 인식 불가능한 비합리적 초지성 영역을 논리적으로 구분하긴 하지만, 실제로 그 경계가 어디인지는 모른다. 따라서 초지성적 영역에 속하는 것으로 여기고 있는 형이상학적 문제들도 결코 해결할 수 없는 난제라고 단정할 수 없는 여지가 있다. "우리가 비합리적인 것이라고 알고 있는 것은 항상 다만 부분적으로만 비합리적인 것이다."(Hartmann, 1935: 27) 그 자체 인식 불가능한 것이야 물론 인식 불가능하지만, 우리가 인식 불가능하다고 생각하는 것이 곧

4 "비합리적"이란 이성적 사유를 통해 파악할 수 없다는 뜻. "초지성적"이란 인간의 지적 능력을 넘어선다는 뜻.

그 자체 전적으로 인식 불가능한 것이라고 볼 수는 없다는 것이다. 다시 말해 비합리적인 것 자체는 절대적이지만, 비합리적인 것에 대한 우리의 파악은 상대적이라는 것이다. 사실 형이상학적 문제 내용 전체가 그 자체 전적으로 비합리적인 것이라면, 그것을 철학적으로 다룰 전망은 없을 것이다.

가정적으로 우리의 탐구가 그 자체 인식 불가능한 경계에까지 접근해나가 인식 가능한 영역으로 확인된 것과 그 자체 인식 불가능한 영역이 만난다면, 철학적 탐구는 할 수 있는 일을 다한 채 종언을 고할 것이다. 또 나아가 인식된 영역이 확장되어 인식 가능한 영역을 완전히 그 안에 포함한다면, 따라서 인식된 영역과 그 자체 인식 불가능한 영역이 만난다면, 모든 학적 탐구는 할 수 있는 일을 다한 채 종언을 고할 것이다. 그러나 그 자체 인식 불가능한 것에 대한 인식, 즉 무엇이 인식 불가능한 것인지에 대한 인식이 인간에게는 불가능하므로 철학적 탐구는 멈출 수 없고, 마찬가지 논리로 제반 학적 탐구 또한 완결될 수 없다.

우리가 인식 불가능하다고 생각하는 것 중에는 더 깊은 탐구를 통해 인식 가능한 것으로 밝혀지는 부분도 있을 것이다. 형이상학적 문제가 문제로서 성립한다는 것 자체가 벌써 그것이 전적으로 인식 불가능하지만은 않음을 가리키는 것이다. 문제 파악 자체에 이미 문제가 되고 있는 사태에 대한 어떤 인식이 있다고 보아야 하겠기 때문이다. "우리는 항상 알고 있는 것에 잇대어 알 수 없는 것을 발견해낸다."(Hartmann, 1935: 27) 철학적 탐구의 길도 마찬가지다.

그러면 이는 어떻게 가능한가? 그 이유는, 인식된 것이나 인식되지 않은 것이나 인식될 수 없는 것이나 모두 존재 그 자체에 있어서는 무차별적이기 때문이다. "인식에 있어서의 모든 경계 너머로 다리를 놓아주는 현실적 세계의 연속적인 존재 연관"(Hartmann, 1935: 27)이 그것을 보장해준다는 것이다. "상대적인 인식의 경계(대상화의 경계)나 절대적인 인식 가능성의 경계(합리성의 경계)나 모두 …… 존재의 본질 아닌 의식의 본질에 뿌리박고 있어서 …… 두 경계는 다만 인식론적인 성격을 가질 뿐 존재론적인 성격은 갖지 않는다."(Hartmann, 1965: 248)

이렇듯 존재자는 그것이 인식되든 인식되지 않든 그에 상관없이 존재한다. 비합리적인 것은 "존재의 고유한 방식 때문에"(Hartmann, 1955: 46) 비합리적인 것이 아니라, "주관의 고유성, 즉 그의 인식능력·대상화 능력 때문에"(Hartmann, 1965: 248) 비합리적인 것이다. 비합리성의 근거는 존재 자체에 있는 것이 아니라 인식주관에 있는 것이다. 따라서 "즉자적으로 비합리적인 것이란 없고 오직 우리에 대해서 비합리적인 것만이 있다."(Hartmann, 1965: 250) 즉 '비합리성'은 존재론적인 개념이 아니라 다만 인식론적인 개념이다. 존재 그 자체에 관한 탐구는 이 때문에 가능한 것이다.

합리적인 것을 토대로 하여, 비합리적이라고 생각하는 것 가운데서 합리적인 것을 탐구해 들어간다고 하면, 이때 합리적인 것으로 탐구될 수 있는 것은 과연 무엇이겠는가? 우리는 그것이 곧 존재론적 요소임을 알 수 있다. 비합리적인 것도 합리적인 것과 꼭 마찬가지로 존재요, 합리적인 것의 존재를 탐구하듯 꼭 마찬가지로 비합리적인 것의 존재 또한 탐구할 수 있기 때문이다.

합리적인 것을 토대로 하여 비합리적인 것을 탐구하는 일이, 합리적인 것도, 비합리적인 것도 그 자체 존재인 점에서 무차별적이라는 이유 때문에 가능하다면, 이때 그 탐구가 존재론적인 것이 됨은 당연한 일이다. 모든 존재자를 그것이 그저 존재자인 한에서, 즉 존재를 그저 존재 그 자체로서 탐구하는 것이 곧 존재론 아닌가.

물론 형이상학적 문제가 오직 존재론적인 성격만을 갖는 것은 아니다. 또 마찬가지로 형이상학적 문제가 존재론적인 탐구를 통해 남김없이 다 다루어진다는 것도 아니다. “형이상학적 문제의 형이상학적 성격은 그것의 비합리성에 있고, 존재론적인 성격은 그 문제의 내용에 있기”(Hartmann, 1955: 49) 때문에 “존재 문제가 반드시 형이상학적일 필요도 없고 …… 형이상학적 문제가 반드시 존재론적일 필요도 없다.”(Hartmann, 1955: 49) 형이상학적 문제는, 그것이 존재론적인 성격을 갖는 그 범위 내에서만 존재론적으로 다루어질 수 있을 뿐이다.

그런데 문제는 이것만이 인간에게 가능한 유일한 학적 탐구의 길이라는 데 있다. 우리가 모든 철학적 탐구에 있어 종국에 가서는 존재론에로 귀착하게 되는 이유가 여기에 있다.

존재론적인 문제 내용들은 그 자체 반드시 비합리적이지만은 않다. 이를 테면 “존재 방식, 존재 구조, 양상적인 그리고 범주적인 구조 등은 형이상학적 문제 중에서도 가장 비형이상학적인 것이요, 비합리적인 ‘나머지 문제’를 포함하는 문젯거리 중 비교적 합리적인 것이다.”(Hartmann, 1935: 28) 이렇듯 모든 탐구 영역의 형이상학적 근본 문제들 가운데서도 존재론적인 요소는 다룰 수 있고 탐구할 수 있는 측면이 된다. 희랍철학에서, 나아가 서양철학의 주류에서 존재론이 형이상학적 문제들을 공략해 들어가는 논구 가능한 기초가 되는 논거가 바로 여기에 있다.

5. 존재론의 몰(沒)형이상학적 본성

주지하다시피 아리스토텔레스 이래 존재론의 과제는 '존재자로서의 존재자'를 탐구하는 일이다. 형식적으로만 생각하자면 존재론의 근본 문제는 '존재자'에 대한 것이 아니라 존재자의 '존재'에 대한 것이다. 존재와 존재자는 서로 다른 것이다. 존재자는 무수히 많고 다양하지만 존재는 하나다. 그러나 그렇다고 해서 존재를 수많은 다양한 존재자의 배후에 있는 어떤 실체나 절대자나 통일 근거로 생각한다면 이는 곤란하다. 그것 또한 특이한 본성을 지닌 존재자일 것이기 때문이다. 존재는, 존재자가 가장 일반적인 점에서 그저 존재자로 이해될 때의 그런 존재자 외에 다른 무엇이 아니다(Hartmann, 1935: 38 참조). 존재는, 말하자면 모든 다양한 존재자와 "더불어 주어지는 것" (Hartmann, 1935: 44)이지 존재자의 밖에 따로 있는 것이라고 볼 수는 없다. 따라서 우리는 아리스토텔레스처럼 '존재자로서의 존재자에 대한 물음'을 '존재에 대한 물음'으로 이해하는 수밖에 없다(Hartmann, 1935: 44 참조).

아리스토텔레스의 이 출발점이 의미 깊은 이유는, 존재 그 자체에 대한 탐구로서의 존재론은 그 어떤 형이상학적 문제 내용에 대해서도, 그 어떤 철학적 입장이나 체계에 대해서도 유보하는 입장을 지켜야 함을 강력히 시사하기 때문이다. 존재 그 자체에 대한 물음에 앞설 수 있는 문제는 아무것도 없다고 생각되기 때문이다. "존재 문제에 들어서기에 앞서 우리는 세계와 세계 근거에 대해 무엇을 알 수도 없고 …… 이런 문제에 대한 가설이 존재 문제를 규정할 수도 없다. …… 존재 문제는 현상에 달려 있지 가설에 달려 있는 것이 아니다." (Hartmann, 1935: 36) 존재 현상 그 자체는 어떤 선(先)결단도 요구하지 않은 채, 이를테면 물질주의와 정신주의, 유신론과 범신론, 관념론과 실재론 등의 대립과 무관해야 하기 때문에, 존재론의 과제는 우선 그런 입장들이 해석하는 현상 자체를 그 어떤 해석도 유보한 채 충분히 기술하고 분석하는 일이다(Hartmann, 1935: 37 참조). 따라서 존재론은 "모든 입장과 선결단의 차안(此岸)에서"(Hartmann, 1965: 186) 출발해야 한다.

'형이상학의 논의 가능한 지반'으로서의 존재론은 형이상학적 문제를 다룰 수 있는 기초를 마련하는 것이 그 과제다. 존재 문제를 다룸으로써 거기에서 형이상학에 대해 중요한 귀결들이 나올 수는 있다. 그리고 이 과제는 물론 세계로부터 그 존재의 원리, 그것도 하나의 세계로서 존재하는 통일적 존재의 원리를 찾아낼 수 있다면, 그때 완수될 것이다. 그러나 이 목표는 미리 주어진 하나의 도식, 하나의 원리에 따라 억지로 통일적 체계를 구성함으로써 달성될 수 없다는 것은 분명하다. 그렇게 탐구에 앞서 미리 성급히 급조된 통일적 체계는 지탱될 수 없기 때문이다.

형이상학적 문제들은 이질적인 대상 영역에 산재해 있어서 아무런 통일성도 갖지 않은 듯이 보인다. 그리고 이들에 깃들어 있는 존재론적인 요소들도 그렇게 보인다. 그러나 존재론은 모든 존재자에 제일의적인 존재 그 자체를 탐구하기 때문에 어느 영역에 있어서나 존재에 있어 원리적으로 근본적인 것을 문제 삼는다는 바로 이 이유 때문에, 그 탐구 대상을 하나로 묶는 방법적 통일성을 갖는다. 물론 여기서 곧 세계의 통일성 원리가 찾아진다는 것은 아니다. 적어도 설문 방식이 그것을 지향하고 있음이 유리한 여건이 된다는 것이다. 나아가 그 통일성이 제일원리, 궁극적 기초, 절대자 등 반드시 어떤 정점에로 귀착, 환원되어야 하는 것이 아니라는 것도 전망을 밝게 해주는 점이다. "세계의 존재 통일성은 연관 관계의 통일성일 수도 있고, 질서의 통일성일 수도 있고, 다양한 법칙성의 통일성일 수도 있다."(Hartmann, 1935: 30f) 존재론은 아무튼 형이상학적인 문젯거리들에 깊이 파고들어가 거기에 저절로 나타나는 어떤 유형의 통일성을 만날 수 있을 뿐이다.

하여튼 세계는 동일한 하나요, 그래서 그 하나로서의 결속은 의심할 수 없는 것이다. 형이상학적 문제들이, 그리고 이와 더불어 그 속에 깃든 존재론적 요소들이 아무리 서로 멀리 떨어진다 해도 그것이 무한히 멀리 떨어져 나갈 수는 없는 일이요, 어디에선가는 서로 수렴할 것이다. 문제는 다만 그 형식이 우리에게 알려져 있지 않다는 것뿐이다. 이 형식은, 선입견 없이, 주어진 다양성을 그대로 추적할 때 발견될 수도 있을 것이다. 사변적으로 축조된 통일성의 도식을 세계 속에 억지로 맞추려 한다면, 이 인위적으로 상정된 통일성의 표상이 오히려 본래 있는 그대로의 통일성을 은폐할 것이다. 사실 많은 사변적인 '형이상학적' 존재론은 그들이 전제로 삼았던 것을 입증해 보이지도 못했을 뿐 아니라, 그들의 근본 명제들을 경험과학의 여러 탐구 성과와 합치시키지도 못했던 것이다(Hartmann, 1935: 26 참조).

6. 존재론적 탐구의 길: 존재론적-인식론적 순환 구조

그렇다면 무릇 참된 존재론은 이러한 목표를 향해 그 과제를 수행하기 위해 어떤 방법을 택해야 할 것인가?

우선 그것은 탐구에 앞서 자명하다고 생각되는 하나 또는 몇몇의 원리로부터 전 체계를 선험적으로 연역해내는 방법이어서는 안 된다. 원리로부터 출발하여 원리를 탐구한다는 것은 분명 선결문제 요구의 오류를 범하는 일이다. 존재론은 따라서 분화되어 다양하게 주어진 것으로부터 출발하여 원리적인 것, 근본적인 것에로 나아갈 수밖에 없다.

존재론은 그 자체 안에서도, 존재 자체라는 일반적인 근본 문제를 다루되, 직접 그 해결에로 넘어갈 수는 없다. 특수한 문제들, 이를테면 존재 방식, 존재 계기, 존재 양상 등의 해명을 통해서만 점차 존재 자체라는 근본 문제에로 접근할 수 있을 뿐이다(Hartmann, 1935: 28).

다른 탐구와의 관계에서 볼 때도, 모든 존재자에 있어 으뜸가는 원리를 탐구한다는 뜻에서 존재론은 제일철학(philosophia prima)이지만, 그것이 최후에 가서나 탐구된다는 뜻에서, 즉 다른 모든 탐구의 뒤에 마지막으로 수행된다는 뜻에서 최종 철학(philosophia ultima)이다.

그러기에 존재론은 모든 입장을 떠나 있는 그대로의 다양한 존재 소여, 존재 현상을 토대로 해야 한다. 그리고 그것에 대해 자연적, 직지향적 태도(intentio recta)를 취해야 한다(이하 Hartmann, 1935: 45 f 참조).

인식이 대상을 지향하는 자연적인 방향에서 이루어지는 것이라면, 바로 이 인식 자신을 문제 삼는 인식론은 이러한 자연적인 방향을 거꾸로 돌려야 가능하다. 그러나 존재 그 자체를 탐구하는 존재론은 이러한 방향 반전을 필요로 하지 않는다. 존재론은 인식의 자연적인 방향을 바꾸지 않고 이를 직선적으로 그대로 따라가야 한다. 인식론뿐 아니라 심리학이나 논리학도 자연적, 직선적 태도를 지양하고 반전된 반성적 태도(intentio obliqua)를 취할 때 성립한다. 그런데 이런 학문들을 근본학으로 삼는 잘못된 철학은 그 자신도 반전된 태도에 빠져 세계와의 자연적 관계를 상실한다. 그러나 세계를 인식하고 그 속에서 올바르게 자기 정위를 하기 위해선, '세계를 우리 자신에게 오리엔테

이션시키지 않고 우리 자신을 세계에 오리엔테이션시키는'(Hartmann, 1955: 63) 자연적 태도가 요구된다.

존재론은 이렇게 자연적, 직선적 태도를 견지하는 가운데, 우선 다양한 존재 현상 그 자체를 충실히 기술하는 현상학(Phänomenologie)에서 출발해야 한다. 그러나 이는 출발일 뿐이다. 존재론은 나아가 기술된 형상을 분석하여 그 가운데서 인식되지 않은 것, 이해할 수 없는 것을 문제로 찾아내야 한다. 이제까지의 제반 탐구의 성과가 이 문제 발견에 있어 지반이 됨은 물론이다. 관심의 방향에 따라 문제를 인위적으로 설정하는 것이 아니라 있는 그대로의 문제를 이렇게 드러내는 것이 곧 '난제학(Aporetik)'이다. 숨겨져 있는 난제를 명료히 함도 물론 존재론의 종국이 될 수는 없다. 그러나 "문제를 다루기에 앞서, 그 해결 가능성과는 무관하게, 파악된 것으로부터 파악되지 않은 것을 구별하고, 주어진 현상이 갖는 난점과 모순점을 그저 그 자체로서 파헤쳐냄"(Hartmann, 1965: 39)은 사태에 합당한 탐구를 위해 긴요한 일이다.

현상학과 난제학의 예비 작업을 통해서만 존재론은 그 마지막 단계인 난제의 해결, 즉 이론(Theorie)에로 접근해갈 수 있다. 이론이라 하지만, 이것도 난제의 전적인 해결을 가리키는 것은 아니다. 엄밀히 말하면 해결을 향하여 난제를 그저 다루어보는 것이 곧 이론이다. 그것은 그저 사태를 최대한 밝히는 것을 목표로 하는 것이요, 더 이상 감축할 수 없는 최소한의 형이상학적 나머지 문제를 좀 더 명료히 드러내주는 데서 멈출 수밖에 없다. '최소의 형이상학적 전제로써 최대의 사태 해명'(Hartmann, 1965: 131, 201 참조)을 기하고자 하는 것이 '테오리'의 역할일 뿐이다.

'이론', 즉 '테오리'란 어원상 처음부터 학설·체계나 이를 위한 설명·입증을 뜻하는 것은 아니었다(이하 Hartmann, 1955: 10 참조). 그것은 '순수한 봄'이었다. '헤쳐들어가 봄'이요, 순수한 '들여다봄'이 그 본래의 뜻이다. 널리 조심스럽게 둘러봄으로써 그저 소박하게 바라다보는 것보다 더 많이 보는 것이다. 또 대상의 다양성에 두루두루 눈길을 돌림으로써 보여진 것을 함께 묶어서 봄이다. 이렇게 함으로써 '아포리아', 즉 길이 없는 곳에서 길을 다시 발견케 해줄 뿐인 것이 곧 '이론'으로, 이에서 난제의 완전한 해결을 꼭 기대하는 것은 조급한 소망에 불과한 것이다.

주관의 개입 없이 세계 그 자체를 있는 그대로 밝히는 것이 존재론의 과제라고는 하지만, 과연 그런 일이 가능한지, 가능하다면 어디까지 가능한지, 그리고 그렇게 밝혀진 세계 그 자체라는 것이 진정 세계의 참모습인지 아닌지 등의 문제가 우리에겐 남는다. 그리고 이러한 문제를 다시 검토하기 위해서는 그렇게 세계의 존재를 탐구하는 인식주관의 탐구 자체를 검토하는 일이 요구된다. 이는 곧 인식론적 문제로서, 여기서 우리는 세계에 관한 존재론적 탐구에도 이미 인식론적 문제가 개입되어 있음을 보게 된다. 이 관점을 더 강화한다면, 인간의 인식능력 및 그 활동에 대해 인식론적인 탐구 성과가 먼저 주어져야만 존재론적 탐구도 그 튼튼한 기초를 얻는다고 말할 수 있다. 인식론이 존재론에 선행한다는 것이다.

과연 그런가? 세계를 그 전체에 있어서, 그 근본원리에 관해서 구명하고자 하는 존재론적 탐구도 종국적으로는 인간의 삶에 그 시원을 갖는다는 각성에서부터 우리는 출발했다. 따라서 존재론도 인간을 알기 위해, 인간의 세계 안에서의 위상과 그의 삶의 의미와 목적과 방향을 알기 위해, 그의 숙명과 한계에 관해 알기 위해 시작된 일이었다. 따라서 세계와 인간에 관한 이러한 존재론적인 탐구의 성과가 토대로서 주어져야만 그 위에서 인간의 실천적 행위의 규범적 원리에 관한 윤리학적 탐구도, 인간의 지적인 사유 능력 및 인식능력에 대한 인식론적 탐구도 가능하다고 볼 수 있다. 인식 활동도 인간과 세계 사이의 일종의 존재 연관이므로 이런 존재론적인 관점이 타당하다는 것을 부인하긴 어렵다. 존재론이 인식론에 선행한다는 것이다.

여기서 우리는 존재론적 탐구와 인식론적 탐구가 서로 꼬리를 물고 얽혀 있음을 보게 된다. 논리적으로 볼 때 이는 가히 존재론적-인식론적 선결문제 요구의 순환 구조라 할 수 있다. 그러나 이러한 논리적 난국 때문에 탐구 자체가 정지될 수는 없는 일이요, 더욱이 불가능하다고 할 수는 없는 일이다. 어떤 관점에서든 탐구는 수행되어야 한다. 인식론을 우선시할 수도 있고, 존재론을 우선시할 수도 있다. 문제는 어느 관점을 택하든 순서에 상관없이 이 탐구 과정 전체를 수행하지 않은 채 중도에 머물러 다른 관점을 비판하려는 데에 있다고 본다. 문제 연관 전체를 탐구한다면, 존재론적-인식론적 순환 구조가 됐든 인식론적-존재론적 순환 구조가 됐든, 그 우선순위에 상관없이 사태는 밝혀질 것이요, 이를 토대로 형이상학적 문제들을 다루는 데에 기초적인 기여를 할 것이다.

7. 존재론적 탐구의 스케일 및 존재 구명의 층위

존재론적 탐구는 그 구체적인 탐구 내용을 두고 볼 때 크게 두 부문으로 구분된다. 형식적 존재론과 실질적 존재론이 그것이다. 존재 탐구의 과정에서 보편적으로 등장하는 존재 일반의 근본적인 문제를 논리적, 개념적, 의미론적 차원에서 분석하고 석명하는 작업이 전자라면, 다양하게 현상하는 세계의 실질적 존재 내용을 어떤 원리에 따라 일관되게, 그리고 정합적으로 설명해내는 일이 후자라 하겠다. 존재와 무, 존재와 변화(혹은 생성), 실재와 현상, 본질과 현존, 보편자와 개체, 실체와 속성, 현실성-필연성-가능성 등의 개념 쌍들로 표현되는 존재 일반의 근본 구조에 대한 논구가 전자의 주요 내용이 될 것이고, 물질과 생명, 그리고 심성과 정신으로 드러나는 세계의 실질적 존재 내용을 두고, 이들을 다양하게 통합, 환원함으로써 제시되는 세계상을 정립하고(물질주의, 정신주의, 생명주의, 심령주의 등의 일원주의적인 세계상을 제시하거나, 물질-정신의 실체성을 공히 인정하는 이원주의, 혹은 모든 사물의 실체성을 주창하는 다원론 등), 나아가 이를 토대로 자연과 문화의 관계, 자연 속에서의 인간의 위상 등을 주창하려는 논구가 후자에 속한다고 할 수 있다. 존재론적 탐구가 스스로 어느 수위(水位)에 자리 잡고 어떤 작업을 자임하느냐에 따라 이러한 구별이 가능할 것이다.

특히 후자, 즉 실질적 존재론에 있어, 세계 전체에 관한 세계상의 정립에 몰두하는 존재론이 있다면, 이는 분명 우리가 앞에서 경계의 대상으로 언급했던 '형이상학적' 존재론이 되기 쉬울 것이요, 이와는 달리 총체적인 세계상의 제시는 단념한 채, 다만 세계의 부분들에 관한 과학적 탐구의 방법을 제시하거나 그것을 정당화하는 작업을 하는 존재론이 있다면, 이는 '과학적 존재론'이라 부름직한 존재론이 될 것이다. 참된 존재론은 과학적 탐구의 성과를 전폭 참조하되 거기에 머무르지 않고 세계 전체에 관해 그 근본원리를 밝히고 이를 기초로 통일적이고도 총체적인 세계상의 모색으로 나아가는 길을 밟아가야 할 것이다. 과학을 넘어서되 선부른 사변에 빠지지 않는 세계 파악이 존재론의 정도이기 때문이다.

형식적 존재론의 부문에서도 존재론적 탐구를 모든 문제군에 걸쳐 유기적으로 수행한다면, 이는 그중 어느 한 문제에만 국한하여 탐구하는 것과는 크게 다를 것이다. 이를 각각 거시 존재론 및 미시 존재론이라 지칭해본다면, 이 구분은 실질적 존재론에서도 형이상학적 존재론과 과학적 존재론의 구분에 대응시킬 수 있을 것이다.

앞에서 우리는 줄곧 세계 그 자체를 탐구하는 것이 존재론이라고 역설해왔지만, 엄격히 근대 이후에 와서는 이 입장에 동조하는 철학적 이론이 그리 많지 않다. 인식주관이 강조되고 의식이 중요시된 근대 이후의 철학 이론에서는 주관 독립적 세계 자체의 존재를 상정하고 이의 인식을 당연시하는 철학적 이론은 드물게 되었다. 실체와 자아의 존재를 부정한 흄의 회의주의적 견해도 물론 영향이 컸지만, 그 영향을 받은 칸트가 세계 그 자체('물 자체')는 인식할 수 없으며 우리가 아는 세계는 다만 인식주관의 감성적, 오성적 형식에 의해 구성된 현상일 뿐이라고 주장한 이래, 세계 자체의 실재를 전제하는 것은 수용하기 어려운 일이 되었다. 세계의 실재는 다만 가설로 일단 받아들이고 그것을 부인할 수밖에 없는 확실한 반증 자료가 주어지지 않는 한 잠정적으로나마 그 실재성을 인정하자는 이른바 '가설적 실재론(Hypothetischer Realismus)'이 지지받고 있는 정도다.[5] 실은 인식론에서 이른바 '관념론'으로 분류되는 입장들은 모두 세계의 실재 자체에 대한 인식을 부정하는 입장이므로 아주 엄격히 보자면, 이들은 모두

5 포퍼나 하르트만도 어떤 점에서 이런 입장이라 할 수 있다. 현대 철학자 중 특히 폴머(G. Vollmer)의 『진화론적 인식론(Evolutionäre Erkenntnistheorie)』에서 이 입장은 설득력 있게 잘 표방되고 있다(Vollmer, 1975 참조).

'존재론'의 성립 및 그 의의 자체를 폄하하는 경향을 갖는다.

그러나 실제로 '세계'라는 개념을 좀 더 확장시켜 보자면, 즉 주관 관련 혹은 주관 개입을 허용하여 성립된 것으로서 세계를 상정한다면, 좀 덜 엄격한 의미에서 이 세계에 관한 이론을 세계의 존재에 관한 이론으로 간주할 수는 있을 것이다. 이렇게 볼 때 고전 철학적 의미의 존재에 해당하는 '세계' 개념을 무엇으로 보고 접근하느냐에 따라 실은 여러 가지 유형(혹은 층위)의 유사 존재론이 성립하게 된다. 인간 지성의 유한성에 비춰 볼 때 이는 불가피한 것인데, 우리가 철학사에서 확인할 수 있는 유형들을 보면 대개 다음과 같은 것들을 언급할 수 있을 것이다.

세계의 존재를 감각적 지각 내용으로 간주하는 입장(에피쿠로스, 아베나리우스, 버클리 등)에서부터, 존재를 논리적 질서로 보는 입장(나토르프 등), 과학적 탐구의 결과 확정되는 법칙적 질서로 보는 입장(헴펠, 카르나프), 감각과 사유의 형식에 의해 구성되는 현상으로 이해하는 입장(칸트), 상식이 수용하는 자명한 세계로 보는 입장(포퍼), 일상의 언어적 질서에 의해 구성되는 것으로 보는 입장(후기 비트겐슈타인), 의식 활동의 상관물로서 규정(規整)되는 현상으로 이해하는 입장(후설), 철학적 사유 내용, 즉 개념이 곧 존재라고 보는 입장(헤겔), 실존의 원초적인 체험 양식에서 드러나는 의미가 곧 존재라는 입장(하이데거)에 이르기까지 아주 다양한 존재론을 우리는 철학사에서 만나게 된다.[6]

6 이 글에는 나의 논문 「형이상학적 문제와 존재론적 탐구」(『철학연구』 21, 1986)의 내용이 적잖이 원용되었음을 밝힌다.

참고 문헌

박홍규, 1995,「고별강연」,『형이상학 강의 1』, 민음사.

하르트만, 1986,『존재학 원론』, 하기락 옮김, 형설출판사.

Hartmann, N., 1935, *Zur Grundlegung der Ontologie*, Berlin Einleitung.

Hartmann, N., 1955, "Systematische Selbstdarstellung", in *Kleinere Schriften I*, Berlin.

Hartmann, N., 1965(1921), *Grundzüge einer Metaphysik der Erkenntnis,* Berlin.

Vollmer, Gerahrt, 1975, *Evolutionäre Erkenntnistheorie,* Stuttgart.

플라톤의 존재 이해

김태경

1. 두 존재—들어가는 말

플라톤 하면 바로 이데아(idea) 이론을 떠올린다. 그러면서 이데아를 감각적 사물을 초월해 있는 관념적 실재로 인식한다. 그야말로 그 어떤 변화도 겪지 않는 불변의 완전한 실재이다. 플라톤은 그런 실재를 추구한 철학자로 생각된다. 그런 실재의 추구를 통해 끊임없이 변화하는 불완전한 현상세계를 구제하려 했다고 한다. 이데아 세계가 본(paradeigma)이라면 현상세계는 그것의 모상(eikōn)에 지나지 않는다. 현상세계를 초월해 있는 이데아 세계를 바라보면서 그것과 닮아지려 노력할 뿐이다. 이렇게 플라톤 철학을 이해하면, 이데아 세계와 현상세계는 분리되어 있는 세계이고 따라서 이데아의 완전성과 현상의 불완전성은 화해할 수 없는 각각의 존재 기반을 갖는 것일 수 있다. 아닌 게 아니라 지금까지 플라톤 철학의 이해에서 이데아에 대한 열망은 그 무엇보다도 강조되었다. 좋음의 이데아, 이상 국가, 철인치자 등은 감각적 현상세계를 뛰어넘는 세계를 추구하는 가치와 관련되어 있다.

그러나 플라톤 철학은 현실을 초월한 이상적 세계만을 추구한 철학일까? 그리고 그런 이상적 세계는 현실과 유리되어 있는 세계일까? 무엇보다도 플라톤 철학은 그의 조국 아테네의 현실을 떠나 생각할 수 없다. 그는 불완전한 자기 조국의 현실과 그 현실이 추구해야 할 본으로서의 이상적인 세계를 함께 생각한 철학자였다. 그가 생각한 이상적인 세계는 현실을 떠나 있는 추상적인 세계가 아니라 바로 현실을 토대로 그것에 발을 딛고 그것을 이끌고 갈 본으로서의 세계이다. 그런 점에서 플라톤이 추구한 이상은 현실을 떠나 있는 이상이 아니다. 비감각적 이상과 감각적 현상은 따로따로 존재하는 것이 아니다. 이런 기본적인 세계 인식은 그의 존재 이해에도 그대로 적용될 수 있다. 감각적 사물과 비감각적 이데아는 따로따로 존재하는 것이 아니다. 그렇기 때문에 이런 구별이 존재하는 이유를 아는 것이 중요할 뿐이다. 이 두 존재는 모두 존재론적 고려의 대상이다. 이에 대한 중요한 증거를 『소피스테스』에서 볼 수 있다.

플라톤은 『소피스테스』에서 존재에 관한 다양한 논의를 하는 가운데 헬라스 철학자들의 존재에 관한 주장들을 크게 두 갈래로 나누면서, 이른바 '신들과 거인족 간의 싸움(gigantomachia)'(『소피스테스』 246a)을 언급한다. 거인 족으로 비유된 이들은 '물질(sōma)', 즉 감각되는 것만을 존재(ousia)로 주장하는 쪽이고, 신들은 '지성에 알려지는 비물질적인 어떤 형상들(noēta atta kai asōmata eidē)'만을 존재로 보는 쪽이다. 즉 한쪽은 물질과 존재를 동일한 것으로 규정함으로써 감각되는 것만이 존재한다고 확언하지만(『소피스테스』 246a-b), 다른 한쪽은 '지성에 알려지는 비물질적인 어떤 형상들'만 참된 존재라고 단언한다(『소피스테스』 246b-c). 전자는 모든 것을 하늘과 볼 수 없는 곳에서 지상으로 내모는 무리로서, 그들이 하는 짓이 마치 헬라스 신화에서 바위나 나무를 손이 닿는 대로 집어 들고 올림포스 신들에게 덤볐다는 거인족을 연상케 한다. 반면 후자는 볼 수 없는 곳에서 무척 조심하며 자신들을 지키는 이들로서, 이들은 올림포스 산정에 기거하는 신들을 연상시킨다. 그래서 이들 간의 싸움을 이른바 존재에 관련된 '신들과 거인족 간의 싸움'이라 일컫는다.

당시 헬라스 철학의 전통에서 전자는 감각되는 물질만을 존재라고 보는 유물론적 성향의 철학자들이고, 후자는 비감각적, 비물질적 형상만 존재라고 보는 형상론자들이다. 전자에 속하는 이들은 헤라클레이토스와 데모크리토스, 그리고 프로타고라스를 비롯한 소피스테스들이다. 반면 후자에는 파르메니데스와 피타고라스 등이 속한다. 그런데 플라톤은 이들을 언급하면서 어느 한 진영을 지지하기보다는 양 진영 모두를 비판한다. 결국 이들의 존재 이해를 비판함으로써 플라톤은 감각적 사물이든 비감각적 형상이든 모두 존재로 말하고 있다. 어느 하나가 더 존재하고 어느 하나가 덜 존재하는 것이 아니다. 둘 다 존재이다. 그래서 플라톤은 자신을 마치 둘 다를 달라고 보채는 어린애들과 같다고 한다(『소피스테스』 249d). 따라서 플라톤의 존재 이해에서는 어느 하나만, 특히 형상만을 고려할 것이 아니라 두 존재를 모두를 고찰해야만 한다. 아닌 게 아니라 『소피스테스』에서 플라톤은 자신의 스승을 파르메니데스로 말하면서, 둘 다가 존재라고 말하는 자신의 심정을 '친부 살해범(patraloias)'의 심정이라고 한다(『소피스테스』 241d).

이런 존재 이해에서 플라톤은 이데아나 형상만을 참 존재로 주장한다기보다는 감각적 존재도 마찬가지로 존재라는 것을 말해주고 있다. 따라서 이 두 존재가 다 고려의 대상이다. 그렇다면 이 두 존재를 어떻게 고려해야 할까? 이 두 존재를 다 고려하려면, 먼저 어떻게 그 두 존재가 구분되는지, 그리고 그 두 존재는 어떤 방식으로 존재하는지, 그리고 더 나아가 그것들이 어떻게 관계를 맺고 있는지 설명할 필요가 있다.

플라톤에서 그 두 존재는 어떻게 구분되는가? 그 두 존재를 구분 짓는 근거는 존재 자체에 있는가, 아니면 다른 것에 있는가? 만일 존재 자체가 아니라 다른 것이 구분의 기준이라면, 그 다른 것은 무엇인가? 플라톤에 의하면 두 존재는 전적으로 존재를 인식하는 인식주관과 관련해서 구분된다. 따라서 인식주관의 구분과 그에 상응하는 대상의 구분, 그리고 그 대상들의 존재 방식과 그것들의 관계를 차례로 설명하는 것이 플라톤 존재 이해의 기본 틀이 될 것이다.

그래서 먼저 우리의 주관의 인식능력에는 어떤 것들이 있는지 보자. 당시 많은 사람은 감각(aisthēsis)만이 사물을 인식하는 하나의 통로라고 생각했다. 하지만 사물 인식과 관련해 감각 이상의 인식 기능이 있음을 확인시켜준 이들이 소크라테스와 플라톤이었다. 이들에 의하면 정화(katharsis)를 통해 인식주관의 순수화를 이룰 때 감각 아닌 다른 인식 기능인 이성(logos)이나 지성(nous)이 제대로 작동할 수 있다고 한다. 즉 정화의 과정을 거쳐야 비로소 지성이 일체의 감각을 쓰지 않고서 '지성의 작용(noēsis)' 자체에 의해 '각각인 것 자체', 더 나아가 '좋은 것 자체'를 파악하게 된다(『국가』 532a-b 참조).

따라서 인식주관의 기능에는 감각만이 아니라 이성이나 지성도 있다. 특히 플라톤은 감각이 아닌 인식주관의 능력을 '지성'이라 했다. 이런 인식능력의 확인 작업은 이들에 있어서 절실한 문제였다. 소크라테스는 '너 자신을 알라.', '혼(psychē)에 대한 보살핌'(『소크라테스의 변론』 30b) 등을 강조함으로써 이 능력을 확인시켜주려 했다. 자신의 마음속을 들여다보면서 마음 안에 감각 이상의 이성적 능력이 있음을 알라는 가르침이었다. 플라톤도 자기가 살던 조국, 즉 소크라테스를 죽음으로까지 몰고 간 타락한 아테네 현실을 '지성의 부재(aneu nou)'로 진단하면서 '지성의 회복(meta nou)'을 강조했다. 나라와 개인 안에 지성이 회복될 때 사물도 제대로 볼 수 있고 나라도 훌륭하게 될 수 있다는 것이 플라톤의 확신이었다. 우리의 인식주관에는 감각 이외에도 지성이라는 인식능력이 있다.

다음으로 이처럼 인식주관에 두 기능이 있다면, 이에 상응해서 인식 대상도 둘로 나뉜다. '닮은 것은 닮은 것에'라는 헬라스의 잠언이 그대로 적용된다. 감각을 통해 인식되는 대상이 있고 이성을 통해 인식되는 대상이 있다. 즉 감각에는 '감각적 대상(aisthēton)'이, 지성에는 '지성적 대상(noēton)'이 인식된다. 감각은 지성적 대상을 인식할 수 없고 감각적 대상은 지성에 직관될 수 없다. 하지만 감각적 대상과 지성적 대상은, 감각과 지성이 상이한 인식능력인 것처럼, 다른 방식으로 존재한다. 그렇다면 이 두 대상의 존재 방식은 어떻게 다른가?

우선 간단히 언급하면, 감각에 상응하는 대상은 그때마다 다른 방식으로 존재하는 데 반해, 지성에 상응하는 대상은 언제나 한결같은 방식으로 존재한다. 따라서 감각에 상응하는 감각적 대상은 여러 가지 모습으로 존재하지만, 지성에 상응하는 지성적 대상은 단일한 모습으로 존재한다. 감각적 대상은 기본적으로 변화를 받아들이는 방식으로 존재하지만, 지성적 대상은 변화를 받아들이지 않는 방식으로, 따라서 단일한 모습으로 존재한다. 플라톤은 특히 단일한 모습으로 존재하는 지성적 대상을 '이데아(idea)' 내지는 '형상(eidos)'으로 부른다.

그렇다면 이런 단일한 불변의 이데아 내지 형상과 여러 가지 모습의 변화하는 감각적 대상들은 어떤 식으로 관계를 맺는가? 어떻게 존재 방식을 달리하는 두 존재가 결합해서 하나로 존재할 수 있을까? 따라서 마지막으로 이 두 존재의 관계를 설명해야 한다. 이 문제는 플라톤 자신도 설명하기 어려운 문제였고, 따라서 이 문제는 아리스토텔레스의 중요한 비판 대상이 되기도 했다.

존재에 대한 플라톤의 생각을 이런 식으로 이해하면, 플라톤은 비감각적 이데아만을 존재라고 주장하는 형상론자라고 단언할 수 없다. 따라서 비감각적 이데아가 존재하는 만큼 감각적 대상도 존재한다. 하지만 그렇더라도 플라톤 철학에서 이데아가 차지하는 위상은 다른 무엇보다도 중요하다. 따라서 이데아 내지 형상에 대한 고려는 플라톤의 존재론을 파악하는 데 있어서 필수적이다. 더 나아가 궁극적으로 모든 존재의 근원이 되는, 이데아들 가운데 최상의 이데아인 '좋음의 이데아(hē tou agathou idea)'를 고려하는 것 또한 필수적이다. 좋음의 이데아와 관련해서 다음의 언급을 본다면, 그것이 플라톤 존재론에서 차지하는 위상을 쉽게 가늠할 수 있을 것이다.

> 그러므로 인식되는 것들에 진리를 제공하고 인식하는 자에게 그 '힘(dynamis)'을 주는 것은 '좋음의 이데아'라고 선언하게. 이 이데아는 인식(epistēmē)과 진리의 원인(aitia)이지만, '인식되는 것'이라 생각하게나. 반면에 이 둘이, 즉 인식(gnōsis)과 진리가 마찬가지로 훌륭한 것들이기는 하지만, 이 이데아는 이것들과도 다르며 이것들보다 한결 더 훌륭한 것이라 믿는다면, 자넨 옳게 믿게 되는 걸세(『국가』 508e).

2. 두 존재의 존재 방식

플라톤은 존재를 두 부류로 언급하고 있다. 그 한 부류는 '가시적인 것(to horaton)'이고 다른 한 부류는 '비가시적인 것(to aides)'이다. 비가시적인 것은 언제나 같은 상태로 있지만, 가시적인 것은 결코 같은 상태로 있지 않다(『파이돈』 79a). 비가시적인 것은 불변의 자기동일성을 지니지만, 가시적인 것은 늘 변화하는 것으로서 자기동일성을 지니지 못한다. 가시적인 것은 시각이 감각을 대표한다는 점에서 감각적 대상을 가리키지만, 비가시적 대상은 감각을 초월하는 비감각적 대상, 즉 비물질적 대상을 가리킨다. 물질적 사물인 앞의 것에 비해, 뒤의 것은 이데아 내지 형상으로 불린다.

'가시적 대상'이나 '비가시적 대상'이 감각이라는 인식주관과 관련해서 불리는 명칭이라면, 이런 대상의 구분은 우리의 인식주관의 능력에 따라 구분된 것이다. 즉 이런 대상의 구별은 사실 우리의 인식능력에 따라 그에 상응하는 대상의 구별일 뿐이다. 인식능력이 다르면, 그에 상응해 인식 대상들도 다를 수밖에 없다. 그런데 주관의 인식능력에는 감각 이외에도 이성 또는 지성이 있다. 이런 인식능력을 자각시켜주는 데에 소크라테스와 플라톤이 기여했다. 플라톤은 이성적 능력을 특히 '지성'이라 했으며, 이의 인식 작용은 '지성의 작용'이다. 감각은 물질적인 것에 상응하는 주관의 능력이며, '지성'은 비물질적 대상에 상응하는 주관의 능력이다.

따라서 감각에는 물질적 대상이, 지성에는 비물질적 대상이 인식된다. 감각에 상응하는 대상을 '감각적 대상'이라 하고, 지성에 상응하는 대상을 '지성에 의해 직관되는 것', 즉 '지성적 대상'이라 한다.

부연하자면 시각, 즉 육안(肉眼)만이 대상을 볼 수 있는 유일한 통로는 아니다. 다른 것을 통해서도 대상을 볼 수 있다. 볼 수 있는 다른 통로가 혼(psychē), 즉 심안(心眼)이다. 즉 "혼이 보는 것은 '지성적인 것'이며 '비가시적인 것'이다."(『파이돈』 83b) 그래서 혼이야말로 '언제나 똑같은 방식으로 한결같은 상태로 있으며 결코 어느 때든 어떤 점에서든 또 어떤 식으로든 아무런 변화를 받아들이지 않고', '한 가지 모습으로 있는 것'을 접할 수 있다(『파이돈』 78d, 79c-d). 혼이 순수하게 대상에 접근한다면, 그 혼은 사물의 불변의 단일한 모습을 '직관하게(보게)(katidein, idein)' 된다. 이렇게 직관된 모습이야말로 '이데아' 내지 '형상'이다. 그것은 시각에 보인 것이 아니라, 혼 자체, 즉 혼의 가장 순수한 능력인 지성에 직관된 사물의 참된 모습이다. '이데아'나 '형상'은 일상적으로는 둘 다 '형태', '모습' 등의 의미를 지닌 말이다. 이것들은 우리의 지성에 직관되는 지성적 대상의 '모습'을 가리키는 말들이다. 이를테면 '아름다움(to kalon)'의 '이데아'는 지성에 보인 대상의 '아름다운 모습' 자체를 가리킨다.

이처럼 인식주관의 두 능력이 구분되고 이들에 상응해서 두 존재가 구분되기 때문에 각각의 대상은 그것에 상응하는 주관의 능력에 의해서만 인식될 수 있다. 다시 말해 감각에는 감각적 대상들이 알려질 뿐이다. 감각적 대상이 아닌 것은 감각을 넘어서는 인식주관, 즉 지성에 의해 인식된다. 이렇게 밝혀진 지성적 대상, 즉 이데아 내지 형상이야말로 이른바 플라톤의 이데아이론의 핵심이다. 이 이론과 관련해 그의 중기 앞부분의 대화편들은 사물들과 형상(이데아)들의 존재 방식의 구분 및 이것들의 관계에 관해 기술한다. 형상이나 이데아의 존재 방식에 관한 언급은 특히 『파이돈』이나 『향연』 등에서 볼 수 있고, 사물들과 형상들의 관계에 관한 기술들은 『파이돈』에 잘 나타나 있다.

이미 언급했듯, 존재의 두 부류 가운데 한 가지는 '감각적 대상들'이요, 다른 한 가지는 '지성적 대상들'이다. 그런데 이 두 부류는 우리의 인식주관과 관련해서는 분명히 구별되지만, 실제로 존재 그 자체에 있어서는 하나로 결합된 형태로 존재한다. 이를테면 생물의 여러 신체적 기능 및 그 기능들을 수행하는 신체 기관들의 구조 등은 생물을 이루는 물질적 요소인 감각적 대상이 아니다. 오히려 그것은 수적인 구조로서 '지성적 대상'이다. 따라서 살아 있는 생물은 신체를 이루는 물질적 요소 이외에도 그것의 수적 구조인 '지성적 대상'을 함께 지니고 있다. 그 '지성적 대상'은 '지성에 의해서 직관되는 것'이지만, 감각과 관련해서는 '감각을 뛰어 넘는 것', 즉 '감각되지 않는 것'이다(박종현, 2001: 162 참조). 그럼에도 그 지성적 대상은 감각되는 물질을 이루는 수적 구조이며 물질과 하나로 결합해서 존재한다. 따라서 물질과 그 물질의 수적 구조, 즉 지성적 대상은 애초에 하나로 결합되어 있다.

그렇다면 이 두 부류는 어떤 방식으로 존재하는가? 플라톤은 『파이돈』의 여러 곳에서 형상 내지 이데아(지성적 대상)가 존재하는 방식과 사물(감각적 대상)들이 존재하는 방식이 근본적으로 다르다는 것을 밝히고 있다. 형상은 "그 자체로는 한 가지 모습이여서, 언제나 똑같은 방식으로 한결같은 상태로 있으며 결코 어느 때든 어떤 점에서든 또 어떤 식으로든 아무런 변화를 받아들이지 않는 것."(『파이돈』 78d)이지만, 사물들은 결코 똑같은 상태로 있지 못하고 그때마다 변한다. 그리고 이것들은 만질 수도 볼 수도 있으며, 또한 그 밖의 다른 감각들에 의해서 지각할 수도 있지만(『파이돈』 79a), 앞의 것은 그렇지 못하다. 따라서 이 두 부류의 존재 가운데 하나는 우리의 시각이 볼 수 있는 '가시적인 것'이며 '결코 같은 상태로 있지 못하는 것'이지만,

다른 하나는 우리의 시각으로는 볼 수 없는 '비가시적 것'이며 '언제나 같은 상태로 있는 것'이다(『파이돈』 79a). 그런데 이 경우에 "우리가 가시적인 것들이니, 그렇지 못한 것들이니 하고 말한 것은 인간의 본성(physis)과 관련하여 한 것이다."(『파이돈』 79b) 이는 두 부류의 존재가 우리의 인식주관에 따라 구분된다는 것을 의미하는 것이다.

이처럼 인식주관에 따라 대상이 구분되며, 그에 따라 감각적 대상은 끊임없이 생성·소멸되는 것(『티마이오스』 28a)으로 "그때마다 다른 상태로 있지만,"(『파이돈』 78d) 비감각적 대상은 "그 자체로는 '한 가지 보임새'여서, 언제나 똑같은 방식으로 한결같은 상태로 있으며, 결코 어느 때든 어떤 점에서든 또 어떤 식으로든 아무런 변화를 받아들이지 않는 것"(『파이돈』 78d)이다. 다시 말해서 '언제나 같은 방식으로 한결같은 상태로 있음'이, 따라서 '자기동일성의 상태에 있음'이 비감각적 대상인 이데아의 기본적인 존재 방식이다. 그러므로 '자기 자신들에 대해서도, 서로 간에도 실제로 결코 어떤 식으로도 똑같은 상태로 있지 못하는' 끊임없이 변화하는 사물들, 즉 감각적 대상들은 생성과 소멸을 하게 마련이지만, 이데아는 '언제나 한 가지 모습으로 있어서' 불변의 상태로 존재한다.

특히 지성적 대상, 다시 말해 이데아 내지 형상의 존재 방식에 관해서는 『향연』 211a-b에 상세히 언급되어 있다. 즉 아름다움의 이데아, 아름다움 자체와 관련해서 그것의 존재 방식에 관해 다음과 같이 언급한다.

> 먼저 그것은 언제나 있는 것으로서 생성하지도 소멸하지도, 증가하지도 감소하지도 않는 것입니다. 다음으로 그것은 어느 점에서는 아름답지만 다른 점에서는 추한 것이 아니며, 어느 때는

> 아름답지만 다른 때는 아닌 것이 아니며, 어떤 것과의 관계에서는 아름답지만 다른 것과의 관계에서는 추한 것도 아니며, 어느 곳에서는 아름답지만 다른 곳에서는 추한 것도 아닙니다. 만일 그것이 어떤 사람들에게는 아름답지만 어떤 사람들에게는 추한 것이라면, 그런 것일 수 있겠지만 말입니다.
> 또한 그 아름다움은 그에게 어떤 얼굴이나 손이나 몸에 속하는 다른 어떤 부분처럼 나타나지도 않을 것입니다. 어떤 이야기나 어떤 지식으로 나타나지도 않을 것이고, 어디엔가 어떤 다른 것 안에서, 이를테면 동물 안에 또는 땅에 또는 하늘에 또는 다른 것 안에 '있는 것'으로 나타나지도 않을 것입니다. 오히려 그것은 '그것 자체가 그것 자체에 있어 그것 자체로' '언제나 단일한 모습으로 있는 것'으로 나타날 것입니다. 그러나 다른 모든 아름다운 것은 다음과 같은 어떤 방식으로 저것에 관여합니다. 즉 다른 것들이 생성하거나 소멸할 때, 저것은 조금도 더하거나 덜해지지 않고 아무런 영향도 받지 않는 방식으로 말입니다.

이 언급에서 지성적 대상, 즉 이데아의 존재 방식은 분명해진다. 첫째, 그것은 생성과 소멸 그리고 증감이 없이 존재한다. 둘째, 그것은 관점, 시간, 장소, 관계, 사람에 따라 달라질 수 없다. 셋째, 그것은 그때마다 다른 모습으로 나타나지 않고 언제나 단일한 모습으로 존재한다.

그렇다면 이런 이데아의 존재 방식과 비교해서 감각적 사물의 존재 방식이 분명해진다. 감각적 사물의 존재 방식은 다음과 같을 것이다. 첫째, 그것은 생성과 소멸 그리고 증감을 겪는다. 둘째, 그것은 관점, 시간, 장소, 관계, 사람에 따라 달라질 수 있다. 셋째, 그것은 그때 그때 다른 모습으로 나타나고 다양한 모습으로 존재한다.

따라서 이 두 부류의 존재 방식은 분명하게 차이를 보인다. 하지만 설사 이렇게 두 부류의 존재 방식이 다르더라도, 이 두 부류의 존재가 하나로 결합해서 존재하고, 이 두 부류의 존재의 구별이 단지 인식주관의 차이에서 기인한 것이라면, 대체 이 두 부류의 관계를 어떻게 설명할 수 있을까? 근본적으로 존재 방식을 달리 하는 것이 어떻게 하나로 결합해서 존재할 수 있을까? 실제로는 하나로 존재한다 하더라도, 그것이 어떻게 하나로 결합해서 존재할 수 있는지를 설명하는 일은 매우 어려운 일이다.

3. 두 존재의 관계

따라서 인식주관에 따라 인식 대상이 구분되고, 그것들의 존재 방식이 다르다면, 이 두 존재는 어떻게 관계를 맺고 있는가? 사실 이 두 부류의 존재는 결합해서 하나로 존재할 뿐임에도 주관의 능력에 따라 이 두 부류의 존재가 구별되었다면, 이 두 존재가 어떻게 관계를 맺고 있는지를 설명하는 것도 중요한 문제이다.

플라톤은 『파이돈』에서 이 두 존재의 관계, 즉 이데아와 사물 간의 관계를 나타내기 위해 세 용어를 사용한다. 그 용어들은 '관여(methexis)', '나타나 있게 됨(parousia)', '결합(koinōnia)'이다. 이 용어들은 다음 같이 설명될 수 있다. 즉 "만약에 아름다움 자체 이외에 다른 아름다운 것이 있다면, 이것이 아름다운 것은, 이것이 그 아름다움 자체에 관여하기 때문이지, 그 밖의 다른 어느 것 때문도 아닌 것으로 내겐 보이네. 또한 모든 경우에도 그러하다고 나는 말하겠네."(『파이돈』

100c) 다시 말해 아름다운 사물이 아름다운 것은 '아름다움 자체'에 대한 그 사물의 '관여' 때문이다. 또한 "그것을 아름답도록 만드는 것은 다른 것이 아니라 저 아름다움 자체의 '나타나 있게 됨'에 의해서이다."(『파이돈』 100d) 방금 언급한 두 용어는 사물과 이데아 중의 어느 한쪽이 다른 쪽에 관여하거나 나타나는 것을 뜻하는 것이다. 즉 '관여'는 사물 쪽에서 형상에 대해 관여하는 것을 가리키는 용어이고, '나타나 있게 됨'은 형상 쪽에서 사물 안에 나타나 있게 되는 것을 가리키는 용어이다. '나타나 있게 됨'의 경우, 이를테면 아름다운 사물들에 '아름다움 자체'의 모습이 어떤 형태로든 '드러나 있게 됨'을 의미하는 것이다.

반면 양쪽이 서로 직접적으로 관계 맺는 것을 가리켜 '결합'이라는 용어로 표현한다. 이 용어도 『파이돈』 100d에서 처음 나타난다. 즉 "어떤 것이 아름다운 것으로 되는 것은 '아름다움 자체'의 '나타나 있게 됨'이거나 '결합'이거나 또는 그것이 어떤 방식으로 어떻게 이루어지건 간에 말일세."(『파이돈』 100d) 원래 '결합'이라는 용어는 이를테면 남녀의 성적 교합, 협력 관계, 그리고 공동 소유나 공동체 등과 같은 일체의 결합을 다 의미한다(박종현, 2001: 188). 그런데 여기에 언급된 '또는 그것이 어떤 방식으로 어떻게 이루어지건 간에'라는 조건은 '형상에 대한 사물의 관여'나 '형상이 사물들 안에 나타나 있게 됨'을 나타내는 언급이다. 따라서 이 언급에 사용된 '결합'이라는 용어는 이것들 이외에 형상과 감각적 사물의 직접적인 관계를 가리키는 말이다. 이 용어를 바로 이런 뜻으로 사용하고 있는 적절한 예를 『국가』 476a에서 찾아볼 수 있다. "그리고 '올바름'과 '올바르지 못함', '좋음'과 '나쁨'의 경우에도, 그리고 또 [그 밖의] 모든 형상의 경우에도 이는 마찬가지여서, 각각이 그 자체는 하나이지만, 여러 행위 및 물체와의 결합에 의해서 그리고 그것들 상호 간의 결합에 의해서 어디에나 나타남으로써, 그 각각이 여럿으로 보이네."

하지만 이런 용어들이 형상과 사물 간의 관계를 완전히 설명했다고 볼 수는 없다. 그것들은 다만 형상과 사물 사이에 긴밀한 관계 맺음이 존재한다는 것을 설명하는 비유적 용어들일 뿐이다(박종현, 2001: 189). 사실 이 두 존재 사이의 관계를 논리적으로 설명하기란 어려울 것이다. '같은 것은 같은 것에'라는 원리는 '형상과 형상 사이', '사물과 사물 사이'에 적용되는 논리적 원리인데, 이 원리가 '형상과 사물 사이에' 적용되는 것은 논리적으로 불가능할 테니 말이다.

한데 플라톤은 『국가』에서 '감각적 대상들'과 '지성적 대상들'을 구분하며, '지성적 대상들'을 다시 두 부류로 나눈다. '추론적 사고(dianoia)'의 대상들과 '지성의 작용'의 대상들이 그것들이다. 앞의 것들은 이른바 '수학적인 것들(ta mathēmatika)'이고 뒤의 것들은 이데아 내지 형상들이다(『국가』 508c-511e 참조). 이것들은 모두 감각적 대상들이 아니다. 한데 추론적 사고의 대상들은 '수학적인 것들'이며, 이것들은 사물들의 구조적이며 수적인 영역에 속하는 것들이다.

이 추론적 사고의 대상들인 '수학적인 것들'은 형상과 사물 간의 관계를 이해할 때 반드시 고려해야 할 중요한 부분이다. 본으로서의 형상이 사물들이나 현실에 어떤 형태로든 구현되기 위해서는 지성적 대상의 다른 한 부분인 추론적 사고의 대상들, 즉 수학적인 것들이 매개될 수밖에 없다. 다시 말해 형상은 이 추론적 사고의 대상을 매개하지 않고서는 바로 감각 대상으로, 현실적 사물로 형성될 수 없다(박종현, 2001: 193 참조). 아닌 게 아니라 인위적인 것이든 자연적인 것이든 그 어떤 것도 수치화할 수 있는 구조를 갖고 있지 않은 것은 없다. 어떤 기능을 수행하는 인위적 제작물들도 반드시 수적인 측정 과정을 거쳐 어떤 구조를 갖는 것으로 만들어진다. 또한 모든 생물도 수치화할 수 있는 일정한 구조를 지닌다. 따라서 모든 물질은 수치화할 수 있는 물질의 기본 구조를 갖는다. 무릇 자연적인 것이든 인위적인 것이든 그 어떤 것도 수치화할 수 있는 구조 없이 현실적 사물이 될 수 없다. 모든 인위적 실천 또한 마찬가지다. 그것도 수치화할 수 있는 적도(metrion)나 틀에 맞게 행해질 때 훌륭한 것이다.

따라서 사물과 형상의 관계, 즉 감각적 대상과 지성적 대상의 결합 관계와 관련된 설명의 어려움에 대한 해답 또한 여기에서 찾을 수 있을 것이다. 추론적 사고의 대상들은 형상과 함께 '지성적 대상들'에 속하는 것이지만 존재 자체에서 보면 형상들과 감각적 대상들과의 사이에 있는 '중간적인 것들(ta metaxy)'이다. 이 중간적인 것들을 매개로 '관여'나 '나타나 있게 됨' 그리고 '결합'이라는 '지성적 대상'과 '감각적 대상' 사이의 관계 맺음이 사실상 이루어질 수 있다. 이런 '중간적인 수적 대상들'을 매개로 '지성적 대상'과 '감각적 대상'이 결합되어 있음을 잘 보여주는 대화편이 『티마이오스』이다(박종현, 2001: 194). 이 대화편에서 데미우르고스는 영원한 본으로서의 이데아를 바라보면서 언제나 측량을 하며 이 우주를 구성한다. 즉 이데아를 보고 이를 본으로 삼아 수를 매개로 하여 현실적 자연물들을 구성해낸다. 이 대화편은 이 세계에서 물질들이 어떻게 수들에 의해 구조화되고, 세계가 전체적으로 좋은 상태를 어떻게 실현해가는지를 그럴듯하게 기술하고 있다.

따라서 모든 존재의 궁극적 원인은 '좋음의 이데아'이며, 특히 좋음의 이데아는 수학적인 것들을 매개로 해서 자연에서 그것의 실현을 보게 된다. 이와 관련해서는 『티마이오스』 53a-b가 참고가 될 것이다.

그러니까 이 이전에는 이것들 모두가 비례(비율)(logos)도 없고 척도(metron)도 없는 상태로 있었습니다. 그러나 우주가 질서를 갖게 되도록 하는 일이 착수되었을 때, 불, 물, 공기, 흙이 처음에는 이것들 자체의 어떤 흔적들(ichnē)을 갖고 있었으나, 이는, 마치 어떤 것에서 신이 떠나 있을 때 모든 것이 처함직한, 그야말로 완전히 그런 상태에 처하여 있었는데, 그때는 바로 이런 성질의 것이었던 것들을 신이 최초로 도형(eidos)들과 수(arithmos)들로써 형태를 만들어내기 시작하였습니다. 신은 이것들을 그렇지 못한 상태에 있던 것들에서 가능한 한 가장 아름답고 가장 훌륭하게 구성해냈다는 것, 이걸 무엇보다도 우리에게 있어서 언제나 되뇔 말이도록 하죠.

4. 으뜸가는 존재—좋음의 이데아

그렇다면 모든 것의 궁극의 원인이 되는 '좋음 자체' 또는 '좋음의 이데아'란 도대체 무엇인가? 모든 것의 궁극의 원인이 된다고 할 때의 그 '모든 것'에는 인위적인 것만이 아니라 자연이나 우주까지 다 포함된다. 따라서 '좋음의 이데아'는 인간사를 포함한 일체의 인위적인 것 및 자연이나 우주에서 원리로 작용하고 있다고 할 수 있다. 이제 좋음의 이데아와 관련된 다음 두 언급을 보자.

인식되는 것들에 진리를 제공하고 인식하는 자에게 그 '힘'을 주는 것은 '좋음의 이데아'라고 선언하게. 이 이데아는 인식과 진리의 원인이지만, '인식되는 것'이라 생각하게나. 반면에 이 둘이,

즉 인식(앎, gnōsis)과 진리가 마찬가지로 훌륭한 것들이기는 하지만, 이 이데아는 이것들과도 다르며 이것들보다 한결 더 훌륭한 것이라 믿는다면, 자넨 옳게 믿게 되는 걸세(『국가』 508e).

그러므로 인식되는 것들의 '인식됨'이 가능하게 되는 것도 '좋음'으로 인해서일 뿐만 아니라, 그것들이 '존재하게(einai)' 되고 그 '본질(ousia)'을 갖게 되는 것도 그것에 의해서요. '좋음'은 '존재(ousia)'가 아니라, 지위와 힘에 있어서 '존재'를 초월하여 있는 것이라고 말하게나(『국가』 509b).

이 두 구절은 넓은 의미에서 '좋음의 이데아'가 다른 이데아들 및 여타의 존재들의 존재론적·인식론적 근거임을 밝히고 있다. 다른 이데아들이 이데아일 수 있는 것은, 그리고 다른 존재들이 존재일 수 있는 것은, 그리고 그것들이 인식될 수 있는 것은 '좋음의 이데아' 때문이다. 물론 좋음의 이데아가 어떻게 모든 존재의 존재론적·인식론적 근거가 되는지에 대해서는 더 이상의 설명이 필요하다. 그러나 이와 관련된 직접적인 언급을 찾아보기는 힘들다. 이제 좋음의 이데아와 관련된 좀 더 구체적인 언급을 보자.

아무튼 내가 보기에는 이런 것 같으이. 즉 인식할 수 있는 영역에 있어서 최종적으로 그리고 각고 끝에 보게 되는 것이 '좋음의 이데아'이네. 그러나 일단 이를 본 다음에는, 이것이 모든 것에 있어서 모든 옳고 아름다운(훌륭한) 것의 원인이라고, 또한 '가시적 영역'에 있어서는 빛과 이 빛의 주인을 낳고, '지성적 영역'에서도 스스로 주인으로서 진리와 지성을 제공하는 것이라고,

> 그리고 장차 사적으로나 공적으로나 슬기롭게 행하고자 하는 자는 이 이데아를 보아야만 한다고 결론을 내려야만 하네(『국가』 517b-c).

이 구절은 다른 이데아들에 대해서뿐만 아니라 모든 존재의 궁극적 원인이 되는 '좋음의 이데아'가 궁극적으로는 인간의 훌륭한 행위의 '본'이 되는 것임을 보여준다. 이와 관련된 언급을 하나 더 볼 수 있다.

> 이들로 하여금 고개를 젖히고서 혼의 눈으로 하여금 모든 것에 빛을 제공하는 바로 그것을 바라보지 않을 수 없게끔 만들어야만 하네. 그리하여 '좋음 자체'를 일단 보게 되면, 이들은 그것을 '본'으로 삼고서, 저마다 여생 동안 번갈아 가면서 나라와 개개인들 그리고 자신들을 다스리지 않을 수 없도록 만들어야만 하네(『국가』 540a-b).

이 언급에 의하면 '좋음의 이데아'는 우리의 훌륭한 인격 및 훌륭한 행위의 가치 기준이 된다. '좋음의 이데아'를 본으로 인격도 행위도 훌륭하게 만들어갈 수 있다. 이에 관해 본격적인 논의를 하는 대화편이 『국가』이다. 이 대화편에서 플라톤은 시종일관 '사람으로서 어떻게 사는 것이 훌륭하게 사는 것인가.'라는 문제를 논의하고 있다. 이 문제를 이루는 중요한 두 계기는 '사람의 훌륭함(aretē)'과 '훌륭한 삶(eu prattein)'이며, 이 두 계기의 본이 되는 것은 '좋음의 이데아'이다. 그렇지만 모든 존재 및 인간적 실천의 궁극적 원인이 되는 '좋음의 이데아'는 또한 자연이나 우주에서의 일체의 좋은 상태 실현의 원인이 되기도 한다. 이와 관련된 설명은 『티마이오스』에 잘 나타나 있다. 『티마이오스』에 대한 다음의 기술을 보자.

> 플라톤은 이 아름다운 질서 체계인 우주의 신비를 설명해보기 위해 '그럼직한 설명들'을 『티마이오스』편에서 시도해 보이고 있다. …… 이 설명에 따르면 데미우르고스는 '언제나 같은 상태로 있는 것'을 본으로 삼아 이 우주를 아름다운 것으로 만들었다고 한다. 그런데 '언제나 같은 상태로 있는 것'인 이 본은, 감각적 지각을 동반하는 판단(의견)에 의해서는 포착될 수 없고 '지성에 의한 이해(앎)'(noēsis)에 의해서만 포착될 수 있다고 한 말을 미루어볼 때, 바로 이데아 내지 형상을 가리키는 말이다. 이를 본으로 창조한 자는 선하고, 따라서 그가 만든 이 우주는 생성된 것들 중에서도 '가장 아름다운 것'이라 한다(박종현, 2001: 229-230).

창조의 본이 되는 '언제나 한결같은 상태로 있는 것'은 이데아 내지 형상, 특히 아름다움 내지 좋음의 형상을 의미한다. 따라서 '좋음의 이데아'는 자연에서의 좋은 상태 실현의 궁극적 원인이 된다. 이와 관련해서 플라톤은 "모든 좋은 것(to agathon)은 아름답고(kalon), 아름다운 것(to kalon)은 불균형하지(ametron) 않습니다. 따라서 그와 같은 것으로 될 생물은 균형잡힌 것(symmetron)이라 보아야만 합니다." (『티마이오스』 87c)라고 말한다. 이렇듯 '아름다움'이나 '좋음'은 '적도(metrion)' 개념과 연관된다. 즉 '좋음의 이데아'는 자연에서 아름다운 상태의 실현을 가능하게 해주는 '적도'와 관련되어 있다. 그리고 그 적도는 수적인 균형과 연관되어 있다. 그렇다면 '적도'에 대한 상세한 설명이 필요하다. 이 문제는 『필레보스』에서 풍부하게 논의되지만,

이 글에서는 다루지 않기로 한다.

다만 여기에서는 궁극적 원인으로서의 이런 '좋음'이나 '아름다움'도 그것이 실현된 지상의 좋음이나 아름다움으로부터 출발하지 않으면 인식될 수 없다는 것을 지적하는 것으로 끝맺고자 한다. 지상의 좋음이나 아름다움에 민감하지 못하다면, 좋음 자체나 아름다움 자체에 이를 수 없다. 플라톤은 『향연』 209e-212a의 이른바 '에로스의 사다리' 부분에서 지상의 아름다움으로부터 아름다움 자체로의 인식의 상승 과정을 기술하고 있다.

> ① "특정의 아름다운 몸"을 사랑하는 단계(210a). → ② "몸의 아름다움 일반"으로 나아가는 단계(210b). → ③ 몸의 아름다움보다 더 귀중한 "혼의 아름다움"을 추구하는 단계(210b-c). 관행들과 관습(법)들의 아름다움을 바라보는 단계(210b-c). → ④ "지식의 아름다움"을 관상하는 단계(210c-d). → ⑤ 마침내 "아름다움 자체"를 직관하는 단계(210e).

이렇게 직관하게 되는 아름다움 자체란 영속적인 존재로서 생성 소멸하지 않고 모든 아름다운 것이 관여하면서도 증감을 겪지 않으며, 관점, 시간, 장소, 관계, 관찰자 등에 따른 차이도 없고, 비물체적이며, 가시적인 세상 사물 안에 나타나지도 않고, 이야기나 지식으로 나타나지도 않는 그야말로 그 자체가 그 자체만으로 단일한 모습을 가진 것으로 존재하는 것이다. 이 '아름다움 자체'가 또한 '좋음의 이데아'이기도 하다. 이런 성질을 지닌 '좋음의 이데아'야말로 인간사를 비롯한 일체의 존재, 즉 인위적인 것 및 자연 내지 우주의 근원적인 원인이 된다. 그것은 현실적 존재와는 다른 궁극적인 원인이지만, 그렇더라도 현실을 떠나서는 생각할 수 없는 존재이다.

참고 문헌

『국가·政體』(플라톤, 박종현 옮김, 서울: 서광사, 1997).

『소피스테스』(플라톤, 김태경 옮김, 서울: 한길사, 2000).

『에우티프론, 소크라테스의 변론, 크리톤, 파이돈: 플라톤의 네 대화편』(플라톤, 박종현 옮김, 서울: 서광사, 2003).

『티마이오스』(플라톤, 박종현·김영균 옮김, 서울: 서광사, 2000).

『필레보스』(플라톤, 박종현 옮김, 서울: 서광사, 2004).

박종현, 2001, 『헬라스 사상의 심층』, 서울: 서광사.

박종현, 2006, 『플라톤: 그의 철학과 몇몇 대화편』, 서울: 서울대학교 출판부.

Burnet, J. (ed.), 1985[1900], *Platonis Opera I, II, IV,* Oxford Classical Texts, Oxford: Clarendon Press, .

Duke, E. A., W. F. Hicken, W. S. M. Nicoll, D. B. Robinson, J. C. G. Strachan (ed.), 1995, *Platonis Opera I, II, IV,* Oxford Classical Texts. Oxford: Clarendon Press.

아리스토텔레스 존재론에서 실체의 문제

김영균

1. 머리말

형이상학 혹은 존재론의 역사에서 아리스토텔레스가 차지하는 비중은 매우 크다. 잘 알려져 있듯이, '형이상학'이라는 명칭 자체가 그의 책 '자연학 다음의 것들(ta meta ta physika)'에서 유래한다. 그러나 아리스토텔레스 자신은 이 책에서 추구하는 탐구를 형이상학이나 존재론이라 부르지 않고, '지혜(sophia)', '제일철학(prōtē philosophia)', '신학(theologia)'이라 불렀다. 이러한 명칭들로 이름 붙여진 탐구들이 모두 통일적으로 이해될 수 있는지는 논란거리지만, 그가 여기서 제기한 문제들과 논의 방식은 후대의 형이상학과 존재론에 큰 영향을 미쳤다.

아리스토텔레스는 『형이상학』에서 그가 탐구하고자 하는 학문의 성격을 밝히고 있는데, 우리는 이를 크게 네 가지 측면에서 고찰할 수 있다. 첫째, 형이상학이 추구하는 것은 '지혜'이다. 그에게 있어서 지혜는 무엇보다도 사태들의 이유나 원인을 아는 데서 생기는 것이며,

가장 보편적인 인식을 뜻한다. 이런 측면에서 형이상학적 탐구는 존재하는 것들의 첫째 원인들과 원리들을 탐구하는 학문으로 규정된다(1권 1-2장). 둘째, 형이상학은 "있는 것을 있는 것으로서 고찰하는 학문"으로 규정된다. "있는 것을 있는 것으로서" 탐구한다는 것은 '있는 것'을 오직 '있음'의 측면에서 탐구한다는 것을 뜻한다. 다시 말해 모든 사물이 있다는 사실 때문에 그것에 속하는 본질적 특성을 탐구한다(4권 1-2장). 셋째, 있는 것을 있음의 관점에서 다루는 형이상학의 주된 대상은 실체(ousia)에 대한 탐구이다(7권 1장). 그에게 있어서 '있는 것(to on)'은 무엇인가 하는 물음은 실체가 무엇인지 하는 문제로 이해된다. 넷째, 신학으로서의 제일철학이다(6권 1장). 그는 신학을 "영원하고 부동적이고 분리될 수 있는 어떤 것"(1026a10-11)에 대한 앎이라고 규정하고, 신학을 제일철학과 동일시한다. 이처럼 아리스토텔레스는 자신의 탐구를 다양한 방식으로 규정하고 있는데, 일반적으로 이런 탐구들은 크게 두 갈래로 나누어 이해되고 있다. 하나는 존재하는 모든 것을 '있음'의 측면에서 탐구하면서, 존재하는 것들의 일반적 구조와 원리를 탐구하는 것이다. 이것은 후대에 '존재론(일반 형이상학)'이란 이름으로 불린다. 다른 하나는 최고의 존재자인, 영원하고 완전한 신에 대해 탐구하는 신학(특수 형이상학)이다. 이러한 두 갈래의 탐구는 후대의 형이상학적 논의 속에서 중심적인 문제 영역을 형성했다.

이 글은 아리스토텔레스의 존재론에서 가장 중심적인 위치를 차지하고 있는 실체론에 초점을 맞추어서 그의 존재론의 특성을 살펴보고자 한다. 『형이상학』 7(Z)권, 8(H)권, 9(Θ)권은 일반적으로 '실체에 대한 책들'로 불리고 있고, 여기서 아리스토텔레스는 실체의 문제에 대한 다양한 논의를 전개하고 있다. 그의 실체론과 관련해서 다양한 해석과 많은 논란이 있지만, 실체의 문제에 대한 세부적인 논의를 하는 것은 이 글의 한계를 벗어나는 일이다. 이 글은 단지 실체에 대한 논의에서 중심적인 부분인 7권에 대한 분석을 통해서 아리스토텔레스의 실체론의 기본적 특성을 밝히고, 이것이 그의 제일철학에서 차지하는 의미가 무엇인지를 살펴보고자 한다.

2. 존재론적 탐구의 중심인 실체 개념

아리스토텔레스는 7권 1장에서 "옛날이나 지금이나 언제나 탐구대상이 되고 언제나 의문거리인 것, 즉 있는 것은 무엇인가라는 물음은 실체란 무엇인가라는 물음"(1028b2-4)[1]이라고 밝히고 있다. 이 구절에서 분명히 나타나듯이, 그는 '실체란 무엇인가?'란 물음을 존재론의 중심 문제로 생각하고 있다. 그러나 이 구절이 지니는 의미가 무엇인지는 그렇게 쉽게 이해되지 않는다. 그 의미를 파악하기 위해서 우선 일반적으로 '실체' 혹은 '실재'로 번역하고 있는 그리스어 우시아(ousia)의 의미에 대해 잠시 생각해볼 필요가 있다.

ousia는 일상어로서는 어떤 사람에게 '있는 것', 즉 '자산'을 뜻하는 말이다. 그리고 이 말은 그리스에서 철학적 탐구가 시작되면서 철학의 전문 용어로 사용되게 된다. '자산'을 의미했을 뿐인 일상어를 철학적인 전문 용어로 전용하게 된 연유는 다음과 같은 물음을 생각해보면 가장 쉽게 이해할 수 있을 것이다. "도대체 사물들에 있어서 그

1 이 글에서 『형이상학』 번역은 조대호가 번역한 『아리스토텔레스의 형이상학』(나남, 2012)을 따른다.

것들을 그것들이게끔 해주는 가장 든든하고 중요한 '자산'은 무엇일까?"(박종현, 2001: 145 주49). 이런 방식으로 사물들을 고찰할 때 ousia는 자연스럽게 사물들의 '실재성' 혹은 '본질적인 것'을 뜻하게 된 것으로 이해할 수 있다. 그리고 ousia의 의미와 관련해서 우리가 유의해야 할 것은, 이 말이 어원적으로는 einai(to be)의 여성형 현재분사 ousa(being)를 명사화한 것이라는 점이다. 서양에서 ousia는 라틴어 'substantia'를 거쳐 영어 'substance'로 번역되었고, 우리도 이를 일반적으로 '실체'로 옮기고 있다. 그러나 이런 번역어는 아리스토텔레스의 ousia의 의미를 정확히 전달하지 못하는 다음과 같은 단점들을 갖고 있다. 첫째로, ousia는 einai에서 유래한 것이기 때문에, 아리스토텔레스는 이런 언어적 연관성을 염두에 두고, 일차적인 ousia와 다른 종류의 ousia라는 표현을 사용하고 있는데, 'substance'라는 번역어는 이런 언어적 연관성을 드러내지 못한다. 둘째로, 그것은 아리스토텔레스의 실체에 대한 논의와 플라톤 철학과의 철학적 연관성을 드러내지 못한다. 플라톤은 그의 '이데아'를 ousia라고 말하고 있고, 아리스토텔레스와 플라톤주의자들 사이에는 어떤 존재가 일차적 존재(우시아)인지에 대한 논쟁이 있었다. 이런 문제점들 때문에, 버니엇은 ousia의 언어적 의미와 후대의 아리스토텔레스 해석사를 모두 고려하여 이 말을 'substantial being'으로 번역하고 있다(Burnyeat, 2001: 12). 이런 점들을 염두에 둘 때, ousia를 실체로 번역하는 것은 만족스럽지 못하나, 적합한 우리말 번역어를 찾기 어렵기 때문에 이 글에서도 통상적인 방식에 따라 '실체'를 우시아에 대한 번역어로 사용할 것이다.

"있는 것은 무엇인가?"란 물음은 어떤 것들이 존재하는가에 대한 존재론적 물음이다. 그런데 우리가 앞의 인용 구절을 통해 알 수 있듯이, 아리스토텔레스는 이것은 실체는 무엇인가에 대한 물음이라고 말하고 있다. 이는 그가 존재하는 것에 대한 물음을 '일차적으로 존재하는 것'에 관한 물음으로 바꿔놓았다는 것을 의미한다(Barnes, 1995: 78). 그러면 왜 아리스토텔레스는 실체에 대한 탐구가 존재론적 탐구의 중심 문제라고 생각했는지를 살펴보자. 모든 개별 학문은 각각의 탐구 주제에 의해 한정되고 규정된다. 그런데 아리스토텔레스는 개별 학문 이외에도 있는 것 전체를 탐구의 주제로 삼는 학문이 가능하다고 생각했다. 그는 이를 밝히기 위해서 다음과 같은 주장을 한다. "'있는 것'은 여러 가지 뜻으로 쓰이지만, 하나와의 관계 속에서, 즉 어떤 하나의 자연적인 것과의 관계 속에서 쓰이는 것이지 동음이의적(同音異議的)으로 쓰이는 것이 아니다."(1003a33-34) 이 구절에서 '있는 것'은 여러 가지 뜻으로 쓰인다는 언급은 쉽게 이해할 수 있다. 예를 들어 이 사람, 이 고양이, 이 꽃 등과 같은 개별자들은 '있는 것'이고, 이러한 개별자들의 성질이나 상태, 관계 등도 '있는 것'이다. 그렇지만 개별자들이 있는 방식과 성질이나 상태가 있는 방식은 다르기 때문에 있는 것은 여러 가지 뜻으로 쓰인다고 말할 수 있다. 그런데 있는 것들은 여러 가지 뜻으로 쓰인다는 언급이, 있는 것들이 전적으로 다른 의미로 존재하는 것을 뜻한다면, '있는 것' 전체를 대상으로 하는 하나의 학문은 성립할 수 없다. 이런 문제 때문에 그는 "어떤 하나의 자연적인 것과의 관계 속에서 쓰이는 것이지 동음이의적으로 쓰이는 것이 아니다."라고 덧붙이고 있다. 이 점을 좀 더 분명히 이해하기 위해서 '건강한'이란 말을 예로 들어볼 수 있다. 우리는 '건강한'이란 말을 여러 방식으로 사용한다. 예를 들어 "레슬링 선수 김군은 건강하다." 혹은 "레슬링은 건강한 스포츠이다."라는 표현을 사용한다. 여기서 우리는 '건강한'이란 동일한 표현을 사용하고 있지만, 같은 방식으로 쓰고 있는 것은 아니다. 전자의 경우에는 '건강의 수용체'라는 의미에서, 후자의 경우에는 건강을 만들어낸다는 뜻으로 '건강한'이란 말을 사용하고 있다. 그렇지만 이 둘이 아무 상관없는 것은 아니다. 즉 아리스토텔레스가 말하듯이 단순히 '동음이의어'인 것은 아니다. 오히려 레슬링이 건강한 방식은 레슬링 선수가 건강한 방식에 기생하는 것이다. 다시 말해 레슬링은 레슬링 선수를 건강하게 만들어주는 한에 있어서 건강한 것이다(Barnes, 1995: 76). 이처럼 '건강한'이란 말은 여러 의미로 사용되지만, 일차적인 것이 있고, 이 것에 의존해서 사용되는 경우들이 있다. 다시 말해 '건강한'이란 말은 '초점적 의미'를 갖고 있다. 아리스토텔레스는 '있다'라는 말도 '건강한'이란 말이 사용되는 것과 마찬가지 방식으로 사용된다고 본다(4권 2장). 이런 규정에 따를 때, 실체는 있는 것들 가운데 일차적으로 혹은 첫째로 있는 것이고 다른 것들은 모두 그것에 의존해 있는 것이기 때문에 존재하는 모든 것에 대한 탐구는 실체에 대한 논의를 중심으로 이루어져야 한다는 것이 아리스토텔레스의 생각이다. 일반적으로 실체는 다른 것들에 의존하지 않고 일차적으로 있는 것을 뜻하며, 다른 것에 의존해서 파생적인 방식으로 존재하는 것들을 속성이라 말한다(Barnes, 1995: 77). 결국 실체란 무엇인가란 물음은 일차적으로 존재하는 것이 무엇인가 하는 문제이다.

3. 『범주론』에서 '실체'에 대한 규정

아리스토텔레스는 『형이상학』 7권에서 실체에 관한 문제를 본격적으로 고찰하고 있지만, 이에 앞서 『범주론』에서 실체 개념의 기본적 특성을 밝히고 있다. 따라서 먼저 『범주론』에서 제시되고 있는 실체 개념의 특성을 알아볼 필요가 있다. 우리는 어떤 대상에 대해 다양한 진술을 할 수 있다. 예를 들어 "소크라테스는 사람이다." "소크라테스는 키가 작다." "소크라테스는 지혜롭다." "소크라테스는 아고라에 있다." 등의 진술을 할 수 있다. 이런 진술들은 소크라테스라는 개체에 대해서, 그가 '무엇'인지를 비롯해 '양', '성질', '장소' 등을 진술한다. 아리스토텔레스는 이런 진술의 유형들을 범주(katēgoria)라고 부르고, 열 가지(실체, 양, 성질, 관계, 장소, 시간, 상태, 소유, 능동, 수동 등)를 제시하고 있다. 그리고 그는 진술의 주어 위치에 오는 소크라테스와 같은 개별자를 '첫째 실체'로, 그리고 소크라테스가 '무엇'인지를 진술하는 술어인 '사람'이나 '동물'을 '둘째 실체'로 부르고 있다. 그는 이 점을 기체(基體, to hypokeimenon) 개념을 이용해 다음과 같이 규정하고 있다. "가장 주되고 첫째가며 엄밀한 뜻에서 실체라고 불리는 것은 어떤 기체에 대해 술어가 되지도 않고 어떤 기체 안에 있지도 않은 것, 예컨대 이 사람이나 이 말이다. 그리고 첫째 실체라 불리는 것들이 속하는 종(種, eidos)들과 이 종들의 유(類, genos)들은 둘째 실체라 불린다."(『범주론』 5장 2a11-16) 이런 언급에서 나오는 '기체'란 표현은 논리적 진술 관계에서는 진술의 주어(subject)가 되고, 운동 또는 변화와 관련될 경우에는 변화가 거기에서 일어나는 '밑바탕에 놓여 있는 것'을 뜻한다. 그리고 "소크라테스는 사람이다."와 같은 진술에서 알 수 있듯이, 개별자는 진술의 주어 위치에 오는 것이지 술어가 되는 것은 아니다. 기체에 대해 술어가 되는 것은 '사람(종)'과 '동물(유)'과 같은 보편자들이다. 또한 개별자는 그 자체로 독립적으로 존재할 수 있는 것이기 때문에 "기체 안에 있지도 않은 것"이다.

그가 진술의 주어 위치에 오는 개별자를 첫째 실체라고 말하는 까닭은 그것이 다른 모든 것의 바탕이 되고, 그것이 없으면 다른 것들은 있을 수 없기 때문이다(『범주론』 5장 2b). 예를 들어 우리는 성질의 범주에 속하는 '어리석음'이 존재한다는 것을 부정할 수 없다. 그러나 어리석음이라는 성질은 어리석은 사람이 존재하는 한에 있어서 있다고 말할 수 있기 때문에 이러한 개별자에 의존해서 존재하는 것이다. 그리고 종이나 유는 둘째 실체라고 불리지만, 이러한 보편자들은 개별적인 것들에 공통적이기 때문에 개별자가 없다면 보편자는 존재할 수 없다. 이처럼 아리스토텔레스는 첫째 실체인 개별자 이외의 다른 것들은 이것에 의존해서만 존재할 수 있다는 존재론적 입장을 갖고 있다. 개별자는 진술들의 주어가 되는 것이고, 또한 양, 성질 등 속성의 담지자가 되는 것이기 때문에 첫째 실체라고 불린다. 그리고 종과 유와 같은 보편자들을 둘째 실체라고 부른 이유는 이것들이 개별자들의 '무엇임'을 밝혀주는 것이기 때문이다. 이런 관점에서 그는 유보다 종이 더 첫째 실체의 특성을 밝혀주기 때문에 종이 유보다 더 많이 실체라고 말하기도 한다(『범주론』 5장 2b). 이런 언급들을 통해서 알 수 있듯이 『범주론』에서 실체는 무엇보다도 개별자를 의미한다.

이처럼 아리스토텔레스는 『범주론』에서 개별자가 첫째 실체라는 기본적 입장을 개진하지만, 앞으로 살펴볼 『형이상학』 7권에서는 이와 다르게 보이는 입장을 제시하고 있다. 그는 여기서 본질 또는 형상(eidos)이 첫째 실체라는 주장을 표명하고 있는데, 이는 『범주론』의 주장과 다르다. 따라서 아리스토텔레스의 실체에 대한 규정이 정확히 어떤 것인지에 대한 논란이 많이 있었지만, 실체에 대한 아리스토텔레스의 입장이 변화했다고 볼 필요는 없다. 『범주론』에서 아리스토텔레스는 주어-술어의 관계를 통해서 실체 개념을 논리적인 측면에서 접근하면서 개별자를 첫째 실체로 간주한다. 반면에 『형이상학』에서 제시된 '제일철학'은 있는 것들을 그것들이 있는 것인 한에 있어서 그것들의 원리와 원인을 탐구하는 것을 기본 목표로 하고 있다(1028a3-4). 바로 『범주론』에서는 실체에 대한 이러한 탐구가 결여되어 있다. 버니엇은 현대 철학에서 '형이상학'이란 용어가 다양한 의미로 사용되고 있기 때문에 『범주론』을 형이상학의 한 작품으로 이해하는 것은 잘못이라고 말할 수 없지만, 아리스토텔레스의 제일철학의 정신에 근거할 때 『범주론』과 『형이상학』은 다른 차원에 있는 작품이라고 지적하고 있다. 즉 제일철학은 설명 학문, 즉 존재로서의 존재의 원리와 원인을 발견하려는 학문을 지향하는 데 반해, 『범주론』은 어떤 설명도 원인에 대한 언급도 포함하고 있지 않다(Burnyeat, 2001: 106). 다시 말해 『범주론』은 아리스토텔레스적인 의미에서의 형이상학에 관한 것이 아니다. 반면에 그는 『형이상학』에서 개별자의 존재 원리와 원인에 대한 설명을 하고자 한다. 그가 여기서 본질 혹은 형상을 첫째 실체라고 부르는 것은 개별자가 첫째 실체라는 주장을 부인하기 위한 것이 아니라, 개별자의 내적 구조와 존재의 원인을 분석하기 위한 것이다. 그는 한 개별자가 그런 것으로 존재하기 위해서는 형상이 가장 일차적이라고 보았기 때문에 형상을 첫째 실체라고 부르고 있다. 그러면 이 점을 좀 더 구체적으로 살펴보자.

4. 『형이상학』 7권에서의 실체 개념

실체의 문제를 본격적으로 다루고 있는 7권은 이해하기 매우 어려운 것으로 정평이 나 있을 뿐 아니라 다양한 해석의 여지를 열어놓고 있다. 7권의 논의 구조를 어떤 방식으로 이해해야 하는지 하는 문제에 대해 이견이 있을 뿐만 아니라, 7권이 『형이상학』에서 차지하는 의미에 대해서도 최근까지 논란이 계속되고 있다.[2] 우리는 이런 문제들에 대해 여기서 상론할 수는 없고, 단지 7권에서 제시된 실체 개념의 기본적 특성에 대해서만 살펴볼 것이다.

실체는 무엇인가란 물음은 이중적으로 해석될 수 있다. 첫째로, 이것은 어떤 것들이 실체라 불릴 수 있는지에 대한 물음일 수 있다. 둘째로, 이것은 실체에 대한 설명이나 분석을 요구하는 물음으로 이해할 수 있다. 아리스토텔레스는 2장에서는 첫 번째 의미에서 이 물음에 대해 언급하고 있고, 3장 이하에서는 두 번째 의미에서 이 문제를 논의하고 있다. 그러면 먼저 첫 번째 의미에서의 실체에 대한 그의 언급을 살펴볼 필요가 있다. 그는 2장에서 우선 감각에 의해 지각되는 것들만이 실체인지 아니면 다른 실체들도 있는지 하는 문제를 탐구해야 함을 지적한다. 그리고 그는 이전 철학자들의 견해를 소개하면서, 플라톤이 '형상들(ta eidē)'과 '수학적인 것들(ta mathēmatika)'을 두 부류의 실체로, 그리고 '감각에 의해 지각되는 물체(ta aisthēta sōmata)'를 세 번째 실체로 제시하고 있다고 언급한다(1028b19-21). 이와 더불어 다른 플라톤주의자들의 견해를 소개한 다음에, 감각에 의해 지각되는 실체들 이외에 다른 실체들이 있는지 그리고 그러한 것이 있다면 어떤 방식으로 있는지를 검토해야 한다고 주장한다(1028b27-31).

2 최근에 버니엇은 기존의 해석들이 주목하지 못했던 관점에서 7권을 해석함으로써 7권에 대한 새로운 해석의 지평을 열었다. 첫째로, 그는 7권의 각각의 장은 연속적으로 앞의 논의에 근거해서 전개된 것이 아니라, 1~2장의 도입부와 독립된 4개의 장(3장, 4장 이하, 13장 이하, 17장)으로 구성되었으며, 이것들은 독립적으로 같은 결론, 즉 실체는 형상이라는 결론을 목표로 한다는 입장을 취한다. 그리고 둘째로, 이러한 각각의 논의는 '논리적 차원'에서 분석을 시작했다가 '형이상학적 차원'으로 이동하는 특징을 보여준다는 분석 틀을 갖고 7권을 해석하고 있다(Burnyeat, 2001: 3-6). 이런 견해에 대한 가장 최근의 비판적 논의로는 멘(Menn, 2011)을 참조할 수 있다.

이런 언급을 통해서 알 수 있듯이, 실체 문제에 대한 그의 주된 관심사는 감각에 의해 지각되는 실체 이외에 다른 실체가 있는지 하는 문제이다. 그리고 그는 이를 위해서는 두 번째 의미에서의 실체가 무엇인지에 대해 알아보아야 한다고 주장한다(1028b31-32). 아리스토텔레스는 3장 이하에서의 분석을 통해서 비감각적 실체가 있음을 주장하지만, 플라톤의 형상 이론에 대해서는 반대한다.

아리스토텔레스는 실체가 무엇인지를 밝히기 위해서 3장에서 그 후보자들을 네 가지, 즉 본질(to ti ēn einai), 보편자(to katholou), 유(genos), 기체(hypokeimenon)로 제시하고 이러한 것들이 실체의 조건을 충족시키는지를 검토하고 있다. 이중에서 유는 7권에서 독립적으로 검토되지 않고 보편자에 대한 논의 속에 포함되어 검토된다. 왜냐하면 모든 유는 보편자이고, 만일 보편자가 실체가 아니라면 유도 그럴 수 없기 때문이다(Ross, 1924: 164). 그는 먼저 기체가 실체가 될 수 없음을 밝힌다. 여기서 "기체란, 다른 것들은 그것에 대해 술어가 되지만, 그것 자체는 다른 어떤 것에 대해서도 술어가 되지 않는 것"(1028b36-37)으로 규정된다. 이러한 의미의 기체는 앞서 살펴보았던 『범주론』(5장 2a11-14)의 기체 개념과 동일한 것이다. 그는 개별자의 밑에 놓여 있는 질료로서의 기체가 실체가 될 수 있는지를 검토하고 있는데, 그의 생각을 다음과 같이 정리해볼 수 있다. 우리가 이 사람이나 이 꽃 등과 같은 개별자에서 물체들의 질적인 상태와 길이나 넓이나 깊이와 같은 양적인 성질 등을 배제한다면, 최종적으로는 무규정적인 어떤 것이 남는다고 상정할 수 있다. 이런 무규정적인 것이 그가 여기서 탐구하고 있는 질료로서의 기체이다. 아리스토텔레스는 이를 가장 유명한 개념이라고 언급하고 있는데, 이런 개념은 아낙시만드로스와 같은 초기 자연철학자들이 갖고 있었던 실체 개념이다. 어떻게 보면 질료로서의 기체는 실체의 적합한 후보자처럼 보인다. 왜냐하면 이것은 모든 성질이 사라진 뒤에도 남는 유일한 것일 수 있기 때문이다. 그러나 아리스토텔레스는 질료가 실체라는 주장을 거부한다. 그는 실체의 중요한 특징으로서 '분리 가능성(to chōriston)'과 '개별자성(to tode ti)'을 제시하는데(1029a27-28), 질료로서의 기체는 이 조건을 충족시키지 못하기 때문에 실체가 될 수 없다고 주장한다. 여기서 '분리 가능성'은 실체가 그 자체로, 즉 다른 것들에 의존하지 않고 존재할 수 있음을 뜻한다(Frede, 1987: 90). 그리고 아리스토텔레스에 있어서 실체는 존재론적으로 일차적인 것을 뜻할 뿐만 아니라 앎에 있어서도 일차적이어야 한다.[3] 그러나 특정한 어떤 것으로 지시할 수 없는 무규정적인 질료는 이런 조건들을 충족시킬 수 없다.

실체의 두 번째 후보자는 본질이다. 그는 본질이 실체인지를 밝히기 위해서 4～6장에서 우선 논리적인 측면에서 본질 개념을 정의한다. 이에 따르면 "어떤 대상이 그 자체로서 무엇인지를 말하는 진술 속에서 드러나는 것, 그것이 각자의 본질이다."(1029b13-14) 4～6장에서의 주된 과제는 '그 자체로서'가 정확히 어떤 것인지를 밝히는 것이다. 우리는 각 사물에 '그 자체로서 속하는 것'과 '부수적으로 속하는 것'을 구별할 수 있다. 예를 들어 소크라테스에 대해, 소크라테스는 '사람'이고 '동물'이라고 말할 때, '사람임'과 '동물임'은 소크라테스에게 그 자체로서 속하는 것이다. 반면에 '어떤 사람에 대해 "너는 음악적이다."라고 말을 한다면, 여기서 '음악적임'은 너에게 속하기는 하지만 '그 자체로서' 속하는 것이 아니라 단지 부수적으로만 속하는

3 "그런데 '첫째'는 여러 가지 뜻으로 쓰이지만, 모든 측면에서 실체는 첫째인데, 정식에서, 앎에서, 시간에서 그렇다."(1028a31-33)

것이다. 그렇지만 어떤 것에 대해 그 자체로서 진술되는 모든 것이 본질은 아니다. 아리스토텔레스는 "표면은 하얗다."는 진술을 예로 들어 이 점을 설명하고 있다. 사물의 표면은 그 자체로서 색깔을 갖고 있기 때문에 '하양'이라는 성질은 표면에 대해 그 자체로서 진술된 것이지만 '하양'은 표면의 본질이 아니다. 왜냐하면 "표면은 무엇인가?"라고 물을 때, 우리는 표면의 본질은 하양이라고 대답하지 않기 때문이다. 나아가서 "표면은 하얀 표면이다."는 진술처럼 정의되어야 할 대상이 정의항에 포함되어 있는 것은 본질을 드러내는 정의로서 부적합하다. 결국 각자의 본질은 "정의 대상 자체는 포함하지 않으면서 그 대상이 무엇인지를 말하는 규정(logos)"(1029b19-20)으로 언급된다. 그다음에 아리스토텔레스는 어떤 것이 본질을 갖는지 하는 문제를 다루고 있는데, '하얀 사람'처럼 '사람'이라는 실체와 '하양'이라는 색깔이 결합된 우연적인 복합체는 본질을 가질 수 없음을 밝히고 있다. 왜냐하면 이런 복합체는 단순한 실체가 아니기 때문이다. 그리고 '하양'과 같은 성질은 실체가 아니지만, "하양은 어떠어떠한 것이다."라고 정의를 내릴 수 있기 때문에 이것에 대해 본질을 말할 수 있지만, 이는 파생적인 의미에서 그러한 것이다. 다시 말해 '있다'가 일차적으로는 '실체'의 범주에 대해서 사용되지만 양이나 성질 등의 다른 범주들에 대해서도 사용되듯이, 본질을 나타내는 '무엇'도 다양한 방식으로 사용된다. 즉 '무엇'은 단적으로는(haplōs) 실체에 사용되지만, 파생적인 의미에서는 양이나 성질 등에도 사용된다. 그렇지만 그는 "가장 엄밀하고 첫째가며 단적으로는" 오로지 실체만이 본질을 갖는다는 점을 강조한다(1031a12-14). 이처럼 그가 본질의 문제에 대한 세밀한 논의를 하는 이유는 형상이 본질에 의해서만 발견될 수 있기 때문이다. "아리스토텔레스에게 있어서 본질은 그러저러한 것이 되기 위한 필요-충분조건의 단순한 모음이 아니다. 그것은 설명적 논증의 제일원리이다. 한 종류의 본질을 발견하는 것은 그 종의 구성원들에게서 그런 종의 존재임으로 해서 필수적으로 속하는 다양한 성질의 원인 혹은 설명을 발견하는 것이다."(Burnyeat, 2001: 83) 이처럼 그는 본질의 성격을 해명한 뒤에, 10장에서 최초로 본질이 형상이라고 언급한다(1035b15-16, 32). 그리고 11장에서는 형상이 첫째 실체라고 언급한다(1037a5).

그다음으로 실체의 세 번째 후보자인 보편자에 대해 알아보기로 하자. 아리스토텔레스는 종이나 유와 같은 보편자를 원인이나 원리로 보는 견해를 단호히 부정한다. 보편자가 실체가 될 수 없는 이유는 무엇보다도 각각의 실체는 각 대상에 고유한 것인 데 반해, 보편자는 그 본성상 여럿에 속하는 공통적인 것이기 때문이다(1038b9-11). 또한 "기체에 대해 술어가 되지 않는 것이 실체이지만, 보편자는 언제나 어떤 기체에 대해 술어가 되기" 때문에 실체가 될 수 없다(1038b15-16). 그는 보편자가 실체가 아니라는 논의를 전개하면서 플라톤의 형상 이론을 비판한다. 그는 플라톤의 형상을 보편자로 규정하고, 그가 보편자를 부당하게 실체화시켰다고 본다. 그의 이러한 비판이 플라톤의 형상 이론에 대한 정당한 비판인지는 오랫동안 논쟁거리였고, 이 논쟁은 여기서 간단히 다룰 수 있는 문제는 아니다. 그러나 아리스토텔레스는 플라톤의 형상 이론을 비판하지만, 형상의 실재성을 부정하고 있는 것은 아니다. 반즈는 두 철학자의 차이를 다음과 같이 말하고 있는데, 적절한 지적이라 생각된다. "플라톤은 '정의(正義)'가 존재한다고 믿었고, 아리스토텔레스도 정의가 존재한다고 믿었다. …… 그가 그의 스승과 구별되는 지점은 그가 정의에 부여한 존재 양상 혹은 방식에 있다. 플라톤에게 있어서 정의는 형상에 속하는 영원하고 독립적인 존재를 향유한다. 반면에 아리스토텔레스에 있어서, 정의는 어떤 실체가 정의로운 한에 있어서만 존재한다. 정의는 독립적인 존재가 아니라 기생적인 존재이다."(Barnes 1995: 82) 이처럼 아리스토텔레스의 기본적인 입장은 개별자가 실체라는 것이지만, 어떤 개별자를 본질적으로 그러한 개별자로 만들어주는 것은 형상적 요소이다. 그래서 그는 『형이상학』에서 개별자의 존재를 가능하게 하는 것이라는 의미에서 형상을 첫째 실체로 말하고 있는 것이다. 그리고 그에게 있어서 형상은 개별자와 분리해서 존재하는 것이 아니라 개별자 속에 내재하는 것이며, 이것은 의미 규정(logos)을 통해서만 분리 가능한 것이다(1042a29).

우리는 앞의 논의를 통해서 실체의 네 후보자 가운데 본질이 첫째 실체이며, 이것이 곧 형상을 가리키는 것임을 알아보았다. 그런데 아리스토텔레스는 마지막으로 17장에서 "실체는 원리이자 원인이다." 라고 밝히면서, 원리와 원인의 관점에서 실체의 문제를 새롭게 고찰하고 있다. 이를 위해서는 먼저 논리적인 측면에서 이유나 원인을 묻는 물음의 일반적 구조를 분명히 이해해야 한다. 그는 "'무엇 때문에' 라는 물음은 항상 '무엇 때문에 어떤 것이 다른 어떤 것에 속하는가?'의 형태로 탐구된다."(1042a10-11)고 언급한다. 예를 들어 "무엇 때문에 사람은 이런저런 동물인가?", "무엇 때문에 이 벽돌들과 돌들은 집인가?"라는 것이 그러한 형식의 물음이다. 이런 물음들은 원인을 찾고 있는 것인데, 벽돌이나 돌과 같은 질료가 집이 되는 원인을 탐구하는 것이다. 이처럼 질료를 어떤 사물로 만들어주는 것이 본질이고 형상인데, 이런 원인 역할을 하는 것이 실체이다(1042b 7-9). 그리고 이렇게 이루어진 합성체는 단순한 더미와 같은 것이 아니라 음절과 같이 하나의 통일체를 이루고 있다. ba란 음절은 b와 a를 단순히 모아놓은 것이 아니라 일정한 구조를 갖고 있는 하나의 통일체이다. 마찬가지로 사람의 살이 불과 흙의 요소로 구성되어 있다고 할 경우에, 살은 단순히 불과 흙이 아니라 이와는 다른 어떤 것이다. 그리고 살을 그 구성 요소들 이상의 것으로 만들어주는 것은 요소가 아닌 다른 것이며, 이것이 사물의 원리로서 각자의 실체이다(1042b25-31). 아리스토텔레스는 여기서 명시적으로 말하고 있지는 않지만, 그가 말하는 각자의 실체가 형상이라는 점은 분명히 함축되어 있다.

5. 맺는말

아리스토텔레스 존재론에 있어서 실체가 무엇인지에 관한 물음은 일차적으로 존재하는 것이 무엇인지에 대한 물음이다. 이에 대해 그는 『범주론』에서 개별자가 일차적 실체라는 견해를 제시하고 있다. 이는 그의 존재론의 기본적 입장이지만, 『형이상학』에서는 이 문제를 더 심층적으로 분석하고 있다. 『형이상학』에서 추구하는 제일철학은 『범주론』과 달리 존재하는 것들의 원인과 원리를 탐구한다. 그는 이런 관점에서 『형이상학』에서는 개별자의 내적 구조와 존재 원인에 대한 분석을 시도하고, 본질 곧 형상이 첫째 실체임을 밝히고 있다. 따라서 『범주론』과 『형이상학』의 실체에 대한 주장은 서로 상충하는 것이 아니라, 논의의 지평이 다르다고 보아야 할 것이다. 아리스토텔레스는 개별자가 이 세계의 일차적 실체임을 변함없이 주장하면서도, 이 실체를 가능하게 하는 원인과 원리에 관해 논할 때는 본질 또는 형상을 일차적 실체로 말하고 있는 것이다.

아리스토텔레스는 『형이상학』 7권에서 실체가 형상임을 강조하고 있는데, 이러한 입장은 이어지는 8권과 9권에서의 실체에 대한 논의의 토대가 된다. 그는 8권에서 형상이 존재의 원인이라는 견해를 더욱 발전시키고 있고, 9권에서는 '가능태(dynamis)'와 '현실태(energeia)'의 개념을 사용해서 새로운 차원에서 존재론적 탐구를 수행한다. '가능태'와 '현실태'는 변화와 운동을 분석하기 위해 도입된 개념들이다. 그는 모든 가능태에 앞서서 현실태가 존재한다는 입장을 갖고 있는데, 이런 개념 틀을 사용해서 자연 세계에서 이루어지는 운동을 설명하고 있을 뿐만 아니라 궁극적으로는 "운동을 하지 않으면서 최초로 운동을 일으키는 것"(12권 7장)으로서 상정된 그의 신(神)에 관한 논의를 전개한다. 이처럼 아리스토텔레스에 있어서 실체에 대한 논의는 이 세계의 궁극적 원인인 신에 관한 논의에서 완성된다. 그는 이미 『형이상학』 1권에서 제일철학의 목표는 존재하는 모든 것의 첫째 원인과 원리를 아는 것이라고 밝힌 바 있고, 이런 학문은 가장 신적이며 가장 고귀한 것임을 강조하면서 "신은 모든 것을 주재하는 원인들 가운데 하나이고 일종의 원리"라고 언급하고 있다. 바로 신에 대한 논의는 12권에서 본격적으로 제시되는데, 7, 8, 9권에서 제시된 그의 실체에 대한 논의들도 신학적 설명을 예비하는 것이라 말할 수 있다.

참고 문헌

『범주들 · 명제에 관하여』(아리스토텔레스, 김진성 역주, 이제이북스, 2008).

『아리스토텔레스의 형이상학』(아리스토텔레스, 김진성 역주, 이제이북스, 2007).

『아리스토텔레스의 형이상학 1, 2』(아리스토텔레스, 조대호 옮김, 나남, 2012).

박종현, 2001, 『헬라스 사상의 심층』, 서광사.

조대호, 2004, 『아리스토텔레스의 형이상학』, 문예출판사.

Barnes, J. (ed.), 1995, *The Cambridge Companion to Aristotle*, Cambridge, pp. 66-108.

Burnyeat, M., 2001, *A Map of Metaphysics Zeta*, Mathesis Publications.

Frede, M. 1987, "The Unity of General and Special Metaphysics: Aristotle's Conception of Metaphysics", in *Essays in Ancient Philosophy*. Minneapolis.

Menn, S., 2011, "On Myles Burnyeat's Map of Metaphysics Zeta", *Ancient Philosophy*, vol 31. pp. 161-202.

Ross, W. D., 1953, *Aristotle's Metaphysics, a revised text with introd. and comm.. I. II.* Oxford.

칸트의 선험 존재론[1]

이충진

1. 인식론과 존재론

존재론은 존재에 관한 학문이다. 존재론의 연구 대상은 존재이며 존재론의 연구 목표는 존재의 모습을 드러내는 것이다. 아리스토텔레스 이후 존재론은 '존재로서의 존재 및 존재에 그 자체로서 귀속되는 것들'에 관한 이론이라는 이름을 갖고 있다. '존재 자체에 귀속되는 것들'이란 어떤 것이 존재하는 한 반드시 갖지 않을 수 없는 그런 것인바, 이때 '존재하는 어떤 것'은 우리가 생각할 수 있는—어쩌면 생각할 수 없는 것까지도 포함한—모든 것을 지칭한다.

그런데 칸트에 따르면 존재론은 "단지 오성(Verstand)과 이성(Vernunft) 자체만을 고찰"하는 학문이며 "사물들에 대한 우리의 선천적 인식의 가능성" 내지는 "사물들을 인식할 수 있는 선천적 조건들"을

1 이 글은 『칸트연구』 제30집(한국칸트학회 편, 2012년)에 동일한 제목으로 발표된 논문을 수정·보완한 것이다.

연구하는 학문이며 "[인식주관에게] 주어지는 대상들을 도외시"하는 학문이다. 즉 칸트가 생각하는 존재론이란 존재자 또는 존재에 관한 학문이라기보다는 그것을 인식하는 우리 자신에 관한 학문이다.

존재에 관한 학문과 인식주관에 관한 학문, 오늘날의 용어법으로 말하자면 존재론과 인식론을 동일시하는 칸트의 생각은—비록 오늘날의 독자에겐 매우 이상하게 들릴 것이 분명하지만—사실 18세기 독일 학계에서는 일반적이었다. 예를 들어 볼프에게 있어서 존재론은 "존재 일반에 대한 관념(notio)"을 분석하는 것이었으며 따라서 존재론은 명목상으로는 존재 일반의 진리를 탐구하는 것이었지만 실질적으로는 순수한 이성적 원리들과 관념들을 탐구하는 학문이었다. 이와 같은 존재론과 인식론의 동일시는 하나의 전제, 즉 '사유의 원리와 존재의 원리는 동일하다.'라는 전제를 가지고 있었는바, 이러한 전제에 의거해서 가령 '주어와 모순되는 술어는 그 주어와 결합할 수 없다.'라는 논리적·인식론적 의미의 모순율은 곧바로 '어떤 사물에 모순되는 속성은 그 사물에 속하지 않는다.'라는 존재론적 명제로 이해되었던 것이다.

하지만 그렇다고 해서 칸트가 동시대인의 존재론을 모두 공유한 것은 아니었다. 이 점은 가령 볼프에 대한 칸트의 비난에서 확인할 수 있다. 그는 자신의 『교수취임논문』에서 "나는 그 유명한 볼프가 감각적인 것과 오성적인 것의 구분을 통해서—이러한 구분이 그에게는 단지 논리적 구분이었는데—저 고대의 가장 중요한 관심사인 현상체(Phaenomena)와 가상체(Noumena)의 고유한 성질에 관한 논의들을 전적으로 파괴하게 된 것을 심히 우려하고 있다."라고 말하고 있다. 인간 심성에 관한 탐구(감각과 오성의 구분)가 단순히 논리적·인식론적 차원에 머무르게 됨으로써 고대 철학의 형이상학적·존재론적 차원을 소멸시킨 것, 그것은 칸트가 보기에 "볼프가 철학에 행한 크나큰 해악"이었던 것이다.

한편으론 '인식론으로서의 존재론'을 받아들이면서 동시에 다른 한편 그것의 전제인 '사유와 존재의 동일성'을 부인하는 칸트는 자신의 동시대인과는 전혀 다른 모습의 존재론을 구상하고 제시해야 했다. 과연 무엇이 다르며 그 '다름'은 어떻게 가능했을까?

2. 선험철학과 현상 존재론

1) 선험철학

칸트는 자신의 철학을 종종 선험철학(Transzendental-Philosophie)이라고 불렀는데, 그에 대해 칸트는 다음과 같이 말하고 있다. "나는 대상들이 아니라 대상들에 관한 우리의 인식 방식 일반을 …… 다루는 모든 인식을 선험적이라 부른다. 그와 같은 개념들의 체계는 선험철학이라 불릴 수 있을 것이다." 이에 따르면 선험철학은 인식주관에 대하여 존재하고 있는 것, 즉 대상(Gegen-stehendes)에 관한 이론이 아니라 대상과 만나는 우리 자신의 인식 방식에 관한 학문이다. 이것은 가장 넓은 의미에서 이성의 자기 자신에 대한 비판 내지는 검사라고 할 수 있다.

이성의 자기 검사는 그 첫걸음에서 매우 친숙한 이성의 모습을 제시한다. 즉 우리 인간의 인식능력은 크게 감성과 오성 두 가지 종류로 구성된다. 이중 감성 능력은 우리 외부의 것과 만나는 능력이지만 오성 능력은 '외부의 것(대상 및 감성 능력)' 없이도 작동할 수 있는 능력이다. 다만 만일 우리가 외부 사물에 대하여 사고하고 그를 통해 외부 사물의 모습을 인식하려면, 오성은 감성을 통해 자신에게 주어지는 사물의 모습에 의지해야 한다. 결과적으로 보자면 사물 인식은 감성 능력과 오성 능력이 함께 일함으로써만 가능하다. 우리는 이러한 사실을 인식능력의 관찰·분석만으로 확인할 수 있다.

그런데 칸트는 이른 바 '위대한 침묵의 시기'에 쓰인 한 편지에서 "대상은 오성의 표상을 통해 산출된 것이 아니다. 그렇다면 이와 같은 오성의 표상이 대상들과 지녀야 할 일치는 어디서 유래하는가?"라고 스스로에게 묻고 있다. 이곳의 칸트의 문제의식은 이러하다. 사유능력인 오성은 대상에 관한 생각들(표상들)을 자기 안에 가지고 있는데, 그것들 중 어떤 것들은 대상과 관계하는 일 없이, 즉 선천적으로(a priori) 갖게 된 것들이다. 그러므로 다음과 같은 문제가 제기된다. 이러한 선천적 표상들이 '대상에 관한' 표상 내지는 '대상의' 표상임을 우리는 어떻게 알 수 있는가? 그렇다고 말할 수 있는 근거는 무엇이며, 그렇다고 말할 수 있는 권리가 과연 주관에게 있는가?

예를 들어보자. '삼각형의 세 개의 내각의 합은 180도이다.'라는 명제를 이해하기 위해, 오성은 종이 위에 그려진 삼각형을 눈으로 직접 보고 그 모습을 분석·종합해야 하는 것은 아니다. 이 경우 오성은 대상에 대한 시각적 경험을 필요로 하지 않는다. 그런 의미에서 그것은 비경험적·선천적 명제이다. 그런데 그 명제는 자신의 진리성을 단지 주관적 의미의 진리(그렇게-생각할-수밖에-없음)로서 제시하는 것이 아니라 대상(삼각형)에 대한 진리 내지는 객관적 진리(그렇게-존재할-수밖에-없음)로 제시하고 있다. 즉 이 명제는 오성의 외부에 있는 대상(삼각형)에 대해 '그것이 특정한 모습을 가지고 있다.'라고 주장하는 것이며, '삼각형'이란 오성개념 안에서는 발견되지 않는 표상

(180도)이 대상의 표상임을 주장하는 것이다.

하지만 어떻게 사유 능력인 오성이 자신의 외부에 존재하는 대상(삼각형)에 대해 그것과의 만남 없이—왜냐하면 대상과의 만남은 오직 감성이라는 별도의 능력을 필요로 하니까—그것의 특정한 모습을 인식할 수 있는 것일까? 이러한 의구심은 너무도 당연한데, 왜냐하면 오성 능력은 인식주관에 내재하지만 인식 대상은 인식능력의 외부에 존재하기 때문이며, 오성 능력이 자기 활동을 통해 특정한 인식을 획득했다고 해도 그 인식은 여전히 주관적 인식일 뿐 대상에 대한 인식일 수는 없을 것이 분명하기 때문이다. 이러한 의구심은 대상이 삼각형과 같은 기하학적 대상이 아니라 '하나의 붉은 사과' 같은 공간·시간상에 존재하는 구체적 대상인 경우라면 더욱 커지게 된다.

칸트가 선험철학의 과제를 '어떻게 선천적·종합적 인식이 가능한가?'라고 정식화했을 때, 그가 가지고 있던 문제의식은 바로 그런 것이었다. 한갓 주관적일 뿐인 오성의 표상이 주관성이라는 한계를 벗어나 자기 밖의 타자(객관)에 대해서 타당성을 주장하고자 한다면, 그렇게 주장할 수 있는 근거는 무엇이며 주장의 권리를 정당화할 수 있는 근거는 무엇인가? 칸트는 이 물음에 대해 대답하고자 했으며, 선험철학은 칸트의 최종적 대답이었다.

2) 현상 존재론

오성의 주관적 표상들이 어떻게 오성의 외부에 있는 대상에 대해 타당할 수 있는가? 이 물음에 대한 대답을 칸트는 '오성 개념의 선험적 연역'이란 이름의 논의를 통해 제공하고 있는데, 이것은 칸트 자신이 "가장 많은 노고를 치렀던" 논의라고 불렀던 부분이기도 하다. 칸트는 먼저 '선험적'이란 표현을 통해서 이 논의가 갖는 방향성이 외부 대상을 향해 있는 것이 아니라 인식주관 자신을 향해 있음을 분명히 하고 있으며, 또한 '연역'이라는 표현을 통해서 이 논의의 차원이 단순한 사실 분석의 차원이 아니라 권리 정당화의 차원임을 분명히 했다. 이제 그의 선험적 연역을 따라가보자.

오성은 인식 대상을 직접 만날 수 없으며 직관 능력인 감성을 매개로 해서만 만날 수 있다. 그런데 감성에 의해 오성에 주어지는 대상의 내용들은 이미 특정 방식으로 형식화된(질서 지어진) 내용들이다. 칸트는 그것을 공간적·시간적 질서에 상응한 모습을 가진 내용이라고 생각했다. 가령 우리의 눈에는 하나의 동일한 공간에서는 오직 하나의 사물(하나의-붉은-꽃)만 위치할 수 있는 것으로 보이며, 우리의 내감(인식주관 자신을 직관함)에는 다수의 상이한 표상(하나, 붉음, 꽃)이 시간적으로·선후적으로(nacheinander) 존재하는 것으로 보인다. 오성은 이런 모습의 직관 내용들을 분해·결합함으로써 하나의 인식('이 꽃은 붉다.')에 도달한다. 이때 오성의 분해·결합 활동은 특정한 기준에 의해 진행되는데, 가령 단일성·성질·실체·속성 등을 기준으로 해서 표상들을 분해·결합한다. 이 기준들을 칸트는 오성의 순수한(rein) 개념들이라고 불렀으며, 이것은 오성 자신에 내재하는 선천적인 것이다.

선험적 연역은 이와 같은 인식 활동과 관련해서 제기되는 권리 문제의 물음, 즉 '오성의 개념들은 무엇을 근거로 자신이 대상 자체의 규정임을 주장할 수 있는가?'라는 물음에 대답하고자 한다. 가령 단일성 개념은 오성 자신에 내재하는 개념임에도 불구하고 오성은 '이 하나의 꽃은 붉다.'라는 인식을 통해서 단일성이 대상(꽃) 자체의 모습임을 주장하는데, 그럴 수 있는 근거는 무엇인가? 이에 대한 칸트의 대답은 다음과 같다. 하나의 인식이란 두 개의 (대상)표상의 결합이며, 인식이 성립하기 위한 가능 조건은 표상들의 결합 활동이다. 그런데 표상을 결합하는 활동은 오성의 활동이다. 그러므로 오성의 결합 활동은 대상 인식을 비로소 성립시키며, 그런 의미에서 오성의 결합 활동은 대상 인식의 가능 근거이다. 오성 활동은 순수 오성 개념들에 의거해서 이루어지며, 따라서 오성 개념 역시 동일한 의미에서 대상 인식의 가능 근거이다. 달리 말하자면 오성개념은 그것의 원천 및 소재가 주관적 오성 능력임에도 불구하고 대상 인식 활동과 함께 대상 규정으로 전환된다.

선험적 연역은 여기에 그치지 않는다. 오성의 종합 활동은 그 자체 두 개의 조건 아래서만 가능하다. 첫째, 오성 활동 이전에 종합의 소재가 주어져야 하며 더욱이 종합 활동이 가능한 방식으로 주어져야 한다. 둘째, 오성 활동과 감성 활동은 상호 이질성에도 불구하고 서로 만나 결합할 수 있어야 한다. 첫 번째의 것이 감성의 순수 종합 활동이며 두 번째 것이 모든 표상 활동(감성, 오성)을 하나의 동일한 인식 주체로 귀속시키는 종합 활동(자기 동일화 활동)이다. 후자를 칸트는 통각(Apperzeption)이라 불렀으며 내용상 인식 주체의 자기의식과 마찬가지다. 결국 오성 개념의 객관적 타당성은 다시 직관의 종합 활동과 통각의 종합 활동에 근거하는 셈이다. 이와 같은 사정을 칸트는 다음과 같이 표현하고 있다. '모든 인식은 인식을 가능하게 만드는 조건들에 종속한다.' 여기서 조건들이란 물론 인식 주체의 종합 활동(감성, 오성, 통각 등의 종합 활동)을 의미한다.

선험적 연역 논의의 결론은 간단히 말하면 '객관의 인식은 인식주관의 세 종류의 종합 활동에 자신의 가능 근거를 가지고 있다.'라고 표현될 수 있다. 예를 들어 어떤 하나의 대상과 관련해서 '이 꽃은 붉다.'라는 인식을 획득한 경우, 인식을 가능하게 만드는 근거는—하나의 붉은 꽃이라는 대상이 아니라—그것을 보고 그것을 생각하고 봄과 생각을 나 자신에로 귀속시키는 주관적 활동 등이다.

칸트는 그런데 선험적 연역의 결론에서 한 걸음 더 나아간다. 그것은 다음과 같다. '인식을 가능하게 만드는 조건들은 또한 동시에 인식 안에 나타나는, 즉 인식된 대상들을 가능하게 만드는 조건들이기도 하다.' 달리 말하자면 인식능력들의 세 가지 종합 활동은—인식을 비로소 존재하게 만드는 근거일 뿐만이 아니라—인식 안에 등장하는 대상, 달리 말해서 인식을 매개로 해서 우리가 만나게 되는 대상을 비로소 존재하게끔 만드는 근거이기도 하다. 역으로 말하자면 주체의 인식 활동이 없으면 대상은—인식되지 않을 뿐만이 아니라—존재하지도 않는다는 것이다.

이렇게 해서 칸트의 오성의 분석론(특히 선험적 연역)은 존재론의 위상을 획득하게 된다. 오성은 오성 자신과 마주하고 있는 모든 것이 그런 것으로 존재할 수 있도록 비로소 만들며, 그런 의미에서 오성은 대상 존재의 가능 조건이다. 오성의 활동 여부는 존재자의 존재 가능성을 결정하는 핵심적 요소이며 오성 활동의 범위와 한계는 존재자들의 존재의 한계 및 범위와 일치한다. 오성 활동은 존재자의 존재다움(존재-함)을 구성하며, 존재는 오성 활동에 의해서만 그리고 오성 활동의 형식 안에서만 자신을 위한 터(Grund)를 가진다. 이에 상응해서 보면 오성은 존재를 만나기 위한 유일한 통로이며 그런 한에서 오성에 대한 탐구, 즉 선험철학은 곧 존재론이기도 하다.

선험철학과 동일시된 존재론은 다른 존재론들과는 달리 하나의 제한 규정을 가지고 있다. 오성 활동을 통해 존재하게 되는 대상(존재 및 존재자)은 엄밀한 의미에서의 대상(對象), 즉 '주관에 대해서' 존재하는 존재자이며 따라서 주관과의 연관 안에서만 존재·인식이 가능한 존재자이다. 우리는 이것을 대상 내지는 '현상으로서의 사물'로 표현함으로써 그것을 사물 자체, 즉 우리의 모든 인식 활동을 벗어나 존재하고 있다고 상정되는 '그 무엇'과 구분할 수 있다. 이러한 제한 규정에 따르면 내가 만나는 모든 존재자는 현상 존재자이며 그것들의 존재론적 모습 역시 현상적 모습일 뿐이다. 존재론은 현상 존재자의 존재만을 제시할 수 있을 뿐이며 현상을 넘어선 '대상/존재자'에 대해선 아무런 인식도 제공할 수 없다. 현상 존재자와 그들의 세계(현상 세계)가 존재론에게 허용된 유일한 영역인 셈이다. 그런 점에서 칸트의 선험 존재론은 현상 존재론이다.

우리는 흔히 칸트 자신의 언급에 따라 코페르니쿠스적 전회를 선험철학적 방법론의 새로움을 지시하는 표현으로 사용하는데, 사실 칸트가 존재론의 분야에서 일으킨 변화는 코페르니쿠스적 전회라는 표현으로는 온전히 다 나타나지 않을 만큼 혁명적인 것이었다. '우리가 인식하는 모든 대상은 현상일 뿐이며 우리는 그것의 내부에로 진입해 들어갈 수 없다.'라는 선험철학의 결론은 '우리가 만나는 모든 대상은 현상으로서만 존재할 뿐이며 그것의 존재를 가능하게 만드는 근거는 인식 주체인 우리 자신이다.'라는 현상 존재론의 결론으로 번역되기 때문이다. 또한 이러한 존재론적 입장은 그 자체 다시 존재론의 방법론에 혁명적인 변화, 즉 '존재를 이해하기 위해 우리는 더 이상 우리 밖으로 나갈 필요가 없다.'라는 변화를 불러일으켰기 때문이다. 칸트가 오성의 분석을 완료한 후 "사물 일반에 대한 선천적 종합적 인식들을 …… 체계적 이설 속에서 제공하노라 자부하는 [전통적] 존재론이란 의기양양한 이름은 순수 오성의 한갓 분석론이라는 겸손한 이름에 자리를 양보해야 한다."라고 단언할 수 있었던 것은 바로 그와 같은 생각 때문이었다.

3. 현상 존재의 존재 규정들

현상 존재론 역시 존재의 모습들을 탐구하는데, 현상 존재론은 그것이 철학의 한 분과인 한 경험에 의존함 없이 오직 사유에 의존해야 하며, 탐구의 결과는 존재 일반에 타당한 보편적 진리이어야 한다. 존재가 존재라는 사실만으로 필연적으로 가지게 되는 모습들을 전통 존재론은 '초월자(transcendentalia)'란 말로 표현했는데, 현상 존재론 역시 이러한 초월자들을 제시해야 한다.

존재(esse, Sein)는 먼저 그것의 있음 자체의 양태(modus, 존재 방식)에서 상이한 모습을 가지고 있다. 존재는 (특정 아들의) '아버지'처럼 (아들이 존재하는 한) 존재할 수밖에 없는 경우, '붉은 꽃'처럼 공간·시간상에 존재하는 경우, '뿔 달린 괴물'처럼 생각은 가능하지만 경험될 수 없는 경우 각각에서 상이한 모습을 가진다. 즉 어떤 것(뿔 달린 괴물)은 단지 가능적으로만 존재하며 어떤 것(붉은 꽃)은 가능적으로는 물론이고 실제로도 존재하며 또 어떤 것(아버지)은 가능적·실재적으로만이 아니라 필연적으로 존재하기도 한다.

'가능적/실재적/필연적으로 있음'이라는 존재의 양상은 존재 자체에 내재하는 모습이 아니다. 예를 들어 '내 머리 속에 있는 100원, 즉 나에 의해 사유된 100원'과 '내 주머니 속에 있는 100원'은 '100원, 돈, 교환 수단 등'의 내적 규정에선 동일하지만, 그럼에도 불구하고 현저한 상이함을 가지고 있는데, 이러한 상이함은 '100원이란 존재자가 단지 가능적으로만 존재하는가 아니면 실재로도 존재하는가?'라는 물음을 통해 분명히 확인될 수 있다. 주머니 속에 실재로 존재하는 100원은 그것을 가지고 물건을 구매할 수 있지만 머릿속에 존재하는 것은 그럴 수 없다. 결국 '가능/실재/필연적으로 있음'이란 '존재가 자신을 겉으로—타자를 향해서—드러내는 방식인 셈이다(existentia, Dass-Sein). 존재의 양상이란 존재가—현상 존재론에서 이 타자는 인식주관이므로—주관과 관계 맺는 방식인 셈이며 동시에—주관 쪽에서 보면—주관이 존재를 가능/현실/필연적으로 존재하게끔 하는 활동 방식인 셈이다.

존재에 내적·본질적으로 귀속하는 모습을 우리는 그것의 본질 규정(essentia, Was-Sein)이라 부른다. 현상 존재론은 공간·시간을 존재가 존재일 수 있는 조건으로 이해하고 있다. 따라서 현상 존재론에 따르면 존재는 자기 안에 공간성(공간적 규정)과 시간성(시간적 규정)을 필연적으로 가지게 된다. 예를 들어 하나의 꽃은 그것이 크든 작든 붉든 푸르든 상관없이 반드시 공간적 크기·형태·위치를 가지며 동시에 그것이 꽃으로 존재하는 한 '온전한 의미의 꽃'에서 '꽃-아님' 사이의 어느 곳에 반드시 존재한다. 칸트의 용어로 말하자면 공간적 크기(외연량)와 시간적 크기(내포량, 도度)를 갖지 않는 존재는 있을 수 없다.

존재는 그것이 양적·질적 규정을 통해서 '하나의 무엇', 즉 존재자로 규정되는 경우, 필연적으로 다른 존재(자)와의 관계 안에서 존재하게 된다. 타자와의 관계는 실체 속성 관계, 원인 결과 관계, 상호 관계 등 세 가지인데, 각각에 따라 존재(자)는 변화하지 않는 자기 동일적인 것과 그것의 변화하는 모습들, 현존에서의 불가역적인 선행 후속 관계, 상호적 작용 피작용 관계 등의 모습을 가진다. 존재(자)의 전체를 세계라고 표현한다면, 세계 안에 거주하는 존재자들의 외적 관계는 다음과 같은 모습을 가지게 된다. 실체의 총량은 불변적이며, 현존의 생성은 반드시 선행하는 원인을 가지며, 상호 영향 관계에서 벗어나서 존재할 수 있는 것은 없다 등등.

이상이 칸트의 눈에 비친 존재의 모습들이다. 존재가 무엇인가라는 질문은 그 자체로 대답될 수 있는 것이 아니라 있음의 방식과 있음의 모습이란 두 측면으로 나누어져 대답될 수밖에 없으며, 칸트의 경우 그에 대한 대답은 위와 같다. 이때 존재의 규정들은 모두 현상 규정으로 보편적·필연적이며, 존재 규정을 진술하는 명제는 모두 선천적·종합적 명제이다. 그것은 오성이 경험의 도움을 받지 않고 찾아낸 것이기 때문에 그러하며, 존재란 주어 개념 안에 들어 있지 않은 술어를 주어와 결합시킨다는 점에서 그러하다.

4. 선험적 자아와 사물 자체

현상 존재론에 따르면, 우리는 오직 현상 존재자에 대해서만 그것의 모습을 인식할 수 있으며 또한 그것의 있음 여부에 대해서 인식할 수 있다. 현상은 인식 가능한 것의 총체이며 또한 우리가 존재한다고 말할 수 있는 것의 총체이기도 하다. 이에 따르면 현상 너머에 '있는' 그 무엇에 대해 물음을 던지거나 답하고자 하는 것은 비합리적인 셈이다. 하지만 과연 그럴까? 현상의 외부에 현상과는 다른 방식으로 '존재하는' 그 어떤 것, 그것에 대해 질문을 던지는 것 역시 존재론적으로 의미 있는 것은 아닐까?

현상 존재론의 시각에서 보아도, 우리는 현상 너머에 '존재하는' 것을 발견할 수 있는데, 칸트가 선험적 자아(das transzendentale Ich)라고 이름 붙인 것이 그것이다. 선험적 자아는 현상 사물이 사물로서 존재할 수 있도록 만드는 최종 근거로서 이해된 것이었다. 따라서 선험적 자아와 (현상) 사물 사이엔 근거 짓는 존재와 근거 지어진 존재의 관계가 성립한다. 이러한 관계를 나타내는 전통적인 존재론적 표현은 참된 존재와 (한갓된) 존재(to ontos on and to on), 실재와 현상, 실체와 속성 등이었다. 이에 상응해서 표현하자면 선험적 자아의 존재론적 위상은 실재성이며 (현상) 사물의 존재론적 위상은 현상성인 셈이다. 물론 우리는 이때의 실재성을 칸트적 의미에서 사용되는 실재성, 즉 현상 사물의 실재성과 같은 의미로 이해할 수 없겠으나 전통적·일반적 의미로 이해할 수는 있다. 그런 한에서 우리는 '선험적 자아는 실제로 존재한다.'라고 말할 수 있다. 이 경우 자아의 실재성은 단지 소극적인 의미, 즉 '그것의 상관자인 현상 사물과 존재론적으로 상이한 위상을 가진다.'라는 것만을 의미한다. 또한 선험적 자아는 우리에게 오직 활동 주체(오성 활동과 감성 활동)로서만 자신의 모습을 드러내므로, 그것의 본질은 직관 형식과 오성 형식이라 할 것이다. 이것들이 선험적 자아 자체의 모습인지의 여부는 우리에게 알려지지 않겠지만 말이다.

현상 너머에 '존재하는' 것으로 생각할 수 있는 또 하나의 것은 사물 자체(Ding an sich)이다. 우리는 사물 자체가 우리에게 나타난 것(현상 사물)과 동일한 모습(본질)을 가지고 있는지에 대해 물어볼 수 없으며, 또한 현상과 사물 자체 사이에 원인 결과 관계가 성립하는지에 대해서도 물어볼 수 없다. 그것들은 모두 현상 존재론의 기본 입장에 배치되는 것이기 때문이다. 사물 자체와 관련해서 제기할 수 있는 존재론적 물음이란 사물 자체와 현상 사물 사이의 (원인 결과 관계가 아니라) 존재론적 제약 관계(Bedingungsverhaeltnis)에 관한 물음

뿐이다. '사물 자체는 현상 사물의 존재를 가능하게 만드는 제약이며 현상 사물은 피제약자인가?'라는 물음이 그것이다. 칸트에 따르면 감성은 철저히 수용 능력이므로 우리는 감성의 외부에 감성을 촉발하는 '그 무엇'의 존재를 생각할 수 있으며, 이 '그 무엇'이 자신의 존재와 모습을 감성에게 인식 질료로서 제공한다고 생각할 수 있다. 오성은 이러한 질료가 외부로부터 주어지지 않는 한 현상 대상의 존재를 가능하게 할 수 없다. 그런 한에서 사물 자체는 현상 사물의 (간접적) 가능 조건이라고 말할 수 있다. 하지만 그렇다고 해서 현상 사물과 사물 자체의 존재론적 차이를 현상과 실재라고 말할 수는 없다. 왜냐하면 그럴 경우 사물 자체가 현상 활동의 주체(자기 현상자das Sich-Erscheinende)가 되는데, 이것은 현상 존재론의 기본 입장에 상치되기 때문이다. 따라서 아마도 사물 자체의 실재성을 인정한다고 해도, 그것은 현상 사물의 존재 가능의 조건이라는 의미에서라기보다는 존재 불가능의 조건, 즉 '그것[사물 자체] 없이는 존재할 수 없다.'라는 부정적·소극적 의미로만 그럴 것이다. 달리 말해서 사물 자체란 현상 사물의 존재 범위의 가능적 한계를 지시하는 것으로서만 '존재한다'.

선험적 자아는 인식 활동으로 자신의 모습을 드러내며 현상 사물의 존재 근거로서 존재하는 자아이고, 사물 자체란 선험적 자아의 대척점으로 설정된 존재자라 할 수 있다. 그런데 우리는 선험적 자아와는 구별되는 또 다른 자아의 존재를 상정할 수 있다. (이와는 달리 사물 자체와 구분되는 것으로서의 '제3의 사물'을 상정하는 것은 가능하지 않다.) 그것은 최소한 부정적·소극적으로는 표현될 수 있으며, 모든 사물 인식으로부터 독립되어 있는 사유 주체가 그것이다. 이러한 자아는—현상 사물의 근거가 아니라—현상 사물과 전혀 무관하게 존재하는 자아인 셈이다. 이것은 사물 및 사물 인식에 관여하는 일

없이 자신의 존재를 우리에게 고지(告知)하는 '그 무엇'이라 말할 수 있으며, 우리는 그와 같은 자아를 예지적 자아(das intelligible Ich)라고 부름으로써 선험적 자아와 구분할 수 있다. 예지적 자아의 존재 및 본질에 대한 물음은 현상 존재론 및 사물 존재론에서는 제기될 수 없는 물음이다. 이에 대답하는 것을 자아 존재론(Ich-Ontologie)이라 부르도록 하자.

5. 자아 존재론

자아 존재론의 대상은 예지적 자아이다. 이것의 존재 여부 및 존재 모습은 현상 자아 또는 현상 사물과 달리 우리에게 인식되지 않는다. 즉 우리는 그것을 대상화시킨 후 시공간 및 범주를 통해 그것을 인식할 수 없다. 예지적 자아는 우리에게 단적으로 의식될 뿐이며 그런 방식으로 자신이 존재함을 우리에게 드러낼 뿐이다. 따라서 만일 그것의 본질에 관해서 말할 수 있는 것이 있다면, 아마도 그와 같은 '의식되어-있음'뿐일 것이다.

그렇다고 해서 우리가 예지적 자아에 대해 아무것도 이야기할 수 없는 것은 아니다. 가령 우리는 경험적 자아 및 선험적 자아와의 비교라는 우회로를 통해서 그것에 관한 '인식'을 획득할 수 있다. 이런 면에서 말하자면 예지적 자아는 공간·시간상에 존재하지 않으며 인과율에 구속되지 않는 존재이고 그런 의미에서 그런 것들로부터 자유로운 존재자이다. 같은 의미에서 '예지적 자아는 자유를 자신의 본질적 모습으로 가지는 존재자이다.'라고 말할 수 있다. 그렇다고 이것이 '자유로운 자아가 공간·시간상에 존재한다.'라는 것을 의미하지 않음은 물론이다. 왜냐하면 이때의 자유란 한갓 부정적·소극적·논리적 규정이어서, 그것을 본질로 가지고 있는 자아의 실재 자체가 입증될 수 없기 때문이다.

예지적 자아는 존재하는가? 존재한다면 어떤 의미에서 그러하며 또 어떤 모습으로 존재하는가? 이와 같은 자아 존재론의 핵심 물음에 대하여 칸트는 가히 '칸트적'이라고 이름 붙일만한 대답을 내어 놓는다. 칸트에 따르면 예지적 자아는 오직 실천 행위를 통해서만 자신의 존재를 입증한다. 달리 말하자면 예지적 자아는 그가 실천 행위를 하는 한에서만 실제로 존재한다. (칸트는 이 점을 실천적 의미의 실재성이라 이름 붙였다.) 예지적 자아는 단지 한갓된 사유물이 아니라 실천적인 의미에서 실제로 존재하며 존재할 수 있지만, 단지 그것이 행위를 하는 주체로서 활동하고 있는 한에서만 그러하다. 행위의 주체란 물론 사유 주체가 오직 자신의 사유에만 의거해서 특정 행위를 할 수 있는 능력을 가진 주체를 말한다.

만일 예지적 자아가 '실천적이라는' 제한된 의미에서라도 존재한다면, 그것은 어떤 모습으로 존재하는가? 이 물음에 대해서도 칸트는 역시 '칸트적'이라고 이름 붙일 만한 대답을 내놓는다. 예지적 자아에게 있어서 '존재한다는 것'과 '행위한다는 것'은—마치 데카르트의 사유 실체에서 존재와 사유가 그러하듯이—하나의 동일한 사태의 두 측면인 셈인데, 칸트에 따르면 예지적 자아는 자신의 행위의 모습(행위 규칙)을 스스로 제공하며 스스로 그에 따라 행동한다. 자신의 행위 규칙을 스스로 만들어내고 스스로 그 규칙에 따라 활동하는 주체란 곧 자율적 주체인데, 바로 이 자율성이 예지적·실천적 자아의 본질적 모습인 셈이다.

그뿐만이 아니다. 예지적·자율적 자아가 자기 자신에게 부과하는 규칙은 반드시 보편성을 가진 규칙(법칙)이다. 예지적 자아는 그와 같은 법칙의 제공(입법)에 의거해서 자신의 법칙이 작동하는 장소로서의 세계를 창출한다. 그 세계에서 예지적 자아는 행위자로서 존재하며 행위자로서 자신을 드러내는데, 행위 및 존재의 국면(局面)에 따라 예지적 자아는 도덕적 존재자, 법적 존재자, 역사적 존재자 등 여러 모습을 갖게 되며, 때론 종교적 존재자 및 미감적(美感的) 존재자의 모습을 갖기도 한다. 더욱이 예지적 자아는 그 세계에서 그리고 오직 그 세계에서만 절대자인 신과 불멸하는 영혼이라는 특정한 존재자를 만난다. 영혼과 신은 오직 이 세계에서만 존재하며 오직 실천하는 인간과만 만날 수 있는 존재이므로 그것들은 그런 의미에서만 (실천적) 실재성을 가진다.

예지적 자아는 현상 사물과의 모든 관계에서 벗어나 있으며 그런 한에서 현상 사물을 초월한 곳에서 존재한다. 영혼과 신 역시 그와 다를 바 없다. 영혼과 신은 모든 현상 사물 및 그것들의 총체로서의 현상 세계를 초월해 있는 '어느 곳'에 존재한다. 전통적으로 우리는 그러한 곳을 형이상학적 세계라고 불렀으며, 그곳에 거주하는 존재자를 형이상학적 존재자라고 불렀다. 칸트에게선 이러한 형이상학적 세계 및 형이상학적 존재자는 단지 실천적 의미에서만 존재할 수 있을 뿐이다. 그것들은 결코 이론적 의미의 실재성을 갖지 못한다. 즉 그것들은 감성에 주어지고 오성에 의해 사유되는 존재자에서 발견되는 존재다움을 갖지 못한다. 인간의 실천적 삶과의 관계가 모두 사상(捨象)된 신과 영혼은 기껏해야 생각될 수는 있으나 생각된 것 이상의 존재성을 갖지 못하는 허구일 뿐인 셈이다.

예지적 자아는 실천적 자아로서만 존재하며 또한 스스로를 실천적이게끔 만드는 방식으로만 존재한다. 우리는—비록 칸트 자신은 자아 존재론을 기획하지 않았으나—칸트에게서 그와 같은 자아의 존재 및 존재 모습을 발견할 수 있다.

6. 존재론과 형이상학

형이상학과 존재론 사이의 관계를 처음 체계적으로 규정한 사람은 볼프였다. 그에 의하면 존재론은 일반 형이상학이며 그에 대비되는 특수 형이상학으로는 신학, 영혼론, 우주론 등이 있다. 존재론은 특수한 형이상학적 존재자들 모두에 공속(共屬)되는 모습을 탐구하는 일반 형이상학이었으나, 특수 형이상학은 특정한 대상에 나타나는 특수한 모습만을 탐구했다. 그런 한에서 존재론은 (특수) 형이상학에 속하지는 않았으며 단지 (특수) 형이상학에로 들어가는 "앞마당" 내지는 "현관"인 셈이었다.

'형이상학의 현관으로서 존재론'이란 볼프의 생각을 공유하긴 했지만, 칸트는 존재론 및 형이상학 각각의 본성과 관련해선 볼프와는 전혀 다른 생각을 가지고 있었다. 존재론이 현상 존재론으로 이해됨과 함께 형이상학은 더 이상 고전적인 의미와 지위를 가질 수 없었는데, 그것은 무엇보다도 형이상학이 그 어원이 의미하듯 현상 존재를 넘어서 존재하는 것에 관한 이론이었기 때문이다. 가령 신은 개념상 현상을 초월해서 존재하는 존재자였기 때문에 신에 관한 이론은 일반론으로서의 (현상) 존재론의 제약을 받는 특수론으로 존립할 수 없었다.

현상 존재론은 고전적 의미의 특수 형이상학이 더 이상 가능하지 않음을 주장했다. 세계론, 영혼론, 신에 관한 이론 등은 다만 이성의 잘못된 사용에서 오는 오류에 불과하며, 따라서 전통 형이상학들은 더 이상 진정한 의미의 학문일 수 없었다. 그러나 다른 한편 현상 존재론은 그러한 형이상학적 존재자들이 합리적으로 논의될 수 있는 올바른 지점과 맥락을 마련함으로써 특수 형이상학들을 다시 진정한 형이상학으로 구출해냈다. 그것은 곧 자유의 형이상학, 즉 실천철학이었다.

이로써 칸트의 존재론은 현상 존재론으로서의 사물 존재론과 형이상학적·실천적 존재론으로서의 자아 존재론이라는 두 개의 모습을 갖게 되었다. 칸트는 데카르트 이후 존재론적으로 완전히 분리된 사유 실체와 연장 실체 사이의 간극을 '현상 대상을 스스로 창출하는 근거로서의 선험적 자아' 개념을 통해서 극복하였으며, 그것을 기반으로 해서 대상 존재 일반에 관한 학문, 즉 현상 존재론을 정초할 수 있었다. 또한 칸트는 인식 대상을 엄밀한 의미에서의 현상으로 제한함으로써 현상 세계를 넘어서는 세계, 그런 의미에서 형이상학적인 세계를 발견했고, 그 세계의 구성원으로서의 예지적 자아를 발견했으며, 그것의 존재와 본질에 관한 이론, 즉 자아 존재론을 제시할 수 있었다. 이러한 두 개의 존재론을 자신 안에 포함하는 칸트의 존재론을 우리는 선험 존재론(Transzendental-Ontologie)이라 부를 수 있을 것이다.

선험 존재론의 출발점은 데카르트에 의해 제기된 요구, 즉 '존재자에 대한 인식에 앞서서 인식 자체에 대한 연구가 이루어져야 한다.'라는 근대 철학적 요구였으며, 그것의 진행은 현상적·경험적 자아에서 선험적 자아를 거쳐 예지적 자아에로 나아갔으며, 그것의 귀결점은 한편으론 현상 사물의 가능 근거로서 자신을 드러내며 동시에 다른 한편 초현상적 존재자로서 자신의 존재를 드러내는 '그 무엇'의

존재였다. 철학의 역사는 '그 무엇'이 이후 독일 관념주의 철학의 시발점임을 말해주고 있다. 칸트 이후에 등장한 이 철학 체계는 철학의 중심점을 명시적으로 인식론으로부터 존재론 및 형이상학에로 되돌려놓았는데, 아마도 그러한 전회는 칸트가 '오성의 분석론으로서의 존재론'을 통해 암암리에 그러나 진심을 다해 원했던 것이었을지도 모른다.

참고 문헌

김상봉, 1995, 「선험철학과 존재론」, 『칸트와 형이상학—칸트연구 1』.

백종현, 1995, 「칸트: 현상의 존재론」, 『칸트와 형이상학—칸트연구 1』.

칸트, 임마누엘, 1975a, 『철학서론』, 최재희 옮김, 박영사.

칸트, 임마누엘, 1975b, 『순수이성비판』, 최재희 옮김, 박영사.

칸트, 임마누엘, 1999, 『칸트의 형이상학 강의』, 푈리츠 엮음, 이남원 옮김, 울산대학교출판부.

칸트, 임마누엘, 2009, 『형이상학의 진보』, 최소인 옮김, 이제이북스.

한국칸트학회(편), 1995, 『칸트와 형이상학—칸트연구 1』.

한자경, 1988, 「선험철학과 존재론」, 『철학연구』 제23권, 철학연구회.

한자경, 1995, 「칸트의 물자체와 독일관념론」, 『칸트와 형이상학—칸트연구 1』.

Kant, I., 1770, *Ueber die Form und die Prinzipien der sinnlichen und der intelligiblen Welt.*

Kant, I., 1781, *Kritik der reinen Vernunft*, A/B.

Kant, I., 1783, *Prolegomena zu einer jeden künftigen Metaphysik, die als Wissenschaft wird auftreten können.*

Kant, I., 1788, *Kritik der praktischen Vernunft.*

Kant, I., 1804, *Preisschrift ueber Fortschritte der Metaphysik,* hrsg. von F. Th. Rink.

Kant, I., 1821, *Kant's Vorlesungen über die Metaphysik,* hrsg. von Poelitz.

Kant, I., 1910-, *Kants gesammelte Schriften*, Hrsg. von der Koeniglich Preussischen Akademie der Wissenschaften.

선험적 존재론에서 사변적 존재론으로

이광모

1. '이성의 회복'을 위하여

헤겔은 『엔치클로페디(Enzyklopädie)』(1831) 「서문」에서 철학이 탐구해야 할 대상은 진리라고 말한다. 물론 그에 따를 때, 진리를 탐구하는 것이 철학만은 아니다. 왜냐하면 종교 또한 진리를 대상으로 하기 때문이다. 하지만 문제는 진리란 무엇이며 그것에 어떻게 도달하는가이다. 헤겔 당시 이 문제에 대해 서로 대립하는 이론들이 있었다. 하나는 진리란 이성의 대상으로서 경험 초월적인 신앙에 의해 도달할 수 있다는 이론이었으며, 다른 하나는 진리란 경험에 국한되는 것으로서 오로지 경험에 기초해서만 다가갈 수 있다는 이론이었다. 전자가 야코비와 실러 등에 의해 대변되는 직관주의 혹은 신비주의라면, 후자는 경험론자들과 칸트에 의해 대변되는 경험주의이다. 헤겔이 볼 때 서로 다른 주장을 하는 이 둘은 공통의 뿌리를 갖고 있을 뿐만 아니라 그 형태 또한 동일하다. 왜냐하면 직관주의가 계몽적 이성에 대한 불신으로부터 발생된 것이라면, 경험주의는 그것에 대한 맹

신으로부터 귀결된 것이며, 어느 것이든 상관없이 그 둘에게 있어 이성은 "단지 오성으로 전락하기" 때문이다.

먼저 직관주의를 살펴보면, 역설적이게도 초월적인 것을 부정하고 현세적인 것만을 의미 있는 것으로 받아들이는 계몽주의적 이성을 비판하면서 이성은 오성으로 전락한다. 왜냐하면 직관주의는 이러한 비판 속에서 개념적 인식을 거부하고 감정이나 직관에 호소함으로써 주관적인 것과 본능에 머무르기 때문이다. 이러한 태도를 헤겔은 "천상의 것을 갈구하는 정신의 빈곤함이 몹시도 극심하여 마치 사막을 헤매는 방랑자가 한 모금의 물을 애타게 찾기라도 하듯 그것을 자신의 청량제로 삼기 위하여 단 얼마만큼의 신적 감정이라도 누려보려는 필사의 노력"이라고 표현한다. 반면 경험주의와 칸트철학에서는 계몽주의적 이성에 대한 절대적 신뢰 속에 초감성적인 것은 이성에 의해 인식될 수 없을 뿐만 아니라 최고의 이념은 실재성을 지니지 않는다고 생각함으로써, 즉 "이성은 절대자로부터 자신을 완전히 배제하고 절대자에 대해 단지 부정적으로만 관계함으로써" 오성으로 전락하게 된다. 이와 같은 상황에 대해 헤겔은 "이전에 철학의 죽음으로 통용되었던 것인바, 이성이 절대자 안에 존재한다는 것을 포기해야만 한다는 것이 이제는 철학의 정점이 되었다."고 말한다.

문제는 이때 직관주의이든 경험주의이든 모두 '절대자는 이성을 초월해 있다.'고 생각함으로써 진리를 포기한다는 점이다. 특히 참된 이성이란 제한성과 대립에 얽매여 있는 것이 아니라 '유한한 것과 무한한 것을 이념 안에서 하나로 통일하는 것'이라고 한다면, 직관주의나 경험주의가 주장하는 이성이란 더 이상 이성이라고 말할 수 없을 뿐만 아니라 오히려 한 가지만을 주장하는 독단적 오성이라고 말해야 한다. 따라서 철학에게 시급한 과제로 주어지는 것은 참된 이성을 회복함으로써 그 대상인 진리를 개념적으로 인식하게 하는 것이다. 하지만 이를 위해서는 경험주의가 말하듯이 "추상적인 이론이 아니라 구체적인 내용과 그것에 근거해서 모든 것을 증명할 수 있는 확고한 토대"가 필요하다. 이성을 회복시키려는 헤겔은 바로 이러한 내용과 토대를 제시하고자 한다. 그것을 위해 그는 야코비의 직관주의와 경험론 및 칸트철학을 비판하는데, 이때 특히 우리의 관심을 끄는 것은 칸트철학에 대한 그의 비판이다. 왜냐하면 인식의 유일한 토대는 경험이며, 그 인식이 진리가 아니라 단지 현상이라는 칸트의 주장을 비판하는 것은 경험론에 대한 비판일 뿐만이 아니라 동시에 진리에 대한 개념적 인식을 부정하는 직관주의에 대해 그것이 어떻게 가능한지를 제시하는 과정이기도 하기 때문이다.

이 글에서는 헤겔이 칸트의 철학을 어떻게 비판하는지 그리고 그러한 비판으로부터 절대자에 대한 개념적 인식의 토대를 어떻게 마련하는지가 고찰된다. 이때 논의의 생산성을 위해 비판의 과녁이 되는 칸트철학의 핵심이 무엇인지가 먼저 제시되어야 한다. 따라서 '선험적(transzendental) 비판'으로서의 칸트철학이 간략히 서술되고, 그 핵심으로부터 도출되는 몇 개의 테제에 대해 헤겔이 어떻게 비판하는지 그리고 그 비판의 결과로부터 어떤 주장들이 도출되는지가 고찰된다. 이러한 고찰로부터 결론적으로 헤겔의 '사변철학'의 의미가 무엇인지가 해명된다.

2. '선험적 비판'으로서 『순수이성비판』

칸트는 『순수이성비판』 초판 「서문」에서 '비판'이란 "모든 경험으로부터 독립적인 인식과 관련해서 이성 능력 일반에 대해 형이상학의 원천과 범위 그리고 그 한계를 규정하는 것"이라고 말한다. 이성 능력 일반에 대해 형이상학의 한계를 규정하려는 이러한 비판의 내용은 '어떻게 선천적이면서도 종합적인 판단이 가능한가?'라는 물음으로 요약된다. 하지만 필연적인 인식의 가능성을 탐구하려는 이러한 '비판'은 그 자체 근본적인 아포리아를 함축한다. 왜냐하면 올바른 인식이 대상과 개념의 일치라고 할 때, '비판'이 가능하기 위해서는 대상에 대한 올바른 인식이 전제되어야 하지만, 이러한 인식은 비판의 결과로 주어질 것이기 때문이다. 다시 말해 '비판'이 가능하기 위해서 '비판'은 그 결과물을 전제로서 사취해야 하기 때문이다. 결국 '대상에 대한 인식 자체를 비판하는 것이 가능한가'라는 물음으로 요약되는 이러한 문제는 비판 자체의 가능성이 어디로부터 주어질 수 있는지에 대한 물음으로 환원된다.

칸트는 이러한 물음에 대해 다음과 같이 대답한다. "개념이 대상에 따르는 것이 아니라, 경험이 개념에 따른다고 생각하면 나는 용이한 해결책을 발견하게 된다. 왜냐하면 경험은 그 자체가 오성을 요구하는 일종의 인식이며, 이 오성의 규칙은 아직 대상이 내게 주어지기 이전에 선천적으로(a priori) 나의 내부에 전제되는 것이며, 경험의 모든 대상이 필연적으로 따라야 할 선천적 개념의 형식이기 때문이다." 다시 말해 개념이 대상에 따르는 것이 아니라 대상이 개념에 따른다고 가정한다면, 인식에 대한 비판은 가능할 수 있다는 것이다. 왜냐하면 그 경우 인식이 올바른 인식인지를 확인하기 위해서 대상 자체를 고찰할 필요가 없이 그 대상에 대한 우리의 인식만을 고찰하면 되기 때문이다. 특히 이 경우 비판되어야 할 인식과 비판하는 주체가 동일한 주관에 근거하기 때문에 비판은 그 척도를 자신 속에서 가질 수 있게 되며 굳이 비판의 전제로서 올바른 인식을 전제하지 않아도 된다는 것이다.

칸트는 '코페르니쿠스적 전환'이라고 불리는 이와 같은 사유의 전환을 통해 가능케 된 자신의 '비판'을 '선험적 비판'이라고 부른다. 왜냐하면 그는 '선험적'이란 말을 "대상이 아니라 대상에 대한 우리의 인식"을 문제 삼는 태도로 간주하기 때문이다. 그렇다면 결국 비판한다는 것은 칸트적 관점에서는 항상 선험적 관점을 취한다는 것과 같은 의미를 지니게 되며, 내용적으로는 경험적 인식에 대해 메타적인 반성을 취한다는 것을 말하게 된다. 그렇다면 비판에 있어 주의해야 할 것은 인식의 대상적 차원과 그것에 대한 메타적 차원을 구분해서 서로 혼동하지 않는 것뿐이다. 이렇게 볼 때 칸트의 '선험적 비판'은 근본적으로 다음과 같은 주장을 전제한다고 할 수 있다. 첫째, 경험적 사유와 선험적 사유는 구분되며, 대상에 대한 인식은 경험적 사유로부터 주어진다. 둘째, 선험적 사유는 그 자체 인식의 대상이 될 수 없으며 오히려 경험적 인식의 정당성을 근거 짓는 토대가 된다.

비판의 관점을 확보한 칸트는 '비판' 속에서 검토되어야 할 경험적 인식이 어떻게 성립되는지를 서술한다. 그에 따르면 인식은 근본적으로 감성 형식으로서의 직관과 오성형식으로서의 개념이라는 두 가지 구성 요소에 의해 이루어진다. 그렇기 때문에 인식이란 직관을 통해 주어진 잡다를 오성개념을 통해 결합하는 것이라고 말한다. 하지만 여기서 우리는 다음과 같은 물음을 제기할 수 있다. 즉 인식에서 대상이 개념에 따른다면, 왜 굳이 감성적 직관이 요구되어야 하는가? 사실 이 물음은 칸트 스스로 "단지 이성에 의해 필연적으로 사고되지만 그러나 결코 경험에 주어질 수 없는 대상에 대해서는 사고방식의 변화된 방법으로 간주할 것이다."라고 말하듯이, 왜 경험이 '선험적 비판' 전체의 토대로 놓이게 되는지를 문제 삼는 근본적인 물음이 된다.

우선 칸트에 따르면 다음과 같은 이유들 때문에 객관적으로 타당한 인식은 감성적 직관을 반드시 필요로 한다.

첫째, 인식이 객관적이기 위해서는 대상과 직접적인 관계를 가져야 한다. 하지만 개념은 대상과 직접적으로 관계할 수 없다. 왜냐하면 직관이란 "대상과 직접적으로 관계하며, 개별적인" 표상인 반면, 개념이란 "대상과 간접적으로, 즉 징표에 의해 관계하며 여러 대상에 공통적인" 표상이기 때문이다. 따라서 인식에 있어서 직관이 반드시 필요하다. 특히 칸트가 '직접성'과 '개별성'이라는 개념에 의지해 직관의 불가피성을 주장하는 이유는 인식의 실재성(Realität) 때문이다. 다시 말해 칸트는 대상과 직접적으로 관계하지 않는 인식은 실재적 인식일 수 없다고 생각하기 때문이다. 따라서 인식의 실재성은 오로지 감성적 직관을 통해서만 주어질 수 있다고 생각하는 그는 실재성을 '감각(Empfindung)에 부합되는 것'으로 규정한다. 특히 인식의 실재성이 오로지 직관으로부터만 주어질 수 있다는 주장은 그로 하여금 라이프니츠-볼프학파 형이상학을 벗어나 자신의 고유한 철학을 형성하게끔 하는 근본 동기가 되는데, 이러한 생각은 '신 존재에 대한 존재론적 증명의 불가능성'에 대한 논증을 통해 분명하게 나타난다. 왜냐하면 어떤 개념의 대상이 실존하는지는 결코 개념 자체를 통해서는 제시될 수 없을 뿐만 아니라 "개념에 실존을 부여하려면 이 개념 밖으로 나가야 하며" 그때 그 실존을 제시하는 것은 감성적 직관이기 때문이다.

둘째, 인식은 궁극적으로 어떤 대상을 하나의 개체로서 제시(identify)할 수 있어야 한다. 하지만 개념만으로는 이것이 불가능하다. 따라서 감성적 직관이 반드시 필요하게 된다. 라이프니츠-볼프학파 형이상학에 따르면 하나의 개체(Individum)란 완전하게 규정된 것이다. 그리고 하나의 대상이 완전하게 규정되었다는 것은 그 대상에 대한 모든 가능한 술어의 전체가 서술되었다는 것을 의미한다. 하지만 칸트에 따르면 유한한 지성은 결코 술어들(규정들)의 전체를 제시할 수 없다. 왜냐하면 개별자들에 대한 완전한 규정이란 모든 가능한 실재성 전체에 대해 이것이 그 사물에 귀속되는지 안 되는지를 결정할 수 있어야 하기 때문이다. 그렇기 때문에 완전한 규정은 오성으로 하여금 그의 제한성을 넘어 끊임없이 대상을 규정해나가도록 촉진시키는 '선험적 이상(Ideal)'일 뿐이다. 문제는 칸트가 볼 때 설사 완전한 규정이 이루어진다고 할지라도 그것이 결코 하나의 사물을 개체로서 제시하는 데에 충분하지 못하다는 점이다. 이에 대해 그는 「반성 개념의 모호성」에서 라이프니츠가 현상과 물자체를 구분하지 못함을 상기시키면서 현상의 사물을 제시하려면 감성적 직관이 필요한 이유를 다음과 같이 말한다. "두 개의 물방울에 있어, 모든 내적 차이를 무시하더라도 그것들이 동시에 다른 장소에서 직관된다는 사실은 그것들을 수적으로 다른 것으로 간주하기에 충분한 것이다." 따라서 현상의 사물로서 한 사물의 동일성을 제시하기 위해서는 시공간적 제약으로서의 직관이 반드시 필요하게 된다.

셋째, 직관은 오성개념이 '의미(Bedeutung)'를 갖기 위해서 반드시 요구된다. 개념들이 서로 구분되며, 객체(Objekt)를 규정하는 것이라면, 그 자체로 의미, 즉 규정성(Bestimmtheit)을 지녀야 한다. 이때 개념들이 의미를 갖기 위해서는 그것들이 제약되고(restringieren) 동시에 실현되어야(realisieren) 한다. 문제는 개념들이 그 자체로는 실현될 수도 없고(즉 실재성을 지닐 수도 없고) 또한 서로를 제약할 수도 없다는 데 있다. 왜냐하면 그렇지 않을 경우 객체의 규정(Bestimmung)인

개념은 그 자체 규정된 것(Bestimmtes)이 되기 때문이다. 따라서 칸트는 개념이 의미를 갖기 위해서는 '외부의 조건들'에 의해 제한되고 실현되어야 한다고 주장한다. 개념에 의미를 제공하는 이 외부의 조건들이란 다름 아닌 감성적 직관이다. 그렇기 때문에 칸트는 다음과 같이 말한다. "우리가 감성의 제약에 따라서 현상의 형식에 의지하지 않고서는, 즉 범주를 현상에 제한하지 않고서는 어느 한 가지 범주나 원칙도 실질적으로 정의할 수 없다. 즉 그 객체의 가능성을 이해할 수 없다. 왜냐하면 이러한 제약들을 제거한다면, 모든 의미, 즉 객체와의 관계가 없어져서, 대체 이러한 개념들 아래에서 어떤 사물이 생각되는지조차 전혀 이해할 수 없게 되기 때문이다."

이와 같이 감성적 직관이 인식에 실재성을 제공하고 형식적 개념에 실질적 의미를 제공한다면, 인식이 감성적 직관과 더불어 시작되어야 한다는 것은 당연한 일이지만, 칸트는 더 나아가 그것으로부터 또 다른 결론을 도출한다. 그 가운데 하나는 감성적 직관과 더불어 시작되는 인식은 결코 사물 자체에 관한 것이 아니라 '현상'으로서의 인식이라는 것이다. 왜냐하면 직관 형식인 시간과 공간이 주관적 형식이므로 이 형식에 의해 수용된 사물 또한 사물 자체가 아니라 우리에게 주어지는 한에서의 사물이라고 해야 하기 때문이다. 물론 칸트의 이러한 주장에 대해, 비록 시공간이 주관적 형식이라고 할지라도 왜 그것이 사물 자체를 수용하는 것이라고 할 수 없는가라는 물음을 제기할 수 있다. 하지만 칸트는 이러한 물음에 대해 다음과 같이 대답한다. 즉 비록 선천적인 우리의 표상에 부합하는 사물이 이 표상에 대해 독립적인 사물 자체의 모습일 수도 있지만 그 경우 이 표상의 특성은 우연적인 것일 뿐 결코 필연적이라고 할 수는 없다. 왜냐하면 단지 선천적인 것만이 필연성을 보장해줄 수 있기 때문이다. 그렇다면 결국 필연적 인식은 사물 자체의 규정이라고 할 수 없게 된다.

칸트가 도출하는 또 다른 결론은 객관적이며 필연적인 인식이 현상으로서의 인식이라면, 결국 개념의 사용에 대한 한계도 함께 주어져야 한다는 것이다. 즉 대상을 규정하는 개념은 '선험적(transzendental)'으로 사용될 수 없으며 단지 '경험적(empirisch)'으로만 사용되어야 한다는 것이다. 다시 말해 개념들은 감각의 대상들에 대해서만 규정적일 수 있지 결코 사물 일반에 대해서는 규정적일 수 없다는 것이다. 만약 개념들이 사물 일반의 규정에 사용된다면, 그때 도출되는 것은 실재적 인식이 아니라 도그마일 뿐이며, 도그마를 산출하는 이성은 실재적 의미를 산출하지 못하는 '사변적 이성'이 된다. 이를 칸트는 "선험적 사용을 하는 사변적 이성은 그 자체에 있어서 변증법적이게 된다."고 표현한다. 결론적으로 칸트는 인식의 한계를 현상에 국한함으로써 이성 인식의 모순을 해결하려는 의미에서 자신의 '선험적 비판'을 '순수 사변적 이성에 대한 비판'이라고 선언한다.

이제까지 고찰한 칸트의 '선험적 비판'의 핵심 내용은 다음과 같이 정리될 수 있다.

첫째, 경험적 사유와 선험적 사유는 구분되며, 선험적 사유는 그 자체 인식의 대상이 될 수 없으며 오히려 경험적 인식의 정당성을 근거짓는 토대가 된다.

둘째, 인식은 그 객관적 타당성의 조건으로서 직관을 필요로 한다.

셋째, 직관에 의해 제약되는 인식은 사물 자체에 관한 것이 아니라 현상으로 이해되어야 한다.

넷째, 경험을 넘어서 개념을 사용하게 될 때, 이성은 사변적이게 되고 사변적인 것은 변증법적이게 되므로 개념의 사용은 경험에 국한되어야 한다.

3. '선험적 사유'에 대한 비판

헤겔은 『정신현상학』 「서론」에서 자신의 과제는 칸트가 '선험적 비판'을 통해 제시한 결과를 비판하는 것임과 동시에 극복하는 것임을 함축적으로 제시한다. 그는 일단 "철학에서 사태 그 자체에, 즉 참으로 존재하는 것의 현실적인 인식에 다가서기 전에 절대자를 수중에 넣을 수 있는 도구나 또는 절대자를 알아낼 수 있는 수단이라고 할 인식 작용에 관해서 미리 이해해둘 필요가 있다고 생각하는 것은 자연스러운 것이다."라고 말함으로써 칸트의 '선험적 비판'의 의미를 인정한다. 하지만 이어서 "오류를 범하지나 않을까 하고 두려워하는 것이 오히려 오류를 범하는 것은 아닌지 생각해볼 일이다." "이는 오류를 두려워한다기보다는 오히려 진리를 두려워하는 편에 가깝다고 봐야 할 것이다."라고 말함으로써 칸트의 '비판'의 결과를 받아들일 수 없는 것으로 암시한다. 그렇다면 헤겔은 어떤 근거에서 오류에 대한 염려 속에서 실행된 비판이 오히려 오류일 수 있으며, 더 나아가 진리를 두려워하는 태도가 된다고 생각하는 것일까?

헤겔이 볼 때 '선험적 비판'은 경험적 사유와 선험적 사유의 분리로부터 출발한다. 다시 말해 경험적 인식에 대한 비판을 위해 비판의 척도를 자신 속에 갖는 선험적 사유가 전제된다. 이러한 선험적 사유에서 볼 때 인식이란 사물과 경험적 사유를 매개하는 도구 또는 수단이 된다. 오류에 대한 염려 속에서 실행된 비판이 오히려 오류일 수 있는 이유는 여기에 놓이게 된다. 왜냐하면 "인식을 수단이나 매체로 보거나 또는 우리 자신이 인식과는 동떨어진 곳에 있다고 생각하는 것"은 결국 비판의 가능성을 부인하게 함으로써 스스로 모순적이게 만들기 때문이다. 그렇다면 인식을 매체나 수단으로 보는 것이 왜 비판의 가능성을 부인하는 것인가? 이 물음에 대한 답을 얻기 위해 '선험적 비판'의 전제를 다시 생각해볼 필요가 있다.

이미 말했듯이 칸트는 인식 비판의 가능성을 코페르니쿠스적 전환으로부터 가져온다. 다시 말해 개념이 대상에 따르는 것이 아니라 대상이 개념에 따른다고 가정함으로써 비판의 가능성을 확보한다. 하지만 이렇게 대상이 개념에 따른다고 한다면, 대상에 대한 인식을 비판하는 것은 "의식이 자기 자신의 잣대를 가지고 자기를 측정하는 것이 되며, 결국 의식이 스스로를 자기 자신과 비교하는 것"이 된다. 다시 말해 "진실을 가려내기 위한 잣대, 척도라는 것이 단지 우리 자신 속에 있는 것"이 되므로 '비판'은 의식의 자기 기준에 대한 자기검열이 된다. 자기검열 속에서 남게 되는 것은 대상과 매체로서의 인식 그리고 이 인식과는 동떨어진 선험적 의식이 아니라 대상으로서의 자신과 그 대상에 대한 지로서의 자신이다. 이것은 비판이 가능하기 위한 조건, 즉 대상이 개념에 따른다는 생각을 받아들이게 되면 불가피하게 도달되는 귀결이다. 그럼에도 불구하고 칸트는 비판의 수행 속에서 인식을 사물과 경험적 사유를 매개하는 도구로 간주하고 비판하는 선험적 사유를 그와 동떨어진 것으로 전제함으로써 스스로 비판의 가능성을 무화시킨다. 헤겔은 바로 이것을 오류로 간주할 뿐만 아니라 진리에 대한 두려움이라고 말하는 것이다. 왜냐하면 비판을 수행하는 선험적 의식이란 "대상을 의식하는 동시에 자기 자신도 의식하는 의식으로서 진리의 의식인 동시에 또한 진리의 지의 의식"이기 때문이다.

경험적 의식과 선험적 의식의 구분으로부터 시작된 비판이 자신의 의도에 충실하기 위해서는 그러한 구분을 지양해야 한다. 지도 의식과 동떨어진 사물과 경험적 의식을 매개하는 매체가 아니라 의식이 자신을 인식해나가는 과정 가운데 나타나는 계기로 이해되어야 한다. 그리고 지가 더 이상 매체가 아니라 의식의 활동인 자기 인식의 계기라면, 그 지에 대한 비판 또한 다른 방식으로 수행되어야 한다. 즉 비판은 더 이상 선험적 의식의 관점에서 경험적 의식의 내용을 검토하는 것이 아니라 "의식 작용을 둘러싼 지와 대상 사이의 사태 전개"를, 즉 "의식 형태의 모든 계열을 그 필연성에 따라 서술하는 것"이 되어야 한다. 왜냐하면 "개념과 대상, 척도와 음미되는 것, 이 모두가 의식 자체 내에 깃들어 있기" 때문이다. 헤겔은 『정신현상학』 속에서 개념과 대상으로 구분되어 나타나는 지를 의식의 현상(Phänomen)으로서 기술한다. 이때 기술은 "지가 자기 자신을 발견하는, 즉 개념과 대상이 완전히 일치하는 지점"에 이르기까지 진행됨으로써 각 단계의 지의 타당성이 어디서 성립하는지를 보여주며, 인식의 타당성에 대한 비판이 어떻게 수행될 수 있는지를 제시한다.

특히 비판의 가능성이 사실 경험적 의식과 선험적 의식의 절대적 구분을 무화시킨다면, 진리에 대한 두려움으로부터 발생하는 인식의 구분, 즉 사물 자체에 대한 인식과 현상으로서의 인식의 구분 또한 유지될 수 없게 된다. 왜냐하면 이러한 구분은 한쪽 편에 스스로의 관점을 주관적인 것으로 상정하고, 다른 한쪽 편에 그 자체로서의 사물에 대한 파악을 놓은 다음 그 차이를 인식하는 의식, 즉 '선험적 의식'으로부터 주어지는 것이지만, 사실 이 의식에 있어서는 주관과 대상은 동일한 것일 뿐만 아니라 사물 자체란 "사유의 자기 자신과의 공허한 동일성" 이외에 다른 것이 아니기 때문이다. 그럼에도 불구하고 경험적 의식과 선험적 의식에 대한 구분이 비판을 가능케 한다고 믿는 칸트는 비판의 수행 속에서 스스로를 기만하게 된다. 왜냐하면 그는 현상과 물자체의 대립을 경험적 의식의 수준에서 선험적 의식의 지평으로 옮김으로써 사물 자체를 본체계(noumenon)로서 선험적 차원에서 다시 정립하고 그렇게 함으로써 '분석론'에서 제시하는 현상과 물자체의 분리 근거인 선험적 차원 자체를 다시 부정하게 되기 때문이다. 헤겔이 볼 때 칸트의 이러한 자기기만은 "인식과 절대적 진리가 서로 분리되어야만 한다."는 생각에 칸트가 강압적으로 붙들려 있었기 때문에 생기는 것이다. 결국 "인식과 절대적 진리가 서로 분리될 수 있다고 생각하는 것이야말로 문제 해결을 불가능하게 하는" 원인이 되는 것이다.

4. '감성적 직관'에 대한 비판

경험적 의식과 선험적 의식에 대한 구분을 전제로 시작된 칸트의 '비판'은 객관적으로 타당한 인식의 기준을 감성적 직관에서 찾는다. 이러한 태도에 대해 헤겔은 다음과 같이 말한다. "비판철학은 경험을 인식의 유일한 토대로 간주할 뿐만 아니라 그 경험이 인식을 진리에 대한 것이 아니라 현상에 대한 인식으로 만든다는 점에 있어서 경험론과 공통적이다." 헤겔이 '비판'을 경험론과 같은 것으로 간주한다는 것은, 곧 그 '비판'은 받아들일 수 없는 이론이라는 것을 우회적으로 표현하는 것이다. 왜냐하면 헤겔은 경험론이 감성적 요소를 인식의 타당성을 결정하는 데 핵심이 된다고 봄으로써 초감각적인 것에 대한 인식을 부성한다고 생각하기 때문이다.

헤겔이 볼 때 진리를 목표로 하는 철학이 현실을 감각적 인식에 국한한다는 것은 곧 현실을 구성하는 많은 대상, 즉 자유, 정신, 신 등을 부정하는 것으로서 그 자체로 하나의 독단이다. 그렇기 때문에 헤겔은 경험론자들에게 다음과 같이 말한다. "자유, 정신, 신 등은 그것들이 경험에 귀속되지 않기 때문에 그 토대 위에서 파악되지 않는 것이 아니라 오히려 이러한 대상들은 그 내용에 따라 무한하기 때문에 파악되지 않는 것이다." 물론 경험론이 인식의 타당성을 경험적 요소에 국한시킴으로써 초감각적인 것에 대한 인식을 부정하기는 하지만 그렇다고 해서 그들의 기본적인 이념이 잘못된 것은 아니다. 왜냐하면 경험론은 인식에 있어 중요한 원리를 제시하기 때문인데, 그 원리란 다름 아니라 "어떤 내용을 받아들이거나 진리로 간주할 때, 인간이 거기에 있어야 한다는 것"이다. 이것은 곧 '자유의 원리'로서 "인간은 자신의 지 속에서 스스로를 파악하고 거기에 현존한다는 것을 인식함"을 의미한다.

특히 이러한 자유의 원리를 헤겔이 긍정적으로 보는 이유는 우리 삶을 구성하는 모든 내용이란 인간 스스로 그 정신에 의해 산출된 것이기 때문이다. 정신에 의해 산출된 것들은 모두 개념적으로 이해될 수 있다. 그렇다면 경험적 요소 또한 개념적으로 이해될 수 있다. 사실 칸트가 감성적 직관이라고 말하는 것은 '직접성'과 '개별성'이라는 개념적 규정을 갖는 아직 반성되지 않은 사유일 뿐이다. 따라서 헤겔은 다음과 같이 말한다. "감각적인 것에 대해 개별적인 것, 서로 분리되는 것(Außereinander)이라는 규정들이 부과된다면, 그것에 대한 이러한 규정들 자체가 이미 사상들이며 보편자라는 것이 덧붙여져야 한다." 그렇다면 결국 감성적 직관이 자립적인 인식의 요소라는 생각은 허구가 된다.

물론 직관을 아직 반성되지 않는 사유로 간주하는 헤겔의 이러한 주장이 경험론과 칸트에 대한 충분한 비판이라고 말할 수는 없다. 왜냐하면 칸트가 직관을 인식의 자립적 요소라고 간주하는 데에는, 그렇게 해야만 설명될 수 있는 여러 문제가 있기 때문이다. 따라서 헤겔의 비판이 충분하려면 칸트가 직관을 통해 설명하고자 하는 것, 다시 말해 감성적 직관만이 인식에 실재성을 제공할 수 있을 뿐만 아니라 대상을 하나의 개체로서 제시할 수 있으며, 규정으로서의 개념에 '의미'를 제공해줄 수 있다는 것에 대해 그것이 직관이 개념적 규정으로 이해되어도 충분히 설명될 수 있음을 제시할 수 있어야 한다.

헤겔은 먼저 실재성의 문제에 대해 다음과 같이 말한다. "실재성에는 여러 의미가 있는 듯이 보인다. 왜냐하면 서로 다른, 심지어는 대립적인 규정들에 의해 그 말이 사용되기 때문이다." 이때 주어지는 여러 의미에는 칸트가 생각하는 것처럼 경험적인 것이 있는가 하면 라이프니츠-볼프 형이상학자들이 생각하는 것처럼 형이상학적인 것도 있다. 하지만 이러한 것들은 모두 참된 의미의 실재성이 아니다. 왜냐하면 경험적 실재성이란 사실 개념적으로 규정된 것이며, 형이상학적 실재성 또한 형이상학자들이 생각하듯이 그렇게 순수 긍정적인 것이 아니라 부정적인 것과 결합된 것이기 때문이다. 그렇다면 칸트는 왜 실재성을 단지 감각적 경험에 부합하는 것으로만 이해하였을까?

헤겔이 볼 때 그 이유는 그가 형식과 내용은 절대적으로 구분된다고 생각하였기 때문이다. 다시 말해 감성적 직관은 단순한 형식이기 때문에 내용은 이 형식 외부에서 주어져야 하며, 그렇기 때문에 외부와 맞닿는 직관에 부합하는 것이 실재적이라고 생각하게 된다는 것이다. 하지만 앞서 말했듯이 감성적 직관의 특성인 직접성과 개별성 자체가 이미 하나의 개념적 규정들이라면, 형식과 내용은 절대적으로 구분할 수 없게 되며, 오히려 내용이란 어떤 형식을 통해 주어지는가에 따라 구분되는 것으로서 '형식의 규정성'이라고 보아야 한다. 그렇게 본다면 감각적 경험에 부합하는 실재성이란 더 이상 감각(Empfingdung)적 소여가 아니라 오히려 개념의 규정들로 이해되어야 한다. 따라서 헤겔은 내용과 형식을 구분하고 내용은 주어지는 것이라고 주장하는 칸트에 대해 "외적 현존에 대해 어떤 내용의 진리성을 결정할 수 있는 결정권이 주어진다고 하는 것은 이념이나 본질 혹은 내적 감각이 외적 현존과는 무관하다고 생각하는 것과 똑같이 일면적인 것이다."라고 말하며, 이에 덧붙여 "철학에 대해 실재성과 참된 객관성을 갖는 유일한 철학의 이념은 대립을 절대적으로 지양한 존재이다."라고 말함으로써 칸트의 실재성 이해를 비판한다.

물론 이때 헤겔이 실재성을 개념의 규정들로 이해한다고 해서, 그가 라이프니츠-볼프학파 형이상학자들이 주장하는 형이상학적 실재성을 전적으로 수용하는 것은 아니다. 왜냐하면 이 형이상학자들은 실재성을 모든 부정이 제거된 '긍정적인 것(Affirmatives)'으로서 생각하기 때문이다. 하지만 이들이 주장하듯 그렇게 실재성이 순수 '긍정적인 것'이라면, 우리는 어떤 개념은 대상에 대한 규정이 될 수 있고 어떤 개념은 그렇지 않은지에 대한 결정 자체를 할 수 없을 뿐만 아니라 어디까지가 완전한 규정인지도 말할 수 없게 된다. 왜냐하면 모든 규정이 긍정적인 것이라면, 서로 배제할 수 있는 부정성이 어디로부터도 주어질 수 없기 때문이다. 그것은 곧 하나의 개념이 규정일 수 있는 근거 자체가 상실됨을 의미한다. 그렇기 때문에 헤겔은 하나의 개념이 규정으로서의 역할을 하기 위해서는 그 자체 부정을 포함해야 한다고 생각하며, 나아가 실재성은 부정성을 계기로 포함하며, 실재성의 총괄이란 모든 부정의 총괄이어야 한다고 말한다.

실재성에 대한 이러한 생각은 직관만이 대상을 하나의 개체로서 제시할 수 있다는 주장에 대한 비판으로 이어진다. 칸트에 따르면 현상의 사물로서 하나의 개체는 그 동일성(Identität)을 위해 시공간적 제약을 필요로 한다. 하지만 헤겔은 『정신현상학』에서 '감성적 확신'에 대한 분석을 통해 '지금', '여기'라는 시공간적 조건이 실제로는 개별적 대상을 지시하지 못할 뿐만 아니라 더 나아가 그러한 조건이 사실은 보편적 규정임을 보여준다. 그리고 직관의 특성인 '개별성'과 '직접성' 자체가 하나의 개념적 규정들이라면, 개체 또한 개념적으로 규정되어야 한다. 이런 점에서 헤겔은 개체를 제시함에 있어 라이프니츠-볼프학파 형이상학을 따른다고 할 수 있다. 왜냐하면 라이프니츠-볼프학파 전통이 "어떤 사물 속에서 가능한 모든 규정의 총괄은 완전한 규정이며, 이러한 완전한 규정이란 곧 개별적 사물(즉 개체 Individum)"이라고 말하는 것처럼, 헤겔 또한 개체란 "총체성으로 정립된 개념"이라고 말하기 때문이다.

물론 헤겔이 개체에 대한 규정에 있어서 라이프니츠-볼프학파 형이상학의 견해를 따른다고 해서 전통 형이상학에 대한 칸트의 비판을 무의미하다고 생각하는 것은 아니다. 칸트가 전통 형이상학이 대상을 규정할 때 현상과 사물 자체를 구분해야 함에도 불구하고 그렇게 하지 못했다고 비판하는 것에 대해 헤겔은 전혀 다른 근거에서이기는 하지만 동의한다. 다시 말해 칸트는 객체가 순수 지성의 대상으로서 여러 번 동일한 내적 규정을 갖는다면 개념적으로는 하나라는 전통 형이상학의 주장에 대해, 비록 개념적으로는 하나의 사물일지 몰라도 현상으로서는 하나의 사물이라고 말하기에 충분하지 않다고 말한다. 왜냐하면 현상으로서의 사물은 직관에 의해 제시되어야 하며, 그런 한에서 그 규정은 단지 분석적인(즉 개념적인) 것이 아니라 종합적인 것이어야 하기 때문이다. 칸트의 이와 같은 주장에 대해 헤겔도 현상으로서의 사물에 대한 규정은 분석적인 것이 아니라 종합적인 것이어야 한다고 동조한다. 왜냐하면 이미 말했듯이 단순히 분석적이라면 개체에 대한 완전한 규정조차 가능치 않기 때문이다. 하지만 그렇다고 해서 규정이 종합적이기 위해 개념 외부로, 즉 직관으로 나아가야 한다는 칸트의 주장에는 동의하지 않는다.

헤겔이 볼 때 칸트가 종합명제의 성립에서 직관을 필수적인 것으로 생각하는 이유는 "개념 속에 포함되어 있는 것에 머물러 있다면 그 판단은 단지 분석적"이라고 전제하기 때문이다. 그러나 전통 형이상학에 대한 비판이 올바른 것이려면 개념에 머무르는 판단이 정말로 분석적인 것인지, 다시 말해 "사유 규정들의 내용과 그것들이 서로에 대해 갖는 관계"가 무엇인지를 먼저 고찰했어야 한다. 하지만 칸트는 그렇게 하지 않았고 "그 규정들을 단지 주관성과 객관성의 대립 일반에 따라서만 고찰"한다. 다시 말해 "선천적인(a priori) 것"과 "경험적인 것"의 구분을 끌어들이고, 그것에 따라 선천적인 범주들은 주관적이고 분석적이며, 경험적인 것은 객관적이고 종합적인 것으로 설명한다. 따라서 칸트의 '비판'은 단지 "심리학적 관념론"에 근거한 범주들에 대한 "심리학적 반성"에 불과할 뿐이며 결코 올바른 비판이라고 할 수 없다.

헤겔은 '논리의 학'에서 실재성과 부정을 분석적 대립으로 간주하고 사물에 대한 인식을 분석명제로 이해하려는 전통 형이상학을 비판하기 위해 칸트와는 달리 범주에 대해 외적인 직관을 끌어들이는 것이 아니라 범주 자체가 종합적일 수는 없는지를 고찰한다. 그 고찰에 따르면 실재성과 부정은 '부정성(Negativität)'의 통일적 계기이며, 각각의 범주는 서로를 계기로 포함하면서 동시에 배제함으로써 규정이 된다. 이때 각 범주는 전자인 한에서는 분석적이지만, 후자인 한에서는 종합적이다. 그렇다면 칸트가 생각하듯이 그렇게 개념 내에 머무른다고 해서 그 규정이 분석적인 것이 아니라 오히려 분석적이면서 동시에 종합적인 것이라고 말해야 한다. 이와 같은 근거로 헤겔은 대상 규정인 범주들이 그 자체 분석적이며 동시에 종합적일 수밖에 없음을 보여주는 것이야 말로 전통 형이상학에 대한 '참된 비판'이라고 말한다.

마지막으로 선천적인 개념이 그 자체 분석적이면서 동시에 종합적일 수 있음을 보여준 헤겔은 그 개념의 '의미'에 대한 칸트의 설명에 대해서도 비판한다. 칸트에 따르면 개념은 단순한 형식이기 때문에 그 자체로 의미를 가질 수는 없으며, 단지 개념 외부의 직관에 의해 제한되고 실현될 때만 의미를 부여받는다. 물론 헤겔도 기본적으로는 한 개념의 의미는 그 개념이 제한되고 실현될 때 주어질 수 있다는 칸트의 생각에 동의한다. 하지만 이때 개념이 제한되고 실현되는 것은 그 외부의 직관에 의한 것이라는 생각에 대해서는 동의하지 않는다. 왜냐하면 개념은 스스로를 구분할 뿐만 아니라 동시에 이 구분을 지양함으로써, 즉 "부정적인 것의 지양을 통해서 그리고 그렇게 달리 있음(das Anderssein)을 통해 스스로에게 실재성을 부여함으로써(realisiert)" 의미를 산출하기 때문이다. 이런 이유로 헤겔은, 칸트가 개념은 순수 형식이기 때문에 그 자체 의미를 전혀 갖지 않는다고 주장한다면, 그는 스스로를 기만하는 것이라고 생각한다. 왜냐하면 개념으로서의 범주들을 구분한다는 것 자체가 이미 개념 자체의 규정성을 전제하는 것이기 때문이다. 그렇기 때문에 칸트가 좀 더 자신의 '비판'에 철저하고자 했다면 범주들이 갖는 선천적 규정성들의 타당성이 어디로부터 주어지는지 그리고 어디까지인지를 고찰했어야 한다고 생각한다. 헤겔 자신은 이와 같은 작업을 '논리의 학'에서 수행한다. 그는 하나의 범주가 어떻게 규정되고 그 규정성에서 부정되는

지를 고찰하며 하나의 규정성의 타당성이 어디서 성립하는지를 서술한다.

5. '현상'으로서의 인식에 대한 비판

헤겔은 칸트의 '선험적 비판'이 올바른 비판이 아니라 단순한 심리학적 반성이었다는 자신의 주장이 '비판'의 마지막 결론에서 보다 분명해진다고 생각한다. 우선 칸트는 직관 형식인 시공간이 주관적 형식이므로 이 형식에 의해 수용되는 사물 또한 사물 자체가 아니라 우리에게 주어지는 한에서의 사물이라고 말한다. 다시 말해 직관과 개념이 주관적 형식이기 때문에 인식은 현상이라는 것이다. 이에 대해 헤겔은 다음과 같이 말한다. "오성형식들에 대한 비판은 다음과 같은 결과를 갖는다. 즉 이 형식들은 결코 사물 자체에는 적용될 수 없다는 것이다. 하지만 이와 같은 결론이란 형식들이 그 차체에 있어서 참되지 못하다고 말하는 것과 같은 것이다. 즉 그 형식들이 주관적 이성과 경험에 대해서만 타당한 것이라고 말함으로써 비판은 객체에 대해서도 타당할 수 있는 형식들을 단지 주관에 타당한 것으로 만든 것이다."

물론 헤겔은 칸트와 달리 주관적 사유 규정인 개념이 '사물의 본질들(Wesenheiten)'을 제시한다고 생각한다. 헤겔이 이렇게 생각하는 것은, 외적으로 보자면, 존재에 관한 물음을 존재에 대한 우리의 인식의 원리에 관한 물음으로 환원시킨 독일 전통 형이상학의 원리를 받아들이기 때문이다. 따라서 헤겔은 사유 규정을 고찰하는 "논리학은 사물의 본질들을 나타내는 사상들 속에서 파악된 사물에 관한 학으로서의 형이상학과 일치한다."고 말한다. 하지만 그가 그렇게 생각하는 보다 근본적인 이유는 '반성적 사유'에 대한 근원적 통찰에 기인한다. 왜냐하면 대상을 자신과 구분하는 '외적 반성(äußerliche Reflexion)'은 사실은 사물 자체와 현상을 정립하는 가운데 자신을 규정하는 '규정적(bestimmende) 반성'의 계기이기 때문이다. 다시 말하면 외적 반성은 반성의 조건으로서 사물 자체를 전제하지만, 이렇게 '전제된 것(das Vorausgesetzte)'은 사실은 '전제함(das Voraussetzen)' 속에서 자기로 귀환하는(Rückkehr in sich) 반성에 의해 '정립된 것(das Gesetztsein)' 이외에 다른 것이 아니기 때문이다. 따라서 사물 자체란 '전제함'을 통해 자신을 '정립하는' 반성의 단적인 동일성 이외에 다른 것이 아니며, 그렇기 때문에 반성의 규정들은 사물 자체의 규정들이 되는 것이다. 이런 이유에서 헤겔은, 칸트가 말하듯이 그렇게 "사유 규정들이 사물 자체의 규정들이 될 수 없다고 한다면, 그것은 결코 오성의 규정들이라고도 할 수 없다."고 말하는 것이다.

이렇게 본다면 사유 규정이 사물 자체가 아닌 현상에 국한된다는 주장은 사유에 대한 반성 속에서 그 반성적 사유의 본성을 파악하지 못하는, 즉 '실존이 그 개념으로부터 분리되어 있는' 사유의 입장이라고 할 수 있다. 다시 말하면 오성 범주가 사물 자체에 대한 인식을 제공하기에 부적절한 것이라면, 그것은 이 범주들 자체에 문제가 있기 때문이지 결코 칸트가 주장하듯이 그렇게 범주가 갖는 주관적 특성 때문은 아니라는 것이다. 물론 헤겔도 오성 범주가 파악하는 것은 현상이라는 데에는 칸트와 의견을 같이한다. 하지만 그 근거가 칸트에게는 사유 규정들이 주관적이기 때문이라면, 헤겔에게는 그 규정들이 유한하기 때문이다. 그렇기 때문에 헤겔은 "물론 우리가 인식하는 사물은 단지 현상이다. 그것은 우리에게 있어서뿐만 아니라 사물의 본성 자체에 있어서도 그렇다."고 말한다. 이것은 헤겔이 칸트가 수행한 선험적 인식론 전체를 부인하는 것은 아님을 말해준다. 왜냐하면 헤겔은 우리의 인식을 현상에 제한해야 한다는 '분석론'의 내용은 거부하지만, 오히려 제약된 것들에 대한 사유 규정인 오성 범주를 무제약자에 대한 인식을 얻기 위해 적용하면 안 된다는 변증론의 내용은 받아들이기 때문이다. 따라서 헤겔은 칸트가 '변증론'에서 수행한 비판이 보다 참된 비판이려면 오성 범주들 자체의 의미와 구조에 대해 고찰해야 한다고 생각하며, 이러한 고찰을 자신의 『논리의 학』에서 수행한다.

6. 선천적 종합명제(Wissen)의 사변적 가능성

'선험적 비판'이 궁극적으로 선천적이면서 종합적인 판단의 가능성을 해명한다고 할 때, 칸트는 종합판단에 대해 다음과 같이 말한다. "종합판단에 있어서는 주어진 개념을 넘어서 두 개념의 종합을 가능케 해주는 제3자가 있어야 한다." 그렇기 때문에 "모든 종합판단의 최고 원리는 모든 대상은 가능한 경험에 있어서의 다양한 직관의 종합적 통일의 필연적 제약에 종속된다." 이 말에 따르면 두 개념이 결합되어 종합판단을 이룰 때, 그 개념들은 직관을 매개로 결합되어야 한다. 하지만 직관의 매개 없이 두 개념이 결합된다면, 즉 개념만으로 종합명제가 형성된다면 그때 형성된 것은 '도그마'이다. 칸트에게 특히 도그마가 문제시되는 이유는, 단순히 개념적으로만 규정된 대상은 결코 가능한 경험의 대상이 될 수 없기 때문이다.

그렇다면 선천적 종합판단의 가능성을 해명하는 칸트의 '비판'이

의도하는 것은 라이프니츠 및 볼프학파 형이상학자들이 개념으로부터의 인식인 '도그마'를 철학적 명제로 이해하는 것을 비판하려는 것이라고도 할 수 있다. 특히 이들은 경험 세계인 현상까지 모두 개념에 의해 설명하려고 한다. 그 결과 형이상학의 영역과 경험 가능한 영역에 대한 구분이 사라지고 모든 것은 이성적 인식의 영역으로 환원된다. 따라서 칸트는 다음과 같이 말한다. "이러한 모든 것으로부터 이제 순수이성의 영역에서 독단적인 행보를 취하며, 수학의 이름과 결속으로 위장하는 것은 철학의 본성에 전혀 적합지 않을 뿐만 아니라, 그러한 것은 결코 성공할 수 없으며 오히려 후퇴케 만드는 공허한 월권임이 드러난다. …… 이러한 사변의 망상(Eigendüngkel der Spekulation)을 겸손하며 그러나 근본적인 자기 인식(Selbsterkenntnis)으로 인도하는 것이 나의 의도이다."

그러나 헤겔이 볼 때 여기에는 칸트의 근본적인 오해가 놓여 있다. 즉 칸트가 개념으로 형성된 종합명제를 '도그마'로 간주하고 그것이 결코 경험 세계를 설명할 수 없다고 보는 이유는, 역설적이게도 그가 개념의 실재성을 부정을 전혀 포함하지 않는 순수 긍정적인 것(das Affirmative)으로 간주하는 라이프니츠의 생각을 그대로 받아들이기 때문이다. 그렇기 때문에 그는 개념만으로 성립되는 것은 이미 주어 속에 주어진 것으로서의 분석명제일 뿐 결코 올바른 종합명제일 수 없다고 생각하는 것이다. 그러나 실재성이 부정을 계기로 포함한다는 것을 이해한다면, 개념만으로 성립되는 인식도 분석적이며 동시에 종합적일 수 있음을 파악하게 될 것이다. 헤겔은 『논리의 학』에서 하나의 규정이 어떻게 실재성과 부정의 통일로서 그것을 각 계기로 갖는지를 제시한다. 이러한 제시를 통해 그는 실재성과 부정은 분석적으로 대립하는 것이 아니라 종합적으로 통일되어 있음을 보여준다. 즉 앞서 말했듯이 하나의 개념이 그 자체 내재적인 규정들을 드러낸다는 측면에서 그 규정은 분석적이지만, 그때 드러내는 규정이 첫 번째 규정에 대해 타자로 제시된다는 측면에서는 종합적이다. 이것은 곧 개념으로부터의 종합판단이 가능할 뿐만 아니라 경험 세계에 대한 개념적 인식 또한 가능함을 의미한다.

특히 헤겔은 선천적으로 분석적이면서 동시에 종합적인 개념으로부터의 판단을 '변증법적'이라고 부르는데, 그 이유는 그 결과가 모순적이기 때문이다. 또한 그는 칸트가 이러한 개념으로부터의 종합판단을 산출하는 이성은 변증법적이 된다는 의미에서 '사변적'이라 불렀듯이, 같은 이유로 그러한 이성을 '사변적'이라고 부른다. 하지만 그 둘의 차이는 분명하다. 즉 칸트에게 사변적 이성은 부정적일 뿐만 아니라 지양되어야 할 것이지만 헤겔에게는 진리를 대상으로 하는 철학의 원리가 되어야 한다. 왜냐하면 사변적 이성이야말로 가상이 아니라 현상의 내면인 본질의 모습을 보여주는 것이기 때문이다. 이런 이유로 헤겔은 참된 철학이란 사변적 이성을 원리로 하는 '사변철학'이라고 말한다.

7. 맺는말

헤겔의 사변철학은 대상에 대한 개념적 인식을 목표로 한다. 이때 대상을 개념적으로 인식한다는 것은 두 가지 의미를 함축한다. 첫째, 대상을 그 감각적 제약으로부터 벗어나 순수 사유 규정에 따라 인식한다는 것과, 둘째, 대상을 대립적 규정들의 동일성으로 인식한다는 것이다. 이 두 의미는 사실상 우리가 대상에 대해 '사유할 때' 나타나는 두 계기이다. 왜냐하면 대상을 사유한다는 것은 감각적으로 주어지는 것을 반성적 성찰을 통해 순수 사유 규정으로 파악하는 것이면서 동시에 이때 주어지는 규정들이 갖는 변증법적 계기들을 이성적으로 통찰하는 것이기 때문이다. 그렇게 본다면 헤겔의 사변철학이란 대상의 본질을 순수 사유 속에서, 그 규정적 계기들의 총괄 속에서 파악하려는 철학이라고 할 수 있다.

헤겔은 이러한 사변철학을 통해 진리에 대한 개념적 인식을 부정하는 직관주의와 경험적 조건의 필연성을 주장하는 칸트의 철학을 넘어서고자 한다. 왜냐하면 그가 볼 때 진리 혹은 절대자란 순수 사유 규정들의 총괄 속에서 주어지는 대상의 본질이기 때문이다. 또한 대상의 본질을 이렇게 파악하는 철학을 헤겔은 '이념주의(Idealism)'라 부른다. 왜냐하면 이념이란 개념들의 총괄을 의미하기 때문이다. 따라서 헤겔은 진정한 철학자가 된다는 것은 이념주의자가 된다는 것이라고 말하며, 이 이념주의의 원리를 다음과 같이 표현한다. "유한한 것은 이념적인 것이라는 명제가 곧 이념주의를 구성한다. 철학의 이념주의라는 것은 유한자가 진리적 존재가 아니라는 것을 깨닫는 데 놓이게 된다."

이렇게 본다면 이념주의로서의 헤겔 철학은 오성으로 전락한 이성이 진리는 이성에 의해 파악될 수 없는 것이라고 주장하는 현실 속에서 이성의 본래적인 모습을 회복시키려는 사상이라고 할 수 있다.

참고 문헌

Baumgartens, Alexander Gottlieb, 1783, *Metaphysik*, Halle.

Brinkmann, Klaus, 1994, "Hegels's Critique of Kant and Pre-Kantian Metaphysics" in *Hegel Reconsidered*, Edt. by Terry Pinkard, Netherlands.

Giovanni B. SALA S. J., 1988, "Die transzendentale Logik Kants und die Ontologie der deutschen Schulphilosophie" in *pilosophische Jahrbuch* Ba. 95.

Guyer, Paul, 2000, "Absolute idealism and the rejection of Kantian dualism", in *German Idealism*, edt. by Karl Ameriks, Cambridge.

Hegel, G. W. F., 1802, *Glauben und Wissen*, Ba. 2 in zwanzig Bänden, Suhrkamp Verlag.

Hegel, G. W. F., 1988, *Phänomenologie des Geistes,* Hrg. v. Wessels und H. Clairmont Hamburg.

Hegel, G. W. F., 1990, *Wissenschaft der Logik,* Die Lehre vom Sein(1832) Hrg. v. H. J. Gawoll Hamburg.

Hegel, G. W. F., 1991, *Enzyklopädie der philosophischen Wissenschaften*(1830) Hrg. v. F. Nicolin und O. Pöggeler Hamburg.

Hegel, G. W. F., 1992, *Wissenschaft der Logik,* Die Lehre vom Wesen (1813) Hrg. v. H. J. Gawoll.. Hamburg.

Hegel, G. W. F., 1994, *Wissenschaft der Logik,* Die Lehre vom Begriff(1816) Hrg. v. H. J. Gawoll. Hamburg.

Kant, I., 1993, *Kritik der reinen Vernunft,* Hrg. v. R.Schmidt Hamburg.

Wolff, M., 1989, "Der Satz vom Grund oder: was ist philosophische Argumentation?" *Neue Hefte fuer Philosophie* 26.

생명 존재의 특수성에 대한 캉귈렘의 반데카르트적 이해[1]

한희진

1. 머리말

근대과학이 출현한 이후 프랑스 실증철학(philosophie positive)은 생명 존재(être vivant)에 대한 과학적 연구에서 출발해 인간과 사회에 대한 철학적 성찰로 나아갔다. 예를 들어 17세기에 르네 데카르트는 자신의 해부학 연구로부터 동물-기계론(théorie de l'animal-machine)과 심신 이원론으로 대표되는 기계론적 세계관을 구축했다. 18세기에는 몽펠리에 생기론학파(école de Montpellier)가 생리학 연구를 중심으로 생명 존재에 대한 반데카르트적(anti-cartésien) 이해를 발전시켰고,[2] 이로부터 직접 영향을 받은 오귀스트 콩트는 19세기 초에 실증철학의 이념을 정초하고 인간과 사회를 실증적으로 연구하기 위해 사회학을

1 이 글은 『철학연구』 96집(2012)에 게재된 나의 논문, 「조르주 캉귈렘(1904~1995)의 생명 존재에 대한 이해」를 『철학연구』 편집위원회의 동의를 받아 일부 수정한 것이다.

2 기계론(mécanisme)과 생기론(生氣論, vitalisme)의 의미, 차이, 관계에 관해서는 한희진(2010b) 참조.

정립했다. 19세기 말에 클로드 베르나르(Claude Bernard)는 실험실의 실험생리학을 진료실의 임상의학에 종합함으로써 실험실의 연구 결과를 인간 개체에 적용하는 절차를 이론적으로 정당화했고, 인간의 본질에 대한 생의학적 정의에 절대적인 정통성을 부여했다. 찰스 다윈의 진화론에 대한 비판적 검토가 이루어지던 20세기 초에 앙리 베르그손은 진화론적 철학의 관점에서 생명의 발생과 진화를 조망했고, 이에 기초해 사회와 종교의 열린 규범을 수립하고자 노력했다. 조르주 캉길렘(Georges Canguilhem)[3]은 가스통 바슐라르로부터 전수받은 '역사적 인식론(épistémologie historique)'이란 철학 연구 방법론을 통해 생명 존재에 대한 기존 과학과 철학의 단편적이거나 분절적인 연구를 하나의 체계로 종합했다. 캉길렘의 지도를 받은 미셸 푸코는 해부학과 생리학 등을 비롯한 생명과학사와 특히 임상의학과 정신의학을 중심으로 한 의학사를 심도 있게 연구했고, 이를 바탕으로 지식과 권력의 관계, 지식과 도덕의 관계에 대해 독창적인 개념과 이론을 제안했다. 특히 생명 존재나 인간 개체의 개체성(individualité), 정상성(normalité), 규범성(normativité)과 같이 캉길렘이 주목했던 주제는 그의 제자인 푸코가 광기(folie)나 성(sexualité)에 대해 고유한 문제의식을 형성하는 데 결정적인 기여를 했다. 이처럼 근대 이후 프랑스 실증철학은 인간과 사회에 대한 철학적 반성 이전에 먼저 생명과학과 의학이 생명 존재와 인간 개체를 표상하는 방식을 면밀히 검토하고 비판하는 전통을 유지해오고 있다.

그런데 '생명(vie)' 개념은 '생명(vie)보다 소중한 것은 없다.' 또는

3 조르주 캉길렘(Georges Canguilhem)이란 이름의 한글 표기법에 관해서는 한희진(2012) 참조.

'인생(vie)은 아름답다.'라는 표현에서 확인되듯이 사전적 의미가 매우 풍부하고, 이 때문에 일상적 용법에서는 매우 애매한 개념이다. 철학사를 살펴보아도 '생명' 개념은 고대 희랍의 자연철학자로부터 최근의 생명과학철학자에 이르기까지 무척이나 다양한 의미로 정의됐다(Pichot, 1993). '생명' 개념의 다의성과 애매성 때문에 일부 현대 생명과학자는 '생명' 개념의 사용을 주저하기도 한다. 이에 대해 프랑수아 다고네(François Dagognet)는 캉길렘과의 대담에서 현대 생명과학이 '생명' 개념을 폐기하거나 다른 개념으로 완전히 환원했다고 인정할 수는 없지만, 생명과학사를 살펴보면 생명 존재를 '생명' 개념을 사용하지 않고 설명하려는 노력을 지속해왔음을 쉽게 확인할 수 있다고 주장했다(Canguilhem et Dagognet, 1967: 66). 이어서 다고네는 '생명(vie)' 개념보다는 '생명체(vivant)' 개념을 사용해야만 철학적 논의도 현대 생명과학처럼 엄밀해질 수 있다고 강조했다.

'생명' 개념에 관해 캉길렘은 다고네와는 조금 다른 입장을 취했다. 그는 누구보다도 생명과학과 생명과학사에 해박했고 '생명'의 개념적 난점을 충분히 인지하고 있었다. 그럼에도 불구하고 캉길렘은 이 개념의 사용을 끝까지 포기하지 않았을 뿐만 아니라 이 개념이 생명과학의 핵심 주제라는 주장까지 과감하게 펼쳤다(Canguilhem, 1998[1952]: 100). 사실 엄밀하게 구분하자면 '생명(적) 존재(être vivant)'는 살아 있는, 즉 생명이 있는 존재의 존재론적 의미를 철학적 맥락에서 부각하기 위해 사용되고, '생명체'는 동일한 존재의 생명과학적 의미를 지칭하기 위해 주로 과학적 맥락에서 사용된다고 말할 수 있다. 그런데 캉길렘은 이 두 차원과 두 의미가 불가분의 관계에 있는 것으로 파악했고, 이 둘을 통합하는 것이 자신의 철학적 과제라고 생각했다.[4]

생명 존재의 특수성은 오래전부터 관심의 대상이었다. 캉귈렘에 따르면 이미 기원전에 아리스토텔레스는 『동물론(Histoire des animaux)』(Aristote, 2006[1883])과 『동물 기관론 및 동물 운동론(Parties des animaux)』(Aristote, 2006[1885])에서 위계화된 동물계의 특수성에 관심을 가졌고, 라마르크는 『수지질학(Hydrogéologie)』(Lamarck, 1802)에서 가장 불완전한 동물로부터 가장 완전한 동물에 이르기까지 모든 생명 존재가 포함된 '존재의 층위(échelle des êtres)'를 전문적으로 연구할 학문으로서 '생물학(biologie)'의 필요성을 역설했다(Canguilhem, 1993[1977]: 122). 철학과 생명과학에서 공통적으로 주목한 생명 존재의 특성은 죽음, 질병, 자기 조절, 회복 능력 등이었다(Canguilhem, 1993[1977]: 128). 그런데 생명 존재의 이런 특성은 근본적으로 불변하는 것만을 연구 대상으로 인정하고, 이로부터 보편적인 자연의 법칙을 도출하고자 하는 철학이나 과학에 의해서는 도저히 파악될 수 없는 것이었다. 캉귈렘은 불변성과 보편성의 관점에서 보면 생명 존재의 독특한 생리적 현상이 자연의 법칙에 완전히 일치하지 않는 사례로만 이해될 뿐이고, 생명 존재에서 자주 발견되는 변이나 편차와 같이 예외적인 현상은 실패, 타락, 불순물로 간주된다고 지적했다. 따라서 생명 존재의 고유한 특성을 올바로 파악하기 위해서는 생명과학이 가변성과 개체성의 관점에서 생명 존재를 인식해야 한다고 주장했다(Canguilhem, 1998[1952]: 156).

이처럼 생명 존재의 존재론적 특성은 그것을 연구하기 위한 인식

4 캉귈렘의 생명과학철학과 의철학이 표방하는 이런 목표를 고려해 이 글에서는 특별히 존재론적 의미와 생명과학적 의미를 구별해 강조하고자 할 때 이외에는 '생명 존재'와 '생명체'를 동의어로 간주하고 사용하겠다.

론적 관점을 규정하고, 또 반대로 생명과학의 고유한 인식론적 관점만이 생명 존재의 특수한 존재 방식을 파악할 수 있다. 일단 생명 존재가 존재하기 위해서는 의식적이든, 무의식적이든, 비의식적이든 어떤 종류의 인식(앎, 지식, 개념)이 반드시 가능해야 한다. 아무런 인식 없이 생명 존재가 생존하는 것은 불가능하며, 이 점에서 생명 존재는 물질 존재와 근본적으로 다르다. 달리 말해 생명 존재는 기본적인 인식능력과 그 결과로서 얻어진 최소한의 앎과 불가분의 내적 관계에 있는 것이다. 캉귈렘의 이런 논리를 따라가보면 적어도 생명 존재와 관련해서는 존재론과 인식론이 순환적인 관계에 있으며, 존재론과 인식론을 구분하는 것이 불필요하거나 심지어 불가능하다고까지 주장할 수 있다(Canguilhem, 1994[1968]: 335-364). 요컨대 생명이 존재하는 세계의 영역은 존재론과 인식론이 처음으로 중첩되고 완벽하게 종합될 수 있는 지역이라고 말할 수도 있는 것이다.

이런 이론적 배경을 전제로 이 글에서는 먼저 푸코의 스승으로만 주로 알려져 있는 캉귈렘이 철학사와 생명과학사에 대한 해박한 지식을 활용해 생명 존재의 존재론적 독립성을 논증하고, '개체성의 철학(philosophie de l'individualité)'을 수립해가는 과정을 소개하고자 한다. 이를 위해 캉귈렘이 어떻게 아리스토텔레스와 데카르트의 기계론을 구분하고 비판했는지를 확인하고, 아울러 생명체에 대한 물리화학적 실험의 가능성과 관련해 클로드 베르나르의 물리화학적 환원론이 생명과학적 생기론(生氣論, vitalisme)을 완전히 배척할 수 없었던 이유도 살펴볼 것이다. 이런 논의를 기초로 캉귈렘도 피하지 못한 생기론에 대한 일반적인 오해를 간략하게 해명하고는 생기론으로부터 발전한 유기체론(organicisme)의 다양한 개념도 검토하고자 한다.

이렇게 이 글에서는 캉귈렘이 생명과학사를 철학사에 접목해 생명에 대한 과거의 관점과 이론을 어떻게 비판적으로 이해했는지를 추적할 것이다. 그리고 이렇게 함으로써 생명 존재가 존재론적으로 독립적인 개념을 필요로 할 뿐만 아니라, 이 대상만을 전문적으로 연구하는 '지역주의적 인식론(épistémologie régionaliste)', 즉 생명과학이 요청될 만큼 생명을 특성으로 하는 존재가 다른 존재와 질적으로 차별화된다는 사실을 밝힐 것이다. 끝으로 생명 존재를 독립된 존재로 인정한다고 해도 세계에 대한 통일적 조망을 저해하는 불필요한 존재를 추가로 상정하는 것이 아님을 납득시키고자 한다.

2. 기계론에 대한 비판

캉귈렘은 아리스토텔레스가 생명 존재를 인간이 제작한 기계에 빗대어 설명함으로써 생명에 대한 기계론적 설명을 과학과 철학의 분야 모두에서 사실상 처음으로 정초했다고 평가했다. 아리스토텔레스의 관점에서 인간을 제외한 다른 모든 동물은 오직 유용성의 차원에서만 존재의 의미를 인정받는 도구에 불과했고, 이 관점은 17세기 데카르트에 이르기까지 지속적으로 보존됐다. 캉귈렘은 아리스토텔레스가 노예를 다룬 것과 동일한 방식으로 데카르트가 동물을 대우했다고 지적하며, 데카르트는 인간이 동물을 기계처럼 마음대로 사용하는 것을 정당화하기 위해 동물의 존재론적 위상을 평가절하했다고 비판했다. 그러고는 이 관점이 데카르트의 동물-기계론의 도덕적 기초일 뿐만 아니라, 서양인의 전형적인 태도이며 문제라고 지적했다 (Canguilhem, 1998[1952]: 111).

하지만 캉귈렘은 데카르트의 기계론이 아리스토텔레스의 범심론

(panpsychisme)을 극복했다는 점에서 과학사와 철학사에서의 중요성은 인정했다(Canguilhem, 1993[1977]: 123). 아리스토텔레스는 생명 존재가 원인으로서의 영혼(âme)과 이 영혼이 도구처럼 사용하는 기관(organe)으로 구성됐다고 설명했다. 여기에서 영혼은 목적론적 형상(forme)과 다르지 않으며, 이 형상은 생명 존재의 정상 상태를 규정하는 기준으로서 제시됐다.

아리스토텔레스와 달리 데카르트는 영혼과 생명의 기능적 차이(différence de fonction)에 주목했다는 점에서 근대 생리학의 형성을 위해 중요한 토대를 마련했다. 데카르트는 윌리엄 하비(William Harvey)가 발견한 혈액순환을 심장의 발열에 대한 자신의 화학적 이해에 접목해 '생명의 원리(principe de vie)'라는 고유한 개념을 발전시켰다. 데카르트는 혈액의 기계론적 순환을 통해 혈액으로부터 자양분을 얻은 심장이 지속적으로 열을 발생시키는 현상이 생명의 원리라는 생리학만의 고유한 개념을 상정하지 않고는 설명될 수 없다고 생각했다. 이 개념은 생물학과 심리학을 밀접하게 연관시켜 생명 현상을 이해했던 아리스토텔레스의 범심론적 관점과 분명히 다른 것이었다. 데카르트는 기존의 형이상학, 심리학, 물리학의 설명에서 벗어나 화학과 생물학에 근거해 생명 존재를 설명하고자 함으로써 생명 존재에 대한 근대 철학과 과학의 전형을 수립하기 시작한 것이다.

캉귈렘은 데카르트가 유기적 기관의 형성(organisation)과 기계의 기술적 제작(fabrication)의 차이를 철폐했다는 점에서도 데카르트의 발상이 과학적으로나 철학적으로 아리스토텔레스보다 혁신적이었고 더 완전하게 기계론적이라고 평가했다(Canguilhem, 1993[1977]: 125). 다시 말해 데카르트의 기계론적 세계관은 아리스토텔레스의 형이상학적 형상을 거부함에 따라 자연과 인간의 기술 사이의 존재론적 차이를 최종적으로 제거했다는 것이다. 이제 자연의 모든 존재를 인간의 기계론적 개념에 근거해 설명하는 데 아무런 제한도 따르지 않게 된 것이다. "요약해서 말하자면 아리스토텔레스만큼이나 데카르트도, 또 데카르트만큼이나 아리스토텔레스도 인간의 기술에 대한 지식을 바탕으로 동물의 거시적 구조를 인식하고, 이 인식에 근거해 유기체의 전체와 부분을 구분한 것이다. 생명체에 대한 기술적 설명 모델(modèle technologique)은 생리학을 해부학적 연역(déduction anatomique), 즉 장기의 제작소에서 생명체의 기능을 해석해내는 일로 축소시킨다. 엔진이나 기계의 여러 부속이 (단일한) 총체적 효과를 실현하기 위해 제작된 하나의 엔진이나 기계에 종속되어 있는 것처럼, 동역학적 관점에서 부분이 전체의 통제를 받는다면 정역학의 관점에서 이 기능적 종속 관계는 기계의 구조가 단순히 부분의 조합으로 형성됐다는 사실을 밝혀줄 뿐이다."(Canguilhem, 1994[1968]: 325) 이처럼 데카르트는 생명 존재에만 고유한 것처럼 보이는 생리적 기능을 형이상학적 원인에 의존하지 않고 다양한 기관의 해부학적 구조와 이 구조의 역학적 운동으로 모두 설명하기를 희망했고, 이것이 바로 동물-기계론의 목표였던 것이다.

그런데 생명 존재의 고유성을 아리스토텔레스의 형이상학적 기계론보다 실증적인 관점에서 분석했던 데카르트의 물리화학적 기계론은 역설적으로 생명 존재에 대한 이해에서 기계론과 대립하고 경쟁하게 될 또 다른 강력한 이론, 즉 반기계론(anti-mécanisme)을 이미 내포하고 있었다. 피상적으로 보면 데카르트는 제작자와 제작의 형상을 제거하고 기계와 자연의 구분을 철폐함으로써 생명 존재에 대해 철저히 물리화학적 기계론만을 주장한 듯이 보인다. 하지만 실제로 그는 물리화학적으로 환원이 불가능한 유기체의 특수한 생리적 기능을 완전히 부정하지 못하고 이를 '생명의 원리'라고 개념화했고, 이로써 생기론으로 대표되는 반기계론의 가능성을 동시에 연 것이다. 문제는 생명 존재에 대한 데카르트의 이중적 관점이 '보편적이고 통일적인 학문(science universelle)'을 수립하려던 자신의 궁극적인 학문적 목표의 실현을 스스로 저해하는 결과를 초래했다는 것이다. 결국 정신 세계를 제외한 물질 세계를 엄격하게 기하학적 관점에서 일원론적 존재론으로 설명하려 했던 데카르트의 철학적 기획은 처음부터 반대에 부딪힐 운명이었다. 특히 18세기에는 동물을 포함한 모든 생명 존재를 물질 존재와 구별해 인정하자는 일종의 '존재론적 지역주의(régionalisme ontologique)'가 번성하게 됐고, 이런 시대적 특징 때문에 철학사와 생명과학사에서 이 시대는 '반데카르트주의(anti-cartésianisme)의 시대'로 규정되기도 하는 것이다(Roger, 1993[1971]: 441-453, 749-779).

3. 물리화학적 환원론에 대한 비판

18세기 이후 본격적으로 실험실에서 진행된 유기화학과 생리학의 각종 실험은 생명 존재에 대한 데카르트의 기계론적 설명이 갖는 근본적인 한계를 더 극명하게 보여줬고, 이에 따라 생명 존재를 물질 존재나 정신 존재와 구별되는 독립적이고 고유한 존재로 인정해야 한다는 요구도 더 강력해졌다. 19세기에 이르러 생리학자 클로드 베르나르는 자신의 주저 『실험의학연구서설(Introduction à l'étude de la médecine expérimentale)』(1865)에서 해부학이나 화학은 생리학의 문제를 해결하기에 충분하지 않으므로 이 문제를 해결하기 위해서는 무엇보다도 동물에 대한 실험이 필요하다고 주장했다(Bernard, 1984[1865]: 44-49). 이렇게 그는 생리학에서 실험 방법의 중요성을 철학적으로 정당화해 현대 생의학(bio-médecine)의 기원이 된 '실험의학(médecine expérimentale)'을 정초했다. 이어서 클로드 베르나르는 18세기에 생기론을 주장하던 여러 생리학자와 의사가 실험 방법의 가치를 인식하지 못하고 여전히 형이상학적 사변을 통해 실증성이 없는 개념과 이론을 창출했다고 비판했다. 이 비판의 주된 대상은 18세기 천재 병리해부학자 그자비에 비샤(Xavier Bichat)였다.

클로드 베르나르는 비샤의 연구 설계와 방법론적 전략을 충분히 이해하지 못하고 비샤가 원칙적으로 또는 결과적으로 실험을 포기했다고 오해했다. "비샤는 순수한 실험가(pur expérimentateur)가 아니었다. 『생명과 죽음에 대한 생리학적 연구(Recherches physiologiques sur la vie et la mort)』(1800)의 서문에서 스스로 밝히고 있듯이 그는 알브레히트 폰 할러(Albrecht von Haller)와 라차로 스팔란차니(Lazzaro Spallanzani)의 실험적 방법을 테오필 드 보르뒤(Théophile de Bordeu)의 포괄적이고 철학적인 조망에 결합하려 했다. 하지만 이 위태로운 결합에서 실험가로서의 자신은 금방 포기됐다. 설사 비샤가 경험을 통해 획득한 여러 사실에 의존해 연구를 시작했다고 하더라도 체계(이론)를 수립하려는 마음에 이끌려, 감지되거나 감지되지 않는 수축(contraction sensible, insensible), 발산(呼氣, exhalation) 등과 같이 다양한 생기적 속성(propriétés vitales)을 밝혀나갈 때는 더 이상 경험에 의존하지 않았다. 이 순간에 보르뒤의 위대한 철학적 기획이 할러의 실험적 방법을 굴복시키고 죽여버렸다."(Bernard, 1857: 10) 이처럼 비샤가 실험 방법을 결국 거부했다는 클로드 베르나르의 오해로 인해 비샤를 중심으로 한 생기론 전체의 방법론적 특징이 오늘날까지도 왜곡돼오고 있다. 생기론에 대한 이렇게 편협한 이해는 대중적으로 가장 잘 알려져 있는 비샤의 저작인 『생명과 죽음에 대한 생리학적 연구』의 최근 판에서 여러 생기적 속성에 대한 실험의 절차와 결과가 체계적으로 정리되어 있는 두 번째 장이 제외되어 있다는 사실을 통해 재확인된다(Bichat, 1981[1800]).

비샤가 생리학에서 실험 방법의 정당성에 제한을 둔 이유는 유기적 총체성(totalité organique)이란 유기체의 본질적인 특징 때문이었다. 캉귈렘도 유기체에서 "유기적 성분이 분리되지 않은 상태에서만 유기체의 구성 요소라고 말할 수 있다."(Canguilhem, 1994[1968]: 332)는 점을 강조하며, 아무리 살아 있는 상태를 유지시킬 수 있다고 하더라도 하나의 개체인 유기체에서 분리된 모든 기관, 장기, 조직, 세포는 개체와는 다른 규범을 따르는 독립된 요소임을 지적했다. 특히 캉귈렘이 생명 존재의 특징으로서 주목한 정상성(normalité)은 '총체로서의 개체'의 특성으로만 나타나고 구성 요소의 차원에서는 사라진다. 정상성은 기본적으로 물리학이나 화학에서는 매우 낯선 개념이고, 간혹 그것이 사용될 때도 평균치와 동의어로 사용되지 병리 상태와 구별하기 위해서는 결코 사용되지 않는다(Canguilhem, 1993[1977]: 137-138). 물론 정상성을 생명과학의 영역에만 한정해 사용한다고 해도 생명과학이 생명 존재의 물리화학적 토대를 거부하는 것은 결코 아니다. 유기체의 개체성은 종종 '생명과학과 실험의학의 장애물'이 되기도 하지만 생명과학과 실험의학의 가장 중요한 연구 과제임을 부정할 수는 없기 때문이다(Canguilhem, 1998[1952]: 158). 캉귈렘에 따르면 물리화학적 동물 실험의 중요성을 역설하던 클로드 베르나르조차도 "생명체 전체가 나타내는 속성 때문에 생명체에 대한 효과적인 실험의 가능성을 부정하는 조르주 퀴비에(Georges Cuvier)와 실험에 대한 생기론자의 여러 유보 조항을 암시하면서 (생명체에 대한 실험이) '일정 부분만 정당하다.'는 사실을 인정했다."고 한다(Canguilhem, 1994[1968]: 327).

클로드 베르나르는 물리화학적 환원론의 방법론을 생명 존재에 대한 연구에 적합하도록 변형시켜 생리학의 물리화학적 기초를 거부하지 않으면서도 생리학의 학문적 독자성을 구축하고자 노력했다. 이런 방식으로 클로드 베르나르는 데카르트의 기계론적 방법론에서 벗어나 생리학 고유의 방법론을 수립하고 동시에 생물학적 낭만주의로부터도 거리를 취하고자 했던 것이다. 생리적 기능이 기관의 물리적 구조와 화학적 작용에 의존해 있다는 것은 분명한 사실이지만, 생리적 기능이 해부학적 구조와 작용으로부터 상당히 자유롭게 제어될 수 있다는 것도 또한 무시할 수 없는 사실이었기 때문이다.

그런데 물리화학적 실험 방법론을 생명 존재에 효율적으로 적용하기 위해서는 생명과학이 생명 존재의 존재론적 의미에 대해 취하는 특정한 태도를 정당화해야 하는데, 클로드 베르나르는 이 태도를 정당화하는 윤리적 전제를 암묵적으로 수립했다. 이는 데카르트의 기계론이 노예를 도구처럼 취급하는 서양인의 태도를 암묵적으로 정당화했던 것과 마찬가지의 귀결이다. 캉길렘은 클로드 베르나르의 실험 방법론이 실험실에서 사용하는 기술의 단순한 지침을 넘어 실험실의 연구 윤리를 규정하는 이념이었고, 이런 점에서 『실험의학연구서설』은 생리학과 실험의학의 프로메테우스적 이념이라고 평가했다(Canguilhem, 1994[1968]: 154). 클로드 베르나르는 '인간이 실험과학의 도움을 적극적으로 받아 수많은 현상의 발명가와 창조의 진정한 제어자'(Bernard, 1984[1865]: 48)가 될 수 있다고 자신했다. 더 나아가 그는 인간이 실험과학의 발전을 통해 앞으로 얻게 될 자연에 대한 통제력에는 어떤 한계도 설정되어서는 안 된다고 주장하기도 했다. 캉길렘은 클로드 베르나르의 여러 주장을 고려했을 때 단순히 기술적 차원에서만 고려된 실험 방법조차도 과학이 생명체를 다루는 방식을 규정하는 특수한 철학, 즉 특정한 윤리학이 포함된 생명과학철학을 이미 상정하고 있다고 보았던 것이다(Canguilhem, 1994[1968]: 155). 요컨대 19세기 클로드 베르나르는 한편으로 18세기 몽펠리에학파의 많은 생기론자가 벗어나고자 했던 자연과 생명에 대한 인간의 지배라는 17세기 데카르트의 이념을 부활시키고 기계론적 생명관을 보다 강화하는 결과를 낳았다. 하지만 다른 한편으로 클로드 베르나르는 데카르트가 아리스토텔레스를 넘어서고자 했던 것처럼 '내부 환경(milieu intérieur)'과 같은 생리학의 혁신적인 개념을 통해 데카르트적 생명관을 넘어서고자 하는 시도를 끝까지 포기하지 않았다.

4. 생기론에 대한 이해

비샤는 『생명과 죽음에 대한 생리학적 연구』에서 물질이 생명적 속성은 간헐적으로만 누릴 수 있지만 물리적 속성은 지속적으로 유지한다고 기술하고는 『생리학과 의학에 적용된 일반 해부학(Anatomie générale, appliquée à la physiologie et à la médecine)』(Bichat, 1830[1801])에서 유기체를 연구하는 과학은 무기체를 연구하는 과학이 사용하는 것과는 다른 용어를 사용해야 함을 주장했다(Canguilhem, 1994[1968]: 157). 무기체의 과학에서 유기체의 과학으로 도입된 대부분의 용어는 유기체의 현상에 전혀 어울리지 않는 생각도 함께 도입하기 때문이다. 이런 이유에서 18세기는 자연학자, 생물학자, 생리학자, 의사, 철학자가 유기체의 전체를 구성하는 부분이 하나의 시스템을 수립해 기능적으로 통일성을 구현한다는 사실을 설명하기 위해 정신과학에서 생명과학에 도입한 '영혼(âme)' 개념과 의미론적으로 동의어이거나 아니면 적어도 그것의 대체물인 개념을 고안하려 했던 시대였다고 요약될 수 있는 것이다.

그런데 캉귈렘은 18세기 생기론이 물리화학적 법칙에서 예외적인 현상에 근거해 생명 존재의 독특성을 주장하고, 이 현상이 물리화학적 연구 성과에서 벗어난 섬(îlots)이라고 해석하는 것은 잘못이라고 지적하며, 클로드 베르나르처럼 비샤를 지목해 비판했다(Canguilhem, 1998[1952]: 95). 하지만 생기론에 대한 이런 뿌리 깊은 선입견은 비샤가 생명 존재를 어떻게 규정했는지를 직접 살펴보면 쉽게 해소될 수 있다. "유기체는 이 (물리화학적) 법칙을 준수하며 이에 더해 감수성(sensibilité)이나 운동성(motilité)과 같은 생기적 법칙(lois vitales)도 준수한다. 여기에는 물리적 법칙과 유기적 법칙 사이의 지속적인 노력과 투쟁이 존재한다. 쉼 없이 하나는 다른 하나를 변경한다."(Bichat, 1981[1911]: 298-299) 이처럼 비샤는 유기체를 특별한 존재로 대우했지만, 그렇다고 물리화학적 법칙에서 초월한 예외적 존재로 인정하지는 않았다. 유기체는 물질이라는 토대에 기초해 그것의 물질적 한계 속에서 정신의 원리와 유사한 기능을 구현하는 독특한 존재인 것이다. 물론 비샤는 물리화학적 법칙을 통해 유기체를 이해할 수 있는 가능성에 대해 명백히 회의적(sceptique)이었지만, 그렇다고 이 가능성 자체를 선험적으로 부정하는 불가지론자(agnostique)는 결코 아니었다. 따라서 비샤를 비롯해 보르뒤와 바르테즈(Paul-Joseph Barthez)와 같은 근대 생명과학적 생기론자가 실증적 생명과학의 대전제, 즉 "우리가 생명의 특수성을 인정한다면 생명체의 활동에서 생명의 물질성과 이에 대한 물질과학, 간단히 말해 과학 자체를 '인정'해야 한다."

(Canguilhem, 1998[1952]: 96)는 캉귀렘의 주장을 위배했다고 보기는 어렵다. 캉귀렘 스스로 인정했듯이 18세기 생기론자는 생명과학의 뉴튼주의자(newtoniens)였으며(Canguilhem, 1998[1952]: 156), 생기론자는 생명 현상의 원인에 대한 기존의 두 형이상학적 해석, 즉 아리스토텔레스의 범심론과 데카르트의 기계론을 거부하려 했을 뿐이고, 실증과학과 대립되는 비과학(non-science)이나 의사과학(pseudo-science)을 수립하려 했던 것이 아니었다.

따라서 생기론에 대한 캉귀렘의 다음과 같은 정의는 오해를 낳을 수 있다. "생기론자의 시선이 반기술적(antétechnologique), 반논리적(antélogique) 조망의 순수함(naïveté de vision)을 추구하는 것은 확실하다. 다시 말해 인간이 생명을 파악하고 생명과 화해하기 위해 생산한 기구인 '도구'와 '언어' 이전의 생명을 (생기론이) 추구한다."(Canguilhem, 1998[1952]: 91) 이론의 여지없이 생기론은 생명 존재를 올바로 이해하기 위해 기계론이나 물리화학적 환원론과는 다른 설명 모델이 요구된다는 과학적 통찰로부터 출발했다. 하지만 당시의 미약했던 과학적 도구와 방법으로 인해 생기론은 이 통찰을 물리화학적 증거에 기초해 입증하기가 어려웠다. 따라서 생기론이 모든 학문의 방법론적 기초인 도구와 언어를 거부하는 방식으로 생명의 고유성을 탐구했다는 견해는 실제로 생기론자가 수행한 연구와는 상당히 거리가 있는 피상적인 견해이다. 도구와 언어를 거부하는 것은 과학 이전에 학문 자체를 포기하는 태도인데, 생기론자는 이런 태도를 결코 취하지도 용납하지도 않았기 때문이다. 요컨대 생기론은 일종의 '대안적 기계론(mécanisme alternatif)'이었을 뿐이며, 그것의 대표적인 예가 바로 바르테즈의 철학적 생리학이다(한희진, 2010b).

실제로 17세기부터 19세기까지 프랑스 생명과학사를 살펴보면 생명 존재에 대한 인식에서 근대과학의 전형인 기계론과 물리화학적 환원론이 성공한 사례와 그렇지 않은 사례가 모두 발견된다. 이뿐만 아니라 역설적으로 한 학파나 한 학자의 이론 안에서 서로 대립하는 두 이론, 즉 기계론과 유기체론 또는 물리화학적 환원론과 생기론이 공존하는 사례도 많이 발견된다. 따라서 이런 사례에 해당하는 비샤, 보르뒤, 바르테즈의 생기론은 기계론이나 물리화학적 환원론을 완전히 배척한 이론이라고 규정될 수 없고, 마찬가지로 데카르트의 기계론과 클로드 베르나르의 물리화학적 환원론도 생기론과 전적으로 무관한 이론이라고 특징지어 질 수 없는 것이다. 오히려 비샤, 보르뒤, 바르테즈의 이론은 기계론적 생기론이나 물리화학적 생기론이라고 정의되고, 데카르트와 클로드 베르나르의 이론은 생기론적 기계론이나 생기론적 물리화학주의라고 규정되는 것이 가장 정확할 것이다. 이런 과학사적 사실로부터 캉길렘은 생명 존재 자체가 기계론적이고 물리화학적인 특성과 유기체론적이고 생리학적인 특성을 모두 갖고 있다는 사실을 확인했다. 다시 말해 생명체란 하나의 존재 안에 서로 대립하는 두 특성 또는 두 질서가 공존하고 또 조화를 이루기조차 한다는 점에서 생명 존재는 다른 존재와 확연히 구별되며 독립적인 존재의 고유성을 인정받을 수 있는 권리를 갖고 있다는 것이다.

5. 유기체론에 대한 이해

생기론은 흔히 유기체론과 유사한 입장으로 이해되기도 하는데 이는 크게 그릇되지 않은 이해이다. 몽펠리에 생기론학파의 선구자인 보르뒤와 바르테즈가 무엇보다도 주목했고 또 다양한 용어로 개념화하려 했던 유기체의 특성은 바로 유기체의 각 부분이 자율적으로 조화롭게 관계를 맺고 있는 현상이었다. 그들은 유기체가 무기체와 거의 다르지 않은 물질로 구성되어 있으므로 구성 물질이나 구조의 관점에서 유기체를 무기체와 차별화하기는 어렵다는 사실을 잘 알고 있었다. 그래서 그들은 유기체가 물질 존재임에도 불구하고 그것의 기능(fonction), 즉 그것의 작동 방식이 정신의 목적론적 원리와 유사하다는 사실에 근거해 유기체의 존재론적 고유성을 주장하고자 했다.

캉귈렘은 유기체에서 전체와 부분의 관계를 자주 분석하면서 유기체는 부분이란 표현 자체가 적합하지 않을 정도로 서로 통합되어 있고, 이런 의미에서 사실상 관계라는 표현도 적절하지 않다고 주장했다(Canguilhem, 1994[1968]: 363). 유기체라는 시스템에서 각 부분은 직접적으로 혹은 다른 부분을 매개로 해 서로를 지원함으로써 상호 호혜의 관계(rapports de réciprocité)를 유지하며, 이 때문에 유기체는 합계(addition)가 아니라 총체(totalité)라는 것이다(Canguilhem, 1998). 사실 이런 캉귈렘의 견해는 18세기 비샤의 통찰과 크게 다르지 않다. 즉 유기체에는 전체와 부분 사이에 간극 자체가 없으며, 전체는 모든 의사 부분(pseudo-partie)에 편재해 있다고 보는 것이 더 정확하다는 말이다. 설사 부분과 관계란 표현을 일종의 유비로 사용한다고 해도 한 부분은 다른 부분과 떨어져 있지 않은 관계에 있다고 표현해야 한다는 것이다.

캉귈렘에 따르면 18세기에 '조절 장치(régulateur)'란 용어와 병행해 여전히 사용되고 있던 데카르트의 '동물 기계(machine animale)'란 은유적 개념은 생명체의 고유한 특성을 표현하기에 충분하지 않았다. 이에 반해 '정치 경제(économie politique)'(1615)란 용어의 출현과 더불어 사용되기 시작한 '동물 경제(économie animale)'(1640)란 또 다른 은 유적 개념은 조직화된 몸 안에서 잘 조율된 구조와 기능의 관계를 제대로 존중하려는 의도에서 수립된 것이었다. 동물 경제는 인간 사회의 경제와 마찬가지로 전체의 안녕을 목적으로 하며, 각 구성 부분의 효과적인 소통을 전제한다(Canguilhem, 1993[1977]: 123).

물론 유기체가 사회처럼 하나의 조직화된 구조를 형성하고 있다고는 하지만, 그렇다고 유기체가 곧 사회인 것은 결코 아니다. 사회에서 조직화(organisation)는 단지 사회를 유지하기 위한 수단일 뿐이지만, 유기체에서 조직화는 바로 유기체 자체를 뜻하기 때문이다. 이런 관점에서 클로드 베르나르가 '후두(larynx)는 후두일 뿐이다.'란 동어반복으로 그것의 기능을 설명하고는 했듯이, 캉귈렘은 유기체의 설명 모델은 바로 유기체 그 자체일 수밖에 없다고 주장했다(Canguilhem, 1994[1968]: 333).

그런데 사회학과 경제학에서 유기적 관계를 설명하기 위해 사용된 다양한 개념은 18세기 몽펠리에 생기론학파의 생리학에서 기원했다. 예를 들어 19세기 초에 콩트는 사회학을 정초하기 위해 일종의 생물학적 철학(philosophie biologique)을 먼저 수립했는데, 이 철학은 퀴비에가 살아 있는 조직을 설명하기 위해 체계적으로 수립한 생물학의 기본 원리로부터 직접적인 영향을 받았다. 콩트는 『실증철학강의(Cours de philosophie positive)』(1830-1842)에서 "생명이란 개념이 조직이란 개념과 실제로 불가분하다."(Comte, 1998[1830-1842]: 685)는 사실을 감안해 "전체의 다른 여러 기능과의 주기적이고 지속적인 협력"(Comte, 1998[1830-1842]: 857)을 통한 모든 기능의 상호 '교감(consensus)'이란 개념으로 유기체를 정의했다. 여기에서 교감은 희랍어 'sympatheia'의 번역인데, 콩트는 각 부분의 상태와 작용이 민감한 교류를 통해 결정되는 '공감(sympathie)' 개념과 더불어 '공조(synergie)' 개념을 바르테즈로부터 차용했다. 바르테즈에 따르면 "생명의 보존은 기관 사이의 공조뿐만 아니라 유기체(전체)와 각 기관의 기능 사이의 공조에도 의존해 있다. 나는 '공조'라는 용어를 통해 다양한 기관에서 나타나는 힘의 동시적이거나 연속적인 작용의 '협력(concours)'을 지칭한다. 이 협력 속에서 각 기관의 작용은 그것의 조화와 차례의 질서에 따라 건강이나 특정 종류의 질병이 나타내는 기능의 고유한 모습을 규정한다." (Barthez, 1858[1778]: Vol. 1, 357) 콩트는 자신의 사회조직론에 이 '교감' 개념을 도입했고, 이 개념을 다시 다듬고 일반화해 사회 정역학(statique sociale) 연구에도 활용했다. 캉귈렘은 콩트가 식물에서 동물을 거쳐 인간에 이르기까지 그 효과가 점점 더 완전해지는 유기적 '교감'의 등급을 자신의 생물학적 철학에서 개괄함으로써 교감을 유기적 장치의 상관성(solidarité)이란 개념과도 동의어로 만들었다고 지적했다 (Canguilhem, 1998).

콩트와는 반대로 클로드 베르나르는 경제학과 정치학을 생리학에 도입해 인간의 기술을 모방한 아리스토텔레스와 데카르트의 설명 모델과는 완전히 다른 방식으로 생명체의 유기적 기능을 설명하고자 시도했다. 이때 클로드 베르나르는 콩트의 사회과학적 모델을 활용했는데, 역설적이게도 이 모델은 자신이 집요하게 비판했던 여러 생기론자로부터 깊은 영감을 받아 수립된 것이었다. 클로드 베르나르는 "유기체가 사회처럼 기초적인 생명이나 개별적인 생명이 존중받는 방식으로 구성되어 있다."(Bernard, 1966[1878]: 356-357)고 주장하며, 유기체란 잠재적으로 여러 독립적인 구성 요소가 제어되고 있는 총체성(totalité)이라고 정의했다. 이렇게 사회적 유형의 조직과 관계는 유기체의 각 구성 요소에게 독립된 삶을 허용하면서도 동시에 공동체적 삶을 유지하는 것을 가능하게 한다. 따라서 "만일 매 순간 서로 이웃한 부분의 작용이 주어진 특정 유기체에게 지속적으로 동일한 환경을 만들어준다면, 유기체는 '사회처럼 완전히 자유롭게 살 것'" (Bernard, 1966[1878]: 359-360)이라는 추측을 클로드 베르나르는 할 수 있었다.

이처럼 생리학에서 유기체를 이해하기 위해 경제학과 정치학의 설명 모델을 사용하면서 19세기 생명과학은 인간의 기술을 모델로 삼아 설명하지 못한 많은 현상을 이해할 수 있게 됐고 생명 존재의 고유성을 보다 실증적으로 인정할 수 있게 됐다. 특히 유기체에서 전체와 부분의 관계를 통합의 관계(relation d'intégration)로 이해함으로써, 다시 말해 각 부분을 하나의 부품이나 도구가 아니라 하나의 개체로 간주함으로써 신경생리학이 발달할 수 있는 계기도 마련됐다.

6. 맺음말

캉귀렘은 생명과학사와 철학사에 대한 엄밀한 고찰을 바탕으로 존재론에서뿐만 아니라 현대 생명과학에서도 생명 존재의 고유한 의미와 독립적인 위상이 보다 적극적으로 정당화되고 강화될 것이라고 예측했다. 예를 들어 20세기 생화학은 19세기 유기화학이 추구했던 목표, 즉 생명체와 비생명체의 차이를 모두 제거하려는 목표를 달성하기 위해 노력했지만, 본래 의도와는 정반대의 결과에 도달했다는 것이 캉귀렘의 진단이었다(Canguilhem, 1993[1977]: 134). 오늘날에도 18~19세기와 마찬가지로 생명 존재가 물질 존재와 달리 불안정한 동적 평형상태에 있는 시스템이라는 사실이 여전히 인정되고 있기 때문이다. 역설적이게도 생명과학이 그것의 연구 대상을 물리학과 화학에 완전히 인계하는 순간에 이 연구 대상의 고유성은 더 분명하게 확인되고 실증적으로 정초되고 있다. 달리 말해 기계론과 물리화학적 환원론의 관점에서 생명 존재를 연구할 때, 수많은 난점에 직면하고 기대하지 않은 연구 결과에 도달함에 따라 기계론이나 물리화학적 환원론의 관점이 내포한 근본적인 한계가 드러나고, 오히려 물질 존재와 명확히 구별되는 생명 존재의 고유한 특징이 실험적으로 밝혀진다는 것이다. 무엇보다도 생명 존재의 자기 조절 능력과 항상성(homéostasie)은 환경에 의존하는 유기체의 개방 시스템이 누리는 상대적으로 자율적인 기능이며, 이 기능 덕분에 유기체는 실험실의 연구 대상이 되어서도 마멸(usure)과 분해, 그리고 무질서를 지연시키면서 이에 저항한다는 말이다. 결국 물리화학의 인식론적 한계가 세계를 구성하는 독자적인 존재로서 생명 존재를 인정하라는 존재론적 요구를 강화하고 있다.

'생명' 개념의 존재론적 의미를 분석하면서 캉귈렘이 무엇보다도 강조하고자 했던 것은 생명 존재가 환원 불가능한 '가치(valeur)'를 지닌 존재이며, 이를 탐구하는 생명과학의 인식론적 근거가 특정한 가치를 인정하고 전제하는 '가치론적(axiologique)이고 규범적인(normatif) 태도'에 있다는 사실이다. 바로 이런 가치와 가치론적 태도가 물질 존재와 물질과학으로부터 생명 존재와 생명과학을 차별화시키는 결정적인 차이인 것이다. 다시 말해 물질과학은 일반성의 수립을 목표로 설정하고 물질의 물리화학적 특성과 법칙을 일반화하는 과제에 몰두하는 데 반해, 생명과학은 생명 존재나 인간 개체의 개체화에 주목하고 개체성을 집중적으로 탐구해 개체성의 가치를 복원하고자 한다는 것이다. 캉귈렘은 물질과학이 일반성과 필연성을 추구하기 때문에 구체적인 현실 속에서 예외적으로 발생하는 현상이나 대상의 가치를 무시하고 이런 현상과 대상을 소외시켜왔다고 비판했다. 예를 들어 물리화학은 개체(individu)와 전형(type)의 관계 또는 개별자와 보편자의 관계에서 보편성과 필연성을 담보해줄 수 있는 전형과 보편자에만 몰두했고, 그렇게 함으로써 실재 세계에 진정으로 현존하는 개체와 개별성을 망각했다는 것이다.

문제는 임상의학에서 의사가 상대하는 환자와 같이 구체적인 현실 속에서 존재하는 인간은 인간 전형이 아니라 인간 개체라는 사실이다. 물리화학이 생명 존재 일반이나 인간 전형을 연구해 축적한 보편적인 앎은 바로 이 순간 여기에 현존하는 구체적인 생명 존재나 인간 개체에 대해서는 무용하고 무기력한 지식일 뿐이다. 캉귈렘은 추상화되지 않은 생명 존재와 인간 개체에게 도움이 되는 방향으로 과학이 발전해야 한다고 믿었다. 그래서 그는 적어도 생명과학이 구체적인 현실 속에서 현존하는 예외(exception), 이상(anomalie), 소수자(minorité)의 존재론적 의미와 위상을 복원해야 한다고 주장했던 것이다. 이런 의미에서 캉귈렘의 생명과학철학과 의철학(philosophie des sciences de la vie et de la santé)은 생명과학사와 의학사에 근거한 '실존주의'라고 규정될 수도 있다. 그는 실재하는 세계에서 현존하는 것은 오직 개체뿐이며, 개체성이 너무 발달했다는 이유에서 지금까지 물질과학이 소외시켜온 독특한 존재 방식, 예를 들어 기형, 괴물, 비정상, 이상, 일탈 등에 주목하고, 이렇게 다양한 존재 자체를 존중하라고 요구했기 때문이다.

결론적으로 말해 캉귈렘은 보편자, 종, 류, 법칙을 추구하는 존재론이 아니라 개별자, 개체, 예외, 이상, 소수자를 존중하는 존재론, 즉 '개체주의적 존재론(ontologie individualiste)'을 수립했고, 생명 존재와 생명과학에 특권적 의미와 위상을 부여하는 '지역주의적 인식론'을 고수했다고 볼 수 있다. 그리고 생명과학사와 의학사에 대한 자세한 검토를 통해 캉길렘의 생명과학철학과 의철학이 궁극적으로 추구했던 목표는 개체의 참된 위상과 정당한 권리를 복원하는 것이었다고 말할 수 있겠다.

참고 문헌

한희진, 2010a, 「프랑스 생명과학철학의 전통과 정상성(normalité)의 문제」, 『철학과 현실』 84, 133-144.

한희진, 2010b, 「폴-조제프 바르테즈(1734~1806)의 생기론」, 『의사학』 19(1): 157-188.

한희진, 2012, 「조르주 캉길렘(1904~1995)의 생명 존재에 대한 이해」, 『철학연구』 96: 153-179.

Aristote, 2006[1883], *Histoire des animaux* (3 Vols.), Traduite en français et accompagnée de notes perpétuelles par J. Barthélemy-Saint Hilaire, Paris: Hachette; Reproduction en fac-similé, Boston: Adamant Media.

Aristote, 2006[1885], *Traités des parties des animaux et de la marche des animaux* (2 Vols.), Traduits en français pour la première fois et accompagnés de notes perpétuelles par J. Barthélemy-Saint Hilaire, Paris: Hachette; Reproduction en fac-similé, Boston: Adamant Media.

Barthez, Paul-Joseph, 1858[1778], *Nouveaux éléments de la science de l'homme* (2 Vols.), 3e édition augmentée et revue par M. E. Barthez, Paris: Germer Baillière.

Bernard, Claude, 1857, *Leçons sur les effets des substances toxiques et médicamenteuses*, Paris: J.-B. Baillière.

Bernard, Claude, 1966[1878], *Leçons sur les phénomènes de la vie communs aux animaux et aux végétaux*, Préface par Georges Canguilhem, Paris: Vrin.

Bernard, Claude, 1984[1865], *Introduction à l'étude de la médecine expérimentale*, Chronologie et Préface par François Dagognet, Paris: Flammarion[끌로드 베르나

르, 『실험의학방법론』, 유석진 옮김, 서울: 대광문화사, 1985].

Bernard, Claude, 1987[1947], *Principes de médecine expérimentale*, Avant-Propos de Léon Binet, Introduction et notes par Léon Delhoume, Paris: PUF7[끌로드 베르나르, 『실험의학의 원리』, 이영택 옮김, 서울: 한국번역도서, 1958].

Bichat, Xavier, 1830[1801], *Anatomie générale, appliquée à la physiologie et à la médecine* (4 Vols.), Nouvelle édition contenant les additions précédemment publiées par Pierre Auguste Béclard, et augmentée d'un grand nombre de notes nouvelles par Philippe Frédéric Blandin, Paris: Chaudé.

Bichat, Xavier, 1981[1800], *Recherches physiologiques sur la vie et la mort*, Reproduction en fac-similé de l'édition de Paris: A. Delahays, 1855, avec les notes de François Magendie, Paris: Vrin.

Bichat, Xavier, 1981[1911], "Discours sur l'étude de la physiologie", Publié par A. Arène, *Archives d'anthropologie criminelle et de médecine légale*, oct.-nov. 1911; Reproduit dans Bichat, Xavier, 1800, *Recherches physiologiques sur la vie et la mort*, Paris: Vrin.

Canguilhem, Georges, 1993[1977], *Idéologie et rationalité dans l'histoire des sciences de la vie: Nouvelles études d'histoire et de philosophie des sciences*, 2e édition revue et corrigée, Paris: Vrin[조르주 깡귀엠, 『생명과학의 역사에 나타난 이데올로기와 합리성』, 여인석 옮김, 서울: 아카넷, 2010].

Canguilhem, Georges, 1994[1968], *Études d'histoire et de philosophie des sciences concernant les vivants et la vie*, Paris: Vrin.

Canguilhem, Georges, 1998[1943], *Essai sur quelques problèmes concernant le normal et le pathologique*, Clermont-Ferrand: Impr. La Montagne; Nouvelle édition, *Le normal et le pathologique*, Paris: PUF, 1966; 7e édition, 1998[조르쥬 깡길렘, 『정상적인 것과 병리적인 것』, 여인석 옮김, 서울: 인간사랑, 1996].

Canguilhem, Georges, 1998[1952], *La connaissance de la vie*, Paris: Vrin.

Canguilhem, Georges, 1998, "Vie", in *Encyclopædia Universalis* (CD-Rom), version 4.0.

Canguilhem, Georges et François Dagognet, 1967, "Le vivant (Emission du mardi 20 février 1968)", *Revue de l'enseignement philosophique* 2: 65-72.

Comte, Auguste, 1998[1830-1842], *Cours de philosophie positive I*, Nouvelle édition revue et corrigée, Leçons 1 à 45, regroupant les tomes 1, 2, 3 de l'édition originale, avec présentation et notes par Michel Serres, François Dagognet, Allal

Sinaceur, Paris: Hermann.

Comte, Auguste, 1998[1848], *Discours sur l'ensemble du positivisme*, Paris: L. Mathias, Carilian-Goeury, Victor Dalmont; Nouvelle édition, Paris: Flammarion[오귀스트 콩트, 『실증주의 서설』, 김점석 옮김, 서울: 한길사, 2001].

Descartes, René, 1964-1974[1897-1913], *Œuvres* (13 Vols.), Édition de Charles Adam et Paul Tannery, Nouvelle édition complétée (11 Vols.), Paris: Vrin.

Lamarck, Jean-Baptiste de, 1802, *Hydrogéologie ou recherches sur l'influence qu'ont les eaux sur la surface du globe terrestre par J.-B. Lamarck*, Paris: J.-B. Lamarck; Paris: Henri Agasse; Paris: Maillard[장 바티스트 드 라마르크, 『동물 철학』, 이정희 옮김, 서울: 지식을 만드는 지식, 2009].

Pichot, André, 1993, *Histoire de la notion de vie*, Paris: Gallimard.

Roger, Jacques, 1993[1971], *Les sciences de la vie dans la pensée française du XVIIIe siècle: La génération des animaux de Descartes à l'Encyclopédie*, Nouvelle édition, Paris: Albin Michel.

하이데거의 존재론적 진리 개념

김종엽

1. 여는 글

"Quod est Veritas?" 진리란 무엇인가? 지금으로부터 2000년 전 빌라도가 예수에게 던졌던 유명한 질문이다. 이 단 하나의 질문으로 그는 인류 역사라는 무대에서 가장 악명 높은 조연으로 자신의 이름을 알릴 수 있었다. 시시때때로 자신을 길이요, 진리이자 생명으로 묘사하며 신성모독으로 일관했던 예수에게 빌라도는 진리에 대해서 물었다. 빌라도는 자신의 물음을 통해 무엇을 기대하였던 것일까? 여러 가지 정황에 비춰봤을 때, 빌라도가 예수로부터 애써 삶의 지혜를 구했다고 보기는 매우 힘들다. 얼핏 무언가를 깨달은 것처럼 보이는 비천한 자가 목숨까지 버려가며 지키려는 진리라는 것에 대해 형식적 호기심을 표했을 뿐이다.

행여 빌라도는 신념으로 무장한 한 지식인에게 최소한의 예의를 표한 것일 수도 있다. 질문에 내포된 의도를 알았기에 예수는 침묵으로 응답하였고, 결과적으로 그는 십자가에 처형되는 비참한 운명을 맞이하게 된다. 만약 빌라도가 조금이라도 진심을 담아 예수와 대화를 하려고 했더라면 어땠을까? 역사적 사실을 평가하는 데 있어서 '만약……'이라는 가정법을 사용해서는 안 된다고 한다. 하지만 예외가 없는 것은 아니다. 이 경우가 그렇다. 빌라도가 자신에게 부여된 시대적 역할에서 보다 신중한 태도를 견지했더라면, 기독교의 역사는 분명 상당히 달라졌을 것이다. 최소한 진리와 관련된 오늘날의 참담한 종교적 왜곡만큼은 피할 수 있었을 것이다.

진리란 과연 무엇일까? 동서고금을 막론하고 이 질문만큼 숱한 논란을 뿌린 질문도 드물 것이다. 진리라는 단어가 태초의 비밀을 지닌 채 숱한 정신의 왕자들을 매료시키는 동안, 그것은 우리에게 불변의 보편적 이치나 질서로 구전되었다. 진리란 늘 있는 것이자 있어야 할 참된 것의 정수였다. 진리는 항상 선이며, 선은 반드시 승리한다는 공리도 관성적으로 굳어져 정신사에 이어져 내려온 이러한 과거의 흔적들이다. 진리란 초월이며, 대상이 근접할 수 없는 무한한 지평이기도 하다. 그런데 잠시 고개를 들고 생각해보자. 영원불변하는 그 무엇이 과연 존재할 수 있는 것일까?

강력한 종교적 방부제로 처리되지 않았다면, 오늘날까지도 그 원형이 고스란히 유지되는 만고의 진리는 거의 남아 있지 않다. 엄격한 객관성을 유지하고 있다고 여겨지는 과학적 사실도 예외는 아니다. 그 이유는 과거에 진리라고 여겨졌던 대부분의 학문적 지식(episteme)이 여전히 증명되지 않은 전제 위에 서 있거나, 일정한 시간적·공간적 맥락에 한정된 정신의 부산물들이기 때문이다. 검증 가능성을 무기로 막강한 인식의 틀을 구축한 실증 학문의 빛나는(?) 성과도 개연성을 바탕으로 하기는 마찬가지다.

시공간적으로 제한된 정신적 산물은 비판적 정신으로 무장한 현대인들에게 쉽게 그 실체가 폭로될 수 있다. 해체라는 단어가 시대정신으로 굳어진 데에는 다 그럴 만한 이유가 있다. 그렇다면 결국 진리란 개인 혹은 일정한 사회집단의 신념에 따라 달라지는 상대적 개념인 것일까? 만약 이 가정에 동의할 수 있다면, 이 주제를 이론적으로 다루는 우리는 비교적 가벼운 마음으로 출발할 수 있을 것 같다. 그런데 유감스럽게도 진리는 그렇게 쉽게 요리될 수 있는 주관적 믿음이 아니다. 진리는 인류의 역사만큼이나 유구한 역사를 자랑하기도 하거니와, 시간과 공간을 통과하며 대단히 많은 의미가 층층이 퇴적되어 왔다. 우리의 고민은 여기에서 시작한다.

2. 진리의 진위(眞僞)와 삶

진리란 무엇일까? 인류의 지성사를 뒤져 이론적으로 답변을 찾기보다, 먼저 역사적 경험에서 유래하는 우리의 일반적 견해부터 점검해보자. 우리는 진리라는 개념과 깊은 관련을 맺었던 정신적 스승들을 기억한다. 그런데 그들의 얼굴에서 이론들을 떠올리지는 않는다. 오히려 진리를 지키기 위해 자신을 기꺼이 내던졌던 삶의 정열을 더 높이 사고 있는지도 모른다. '악법도 법이다.'라며 기꺼이 독배를 들었던 소크라테스의 행위는 언제나 진리의 상징이었다. 예수에게 십자가의 길이 없었다면 어떨까? 상상하기도 힘들다. 중세의 종말을 결정지었던 브루노의 화형은 기독교에 새로운 해석의 길을 열어주었다. 진리 옆에는 늘 죽음이 그림자처럼 따라다녔다.

이러한 일[브루노의 재판]이 진행되는 동안 그[브루노]는 단지 "선고를 받는 나보다 선고를 내리는 당신들의 두려움이 더 클 것이요."라는 말만을 했을 뿐이라오. 이렇게 행정장관의 통제하에 있는 간수에 의해 감옥으로 끌려간 그에게 그가 자신의 잘못을 철회하기를 바라는 경우가 있을지도 모른다는 기대 속에서 2주일간의 유예기간이 허용되었으나 그것도 허사로 돌아가고 말아 드디어 오늘 그는 화형주에 이끌려 나오기에 이르렀다오. 그가 죽음에 직면할 순간에 그에게 십자가에 못 박혀 돌아가신 우리 주 예수의 조각상을 보여주었을 때, 그는 고개를 돌리고 음울하게 그것에 대한 거부반응을 나타냈다오. 아주 불행하게 그는 그렇게 죽었으며 내가 생각하기로는 로마의 사람들이 불경스러운 신성모독 자들을 항상 처리하였던 방식에 따라서 그가 생각했던 저 다른 세계로 떠나갔다오(엥겔, 1998: 304에서 재인용).

편지 형식으로 기록된 브루노의 최후의 장면으로, 누군가가 자신의 전부를 던질 때 비로소 진리는 온전한 모습으로 자신을 드러낸다는 점을 보여준다. 이렇게 보면 진리란 개인의 양심과도 깊은 연관을 맺고 있는 듯하다. 정치적 신념을 지키 기 위해 부귀영화를 걷어찼던 포은(圃隱) 정몽주나 사지가 찢기는 고통 속에서도 자신을 지켜냈던 사육신의 충절이 오늘날 우리의 마음에 강렬한 흔적을 남기는 이유가 여기에 있다. 그들이 삶을 통해 뿜어내는 기(氣)에 눌려 우리는 감히 옳고 그름을 따지지 못하는 것이다.

하지만 삶의 정열을 과감히 '괄호 치고' 사태를 '있는 그대로의 모습'으로 관찰해보면 사정이 다소 달라진다. 엄밀한 의미에서 죽음을 불사하였던 누군가의 양심과 신념이 반드시 진리와 일치한다고 볼 수는 없는 것이다. 국가와 민족을 위해 초개(草芥)처럼 목숨을 던지는 애국자의 신념은 우리를 늘 감동시킨다. 하지만 이 또한 주관적으로 한계가 드러나는 시대적 정치인식에 불과할 수 있다. 오히려 우리는 세계시민의 일원으로서 더 큰 정의를 꿈꿔야 하는 것은 아닐까?

경우에 따라서는 숱한 세월을 견디며 얽혀 있는 만수산의 드렁칡이 '있는 그대로의 현실'에 더 부합하는지도 모른다. '이런들 어떠하며, 저런들 어떠하리.'라고 노래했던 이방원의 현실에 대한 인식은 그의 무자비한 정치적 행보 때문에 늘 비난의 대상이 된다. 그럼에도 인식론적으로 본다면, 그리 불편해 보이는 인생관은 아니다. '도가도 비상도(道可道 非常道)'라 했던가? 진리를 붙잡으려고 손을 내밀면, 그만큼 진리는 멀어질 뿐이다. 허공의 메아리로 사라져버린다는 것이다. 언어와 생각의 무상(無償)함을 지적하고 있다. 너도 나도 진리라는 이름으로 등장하였지만, 실은 형용할 수 없는 폭력과 비극만을 동반하였던 형이상학의 역사를 떠올려본다면, 현실 앞에서 이렇게 유연한 태도를 견지하는 것은 오히려 현명해 보이기까지 한다.

삶 앞에서 유연함을 견지하는 것은 현실 앞에 머리를 숙이는 것과는 다소 차이가 있다. 불이익을 피하기 위해 권력 앞에 몸을 사리는 것은 유연함이 아니다. 오히려 그것은 비겁함에 가까울 것이다. 과함과 부족함 사이에서 중용의 덕을 세웠던 아리스토텔레스의 실천적 지혜(phronesis)가 우리의 논점에 그래도 어울리는 듯하다. 물론 이것을 인식론적으로 설명하는 것은 성공할 수 없는 프로젝트이다. 우리의 오관이 진리의 문제를 이론적으로 받아들이기보다는 실천적으로 더 가깝게 느끼기 때문이다. 실천적 지혜란 인식론으로 재단될 수 없는 삶의 지평에 놓여 있다. 니체가 지혜를 이론이 아닌 의지의 영역에서 추구한 것은 언어로 표현될 수 없는 것을 언어로 이해해보려는 최후의 형이상학적 시도였을 것이다.

니체는 삶의 과정을 낙타, 사자, 그리고 아이의 단계로 구분하여 설명한다. 이를 통해 그는 인류의 역사 과정을 나름대로 재단한다. 고대를 거쳐 서양의 중세는 신의 창조론이 위력을 발휘하던 시대였다. 신의 섭리를 아는 것과 그를 위해 사는 것은 삶의 최고의 가치로 간주되었다. 당대 최고의 학자였던 아퀴나스도 '신법'을 최우선의 법으로 여긴 것을 보면, 그 시대의 가치는 누구도 비껴갈 수 없는 최고선이었을 것이다. 니체는 인간의 삶에 미리 부여된 이러한 현실과 그것을 묵묵히 짊어지고 걸어가는 우직함을 낙타의 삶을 통해 표현하고 있다. 짐을 이고 사막의 한가운데를 건너는 한 마리의 낙타처럼, 인생도 지고한 인내로 풀어가야만 하는 신의 과제였던 것이다.

하지만 실증 학문은 약진을 거듭함에 따라 신격화된 자연으로부터의 분리를 선언하게 된다. 바야흐로 신의 죽음이 선언된 것이다. 그 빈자리를 모든 가치판단의 척도인 이성적 인간이 메우게 된다. 이를 니체는 사자의 삶을 통해 상징적으로 묘사해낸다. 사자는 자신 앞에 놓인 부당한 현실을 합리성을 근거로 거부하고 저항할 수 있는 존재의 상징이다. 젊은 시절 자신의 초상을 그리듯, 니체는 인류 역사와 자신의 젊음을 그렇게 이해했던 것이다.

그러나 사자의 날카로운 발톱도 시간의 잔혹함을 넘어서지는 못한다. 젊은 사자에 쫓겨 벼랑 끝에 서 있는 자신을 보기까지 그리 오랜 시간을 기다릴 필요가 없다. 삶을 위한 자연적 투쟁이란 그 종말이 늘 이렇다. 자연은 살아 있는 모든 것에게 종국에는 생의 허무함을 던져줄 뿐이다. 삶을 위한 투쟁의 끝에 찾아오는 자연적 소멸 앞에서 인간은 허무주의에 빠질 수밖에 없는 것이다. 단지 그뿐일까? 중년을 지나며 삶을 반성할 수 있는 단계에 접어들 때쯤, 불현듯 우리는 새로운 가치를 창조하는 것이 종종 또 다른 삶의 질곡으로 이어진다는 사실을 깨닫게 된다. 이쯤 되면 우리는 니체가 아이의 삶을 통해 무엇을 말하고자 했는지를 직감할 수 있게 된다. 티핑 포인트는 유희이다.

우리가 삶을 통해 만나는 세계는, 이론적 이성이 종종 우리에게 전해주듯, 단색으로 지각되는 것이 아니다. 우리가 흔히 말하는 기쁨과 슬픔, 절망과 희망이라는 이분법은 세계를 바라보는 우리의 인위적 구분에 불과하다. 질투, 부러움, 용서, 자만, 우울, 편안함, 부정, 초월 등등 나와 세계를 연결시켜주는 통로는 무수히 많다. 이러한 감정의 다양성이 우리의 삶을 마냥 복잡하게 만드는 것만은 아니다. 오히려 우리의 삶이 다채롭게 구성됨으로써 우리 모두는 자신만의 세계를 펼칠 수 있다. 아이의 삶을 보자. 아이는 본능적으로 삶을 받아들이며 그 속에서 드러나는 자신을 즐긴다. 낙타와 사자로 표상되는 삶의 단계에서 나는 관습적으로 나와 세계를 인위적으로 구분 짓고 그 속에서 자신을 지각하는 데 익숙하다. 아이는 있는 그대로의 세계를 사랑함으로써 자신을 드러낸다. 니체는 이것을 삶의 유희라고 불렀던 것이다. 인위적으로 구분하지 않으면서, 나와 세계를 '있는 그대로의 모습'으로 드러내는 것은 이론적 추론을 통해서 가능한 것이 아니다. 진리를 추구했던 정신의 왕자들은 한목소리로 진리란 이론적 성과가 아니라, 삶의 태도와 깊은 연관이 있음을 강조한다.

생각해보면, 빌라도가 진리에 관심이 없었던 것은 아니었다. 자신이 서 있는 삶의 지평이 진리에서 벗어나 있다고 생각하는 사람은 아무도 없다. 우리 모두는 무의식적으로 자신을 진리의 지평 위에 옮겨다놓는 것이다. 파렴치한 강도조차도 스스로 부당하다고 느끼며 강도 행각을 벌이지는 않는다. 의식적이든 무의식적이든 자기 정당화가 없는 행위는 자기 분열로 이어지기 때문이다.

문제는 누가 어떠한 삶의 맥락에서 진리를 품을 수 있느냐일 것이다. 빌라도가 놓여 있던 삶의 지평은 예수의 그것과는 전혀 다른 종류의 것이었다. 빌라도가 예수의 삶을 이해하지 못했고, 이해할 수도 없었을 것이라는 점은 지극히 자연스러워 보인다. 이렇게 우리는 진리의 문제를 우리 자신이 관련을 맺는 삶의 지평에서 논하게 되었다. 이것이 도대체 무슨 말인가? 우리는 이제 하이데거의 진리 개념을 분석하며 이 질문에 답변해보고자 한다.

3. 삶의 한가운데서 열리는 진리

하이데거의 진리관이 가장 체계적으로 드러난 곳은 그의 주저 『존재와 시간(Sein und Zeit)』이다. 철학사에 진리와 관련된 자신의 발자취를 남기기까지, 하이데거는 거친 밀림에서 자신의 길을 개척해야만 했다. 이 표현은 단순히 수사학적 의미를 넘어서, 하이데거의 진리 개념을 이해하는 데 있어서 결정적이다. 그에게 있어서 진리란 개별 실존이 자신만의 삶의 길을 걸어갈 때 비로소 드러나기 때문이다. 이해하기 어려우며 상당한 논리적 비약까지 포함되어 있지만, 걱정할 필요는 없다. 하이데거의 사유를 충실히 쫓아가다 보면, 진리의 드러남이란 언젠가 우리가 자연스럽게 도착하게 될 종착역이기 때문이다.

하이데거는 자신이 생각하는 진리의 문제를 기술하기 위해 철학사를 통해 이미 우리에게 알려진 길들을 철저하게 피해 간다. 철학사가 진리에 대해 우리에게 알려주는 바는 무엇인가? 앞서 언급하였듯, 진리는 전통적으로 초월의 영역을 대변하고 있다. 무한하며 불변한다. 진리가 사물의 본질을 의미하며 인간의 정신을 유혹하는 동안, 진리를 제일 주제로 삼았던 형이상학은 어느 철학 분과도 넘볼 수 없는 화려한 전성기를 구가한다. 철학은 자신의 첫 번째 과제로 형이상학을 출발시키며, 종국에 그것으로 되돌아간다는 하이데거의 주장은 인간 정신에 숙명처럼 붙어 있는 본질에 대한 향수를 대변하는 것이다.

문제는 그 이름도 찬란한 형이상학의 역사가 어떠한 성격을 지니고 있느냐이다. 하이데거는 형이상학이 역사에 남긴 진리추구의 발자취를 부정하지 않는다. 그러나 형이상학이 진리의 이름으로 누구보다 진리를 왜곡하는 데 앞장서왔다고 평가한다. 본질에 대한 형이상학의 유구한 역사만큼이나 다양한 사색은 초월의 영역을 우리에게 보여준 것이 아니라, 단지 상이한 대상적 속성들을 그 위에 덧씌웠을 뿐이라는 것이다. 형이상학의 역사란 착각의 역사였다는 주장이 하이데거의 논점이다. 존재의 본질을 추구해야 할 과제를 안고 탄생한 형이상학이 대상이라는 존재자의 모습에 현혹되어 그만 본질을 망각해버렸다는 것이다.

존재를 존재자로 혼동하는 이러한 오해는 대체 어떻게 발생할 수 있었을까? 이 질문에 대한 하이데거의 답변은 대단히 난해하다. 더욱이 그는 존재를 둘러싼 자신의 사유에 있어서 일관성을 견지하지 못했다고 비판받기도 한다. 그럼에도 하이데거가 마지막까지 손에서 놓지 않았던 분명한 진실이 있다. 그것이 바로 진리를 이론적 인식의 영역에서 빼내어, 인간적 삶의 한가운데서 이해하려는 실천적 태도이다. 이를 염두에 두고 『존재와 시간』에 등장하는 논점을 하나하나 짚어보자.

하이데거는 먼저 형이상학의 결정적 결함을 지적한다. 형이상학이 초월이라는 존재의 본질을 번번이 놓칠 수밖에 없었던 결정적인 원인은 존재를 앎의 영역인 인식론에 묶어두려는 태도에 있다는 것이다. 인식론의 가장 일반적인 형태는 대응이론(correspondence theory)이다. 대응이론이란 인식주체의 판단과 존재의 사태가 일치할 때 진리가 발생한다는 전통적인 진리이론이다. 전통적인만큼 가장 강력한 이론으로 오늘날까지도 막대한 영향력을 행사하고 있다. 현대 언어철학의 대부 격인 비트겐슈타인의 그림이론도 큰 틀에서 보면 대응이론의 지류이다. 우리가 사용하는 모든 단어는 누구나가 공통적으로 볼 수 있는 실재 세계와 논리적으로 정확하게 일치한다는 것이 그의 중론이다. 문장을 구성하는 문법의 체계는 곧 사실세계에 대한 이미지가 된다. 문장의 의미는 곧 실재를 있는 그대로 묘사한 그림이라는 것이다.

대응이론은 애초부터 형이상학이 상정했던 초월적 본질 추구와는 거리가 멀다. 그 이유는 자명하다. 인간의 이성을 한 줄기 빛처럼 사물을 관통하는 신적 본질로 여길 만큼 현대인이 어리석지는 않기 때문이다. 이성 또한 시공간에 의해 제약되는 지극히 인간적인 것이다.

그럼에도 하이데거는 전통적인 진리이론에 정면으로 도전할 만큼 무모하지는 않다. 그는 가장 안전한 우회로를 전술적으로 선택한다. 그는 철학사에서 주춧돌로 간주되는 이성(λόγος)의 본래적 의미를 되짚어본다. 일반적인 이해에 비춰본다면, 이성이란 존재자를 '있는 그대로의 모습'으로 파악할 수 있는 인간의 정신적 능력이다. 어떠한 진술이 진리라는 것은, 그것이 존재자를 있는 그대로의 모습으로 발견한다는 뜻이겠다. 하이데거는 이 의미를 다소 자신만의 방식으로 재구성한다. 진리가 진술하는 바는, 그것이 존재자를 자신의 발견됨 속에서 보게 함을 의미한다는 것이다. 전통적인 진리이론에 '발견' 혹은 '발견됨'이라는 독특한 단어를 첨부한 것이다(Heidegger, 1993: 218).

다소 불필요해 보이는 언어의 재배열 같지만, 하이데거에게는 나름대로의 근거가 있다. 하이데거의 의도는 개별적 사실들이 인식주관에게 정확하게 표상되는 것을 진리라고 여겼던 전통적인 대응이론을 애초부터 거부하는 것이 아니다. 오히려 더 지능적이다. 하이데거의 주장에 따르면, 전통적인 대응이론은 자신이 애초에 설정했던 목표지점에 단 한 번도 도달한 적이 없다. 그 이유는 전통적인 대응이론이 진리라는 개념에 담긴 두 가지 사실, 즉 존재자가 있는 그대로의 모습으로 드러난다는 사실과 인간의 이성이 그것을 정확하게 반영한다는 사실을 직시하지도, 양자의 연관성을 정확하게 해명하지도 못하였기 때문이다.

이 두 사실은 얼핏 서로 이질적인 것처럼 보이지만, 하이데거에 있어서는 진리라는 도형을 상이한 각도에서 바라봄으로써 발생한 스펙트럼 효과에 불과하다. 존재자가 자신을 있는 그대로의 모습으로 드러낸다는 것은, 다른 편에서는 존재자가 의식에 의해 발견된다는 것이다. 존재자가 드러난다는 말은 그것이 이성에 의해 지각된다는 사실을 전제하고 있다. 이는 인간의 이성이 존재자를 발견할 수도 혹은 은폐할 수도 있다는 것을 정확하게 암시하고 있다.

이와 같은 논의는 모종의 오해를 불러올 수 있다. 이성이 존재자를 발견할 수도 은폐할 수도 있는 열쇠를 쥐고 있다면, 행여 하이데거는 진리의 문제를 이성의 특권으로 간주하고 있는 것은 아닐까? 그러나 '발견'이라는 단어는 단순히 이성의 자발성만을 지시하지는 않는다. 오히려 존재자가 자신의 감춰짐 혹은 덮여짐으로부터 자신을 스스로 끄집어내는 것을 의미할 수도 있다(Heidegger, 1993: 36). 우리는 하이데거가 사용하는 '발견'이라는 개념에 내포된 두 가지 의미를 정리해볼 수 있겠다. 한편에는 존재자가 수면 아래로부터 떠올라 자신을 있는 그대로의 방식으로 드러내는 과정이 있으며, 다른 편에는 존재자의 드러남이 이성에 의해 발견되는 과정이 있다. 그리고 이 양자는 정확하게 동시에 발생할 수 있다. 그것도 현존재가 자신과 맺는 관계를 통해서 말이다. 현존재의 존재론적 분석이 하이데거의 진리 개념에 필수불가결한 이유가 여기에 있다.

하이데거의 이러한 시도는 철학사적으로도 의미가 있다. 경험론적 전통이 진리를 추구하며 지나치게 인식 대상에 의존하였고, 합리론적 전통은 인간이 지니는 이성을 지나치게 과대평가하였다면, 하이데거는 그 사이를 절묘하게 줄타기하는 듯 보인다. 그러나 여기에도 역시 오해의 소지가 있다. 하이데거의 진리와 관련된 사유를 대상과 주관 사이의 인식론적 중용으로 간주해버릴 수 있기 때문이다. 하이데거의 진리 개념은 인식론의 한 분야로 수렴될 수 없다. 그 이유는 무엇일까?

하이데거라는 이름을 상징하는 '현존재(Dasein)'에 그 비밀이 숨겨져 있다. '거기 있음'이라는 일상어로 번역될 수 있는 현존재라는 개념은 하이데거를 철학사에 등재시킨 일등공신이다. 그러나 언어의 생소함으로 인해 하이데거의 철학에 대한 일반인의 접근을 일찌감치 막아서기도 한다. 우리가 이론적 논의의 틀 안에서 그것을 이해하려고 한다면, 문제는 더욱 복잡하게 꼬일 것이다. 하이데거가 여기서 독자들에게 요구하는 것은 철학사에 대한 걸출한 지식이 아니다. 하이데거를 이해하기 위한 길은 오히려 우리 자신의 내부에 있다. 현존재가 바로 그러한 것이다. 현존재란 자신으로 살아가려는, 더 정확히 표현한다면, 자신으로 살아갈 수밖에 없는 개인의 '지금'과 '여기'이기 때문이다.

하이데거는 진리를 '나'라는 존재론적 발생과 깊은 연관 속에서 파악한다. 진리란 존재자가 자신을 스스로 드러내는 것이라면, 그 과정은 반드시 모종의 은폐로부터 발견되어야 한다. 문제는 그 과정이 바로 나의 이해와 존재론적으로 정확하게 일치한다는 사실에 있다. 진리란 곧 이해되는 것이다. 전통적인 진리이론이 진리가 발생하는 장소로 이성을 지목했다면, 이제 하이데거는 그보다 더 근원적인 영역으로 내려간다. 바로 개별적 삶, 즉 현존재의 발생이 그것이다. 간단한 예를 들어보자.

바닷가에 널려 있는 돌멩이는 수많은 존재자 가운데 하나이다. 그 존재자는 자신을 있는 그대로의 모습으로 드러낼 수 있다. 그 드러남은 '지금'과 '여기'에서 어떤 식으로든 지각되어야 한다. 바로 현존재가 요청되는 것이다. 하이데거에게 있어서 진리란 '나'라는 현존재가 자신을 이해하며 동시에 자신을 드러내는 모습을 통해서만 비로소 자신을 드러낼 수 있다는 것이다. 전통적인 진리이론이 인식론의 영역에 뿌리를 내리고 있다면, 하이데거의 진리 개념은 삶이라는 존재론적 발생의 영역에서 힘차게 날갯짓을 시작한다. 진리는 단순히 이성의 자발성에 의해 파악되지 않는다. 진리란 오히려 세계에 대한 현존재의 지각과 다름없는 것이다. 『존재와 시간』이 진리를 설명하면서 본격적으로 현존재의 해명으로 넘어가는 이유가 바로 여기에 있다 (Heidegger, 1993: §31).

하이데거에게 있어서 자신과 세계에 대해 현존재의 지각은 일반적인 인식보다 더 근원적이다. 하이데거가 즐겨 사용하는 '근원적'이라는 표현에 주목해보자. 현존재의 지각은 일상적인 경험이나 이성적 추론이 아니다. 현존재의 지각은 그러한 경험이나 추론이 발생할 수 있는 존재론적 근거가 된다. 진리에 대한 사유도 예외가 아니다. 우리의 사유가 객관적 대상과 일치하는지 아닌지를 확인하기 위해 이성적 추론으로부터 시작해서는 안 된다. 이성적 추론은 이후에 발생하는 이차적인 것이다. 일차적으로 존재자가 자신을 수면 위로 드러내는 꿈틀거림이 있어야 한다. 하이데거는 그 꿈틀거림이 현존재의 지각과 존재론적으로 동시에 발생한다고 본 것이다.

이러한 맥락에서 하이데거는 로고스에 앞서는 개인의 정서, 기분, 감정들의 분석에 심혈을 기울이게 된다. 세계에 존재하는 모든 것이 돌멩이의 무관심으로 둘러싸여 있다면, 그 어느 것도 자신을 드러낼 수 없을 것이다. 세계에 던져진 개별적 실존이 자신을 지각함으로써 세계를 이해할 때 비로소 존재자들은 진리라는 이성적 틀 속으로 들어오게 되는 것이다. 여기서 말하는 존재에 대한 이해는 이성적 추론을 통한 본질 파악이 아니다. 자신과 세계에 대한 이해란 일차적으로 돌멩이의 무관심으로부터 깨어나 자신과 세계에로 눈을 돌리는 것을 의미한다. 현존재의 이해가 바로 존재자가 자신을 드러내는 첫 번째 발걸음이 된 것이다. 하이데거는 주장하기를, "세계 내부적 존재자의 발견됨이란 세계의 해명에 근거를 두고 있다. …… 이 해명과 함께 그리고 그것을 통해 발견됨은 존재하게 되며, 그 때문에 현존재의 해명을 통해서야 비로소 진리의 가장 근원적인 현상에 도달하게 된다." (Heidegger, 1993: 220)

이 관점에 비춰본다면 전통적인 진리이론은 애초에 진리의 본질에 도달할 수 없는 운명을 지니고 있다고 볼 수 있다. 그 이유는 인식의 존재론적 근원에 도달하지 못하고, 그 상층부에 놓여 있는 로고스를 진리가 발생하는 장소로 오해했기 때문이다. 이 오해가 존재와 존재자를 혼동하는 형이상학의 역사를 기술하였다는 사실 앞에서, 하이데거는 자신의 철학적 임무가 무엇인지를 되새기게 된다.

4. 현존재와 진리

하이데거에게 있어서 현존재는 진리의 드러남과 존재론적으로 정확하게 일치한다. 현존재는 일종의 해명이자 이해이며 그런 의미에서 일종의 드러남이자 발견됨이기도 하다. 현존재란 무엇인가? 하이데거에 의해 처음으로 조합된 현존재라는 개념은 어원적으로 놓고 본다면 '존재의 여기 있음' 정도가 되겠다. 존재가 드러나는 최초의 순간인 것이다. 우리는 앞서 현존재가 '나'라는 실존적 현상과 정확하게 일치한다고 밝힌 바 있다. 그렇다면 하이데거는 나의 실존과 진리를 동일시하는 것일까? 굉장히 어려운 질문이지만, 분명한 건 현존재가 진리가 될 수는 없다는 사실이다. 그럼에도 하이데거는 현존재가 진리 '안'에 있다는 사실에는 추호의 의심을 품지 않는다(Heidegger, 1993: 133). 혹은 진리가 현존재와 '함께' 있을 수도 있다. 어떤 식으로 표현하든 현존재와 진리는 서로에게 중요한 의미가 되고 있다. 그 이유가 뭘까?

우리는 앞서 진리의 형이상학적 본질이 초월성에 있다고 밝힌 바 있다. 그런데 존재하는 존재자들이 초월의 영역에서 드러날 수는 없다. 돌멩이, 식물, 동물, 인간에 이르기까지 존재자들의 드러남은 대상적 속성에서 벗어날 수 없다. 초월성은 대체 어디에서 발견될 수 있다는 말인가?

하이데거는 현존재에 대한 실존론적 분석을 통해 초월의 영역을 증명하려고 시도한다. 현존재 안에서 발생하는 존재의 분열이 출발점이다. 자신과 스스로 관계를 맺으며 자신을 대상화시킬 수 있는 인간 실존의 특징을 언급한 것이다. 인간의 개별적 모습은 실존이다. 실존의 본질은 자신을 대상화시킬 수 있는 속성에 있다. 흔히 반성적 기능이라고 일컬어지는 이러한 자기인식은 단순히 동물과 구별되는 인간적 능력만을 의미하지는 않는다. 하이데거는 내가 나와 관계를 맺으며 발생하는 존재의 균열이 대상으로 인식될 수 없는 영역에서 펼쳐진다는 사실에 주목한다.

'나'라는 존재의 발생과 발견은 개별적 능력의 유무에 의해 인정되거나 부정될 수 없다. 이는 우리 모두가 '나'라는 존재로 살아가야만 한다는 윤리적 당위를 주장하는 것이 아니다. 당연히 우리는 아무런 문제 없이 수많은 대중 가운데 익명으로 살아갈 수 있다. 이때 우리는 '나'에게만 부과되는 책임으로부터 벗어나 삶의 편안함까지 느낄 수 있다. 모든 사람의 책임은 어느 누구의 책임도 아닌 것이다. 그런데 여기에서도 중요한 사실을 잊어서는 안 된다. 바로 익명이 던져주는 편안함 속에서도 '나'라는 존재의 흔적은 지워지지 않는다는 사실이다. 오히려 '나'라는 존재론적 발생을 통해서만 세계는 편안함으로 자신을 드러낼 수 있는 것이다. 대중 속으로의 매몰은 때로 '나'라는 실존의 소외를 야기하기도 한다. 그러나 이 소외가 전적으로 진리에 반하는 것은 아니다. 진리가 사태를 있는 그대로의 모습으로 드러내는 것이라면, 소외의 발생은 존재자를 대체할 수 없는 그 무엇으로 느끼도록 만들어주기 때문이다.

하이데거는 여기서 다소 모호한 입장을 취한다. '나'라는 존재론적 발생이 두 방향으로 진행될 수 있다는 지적이 그것이다. 하이데거에 따르면 현존재는 자신을 전체적으로 고찰할 수 있는 본래적 상태에 이르기도 하지만, 종종 공공성이라는 드넓은 바다에서 자신을 잃어버리기도 한다. 일반적으로는 현존재의 본래성은 존재자를 있는 그대로의 모습으로 드러내는 반면, 현존재의 비본래성은 그것을 은폐시키는 역할을 떠맡는다. 즉 현존재의 비본래성은 자신과 세계를 가상의 형태로 드러낼 뿐인 것이다(Heidegger, 1993: 222). 현존재의 발생이 진리 안에 있다는 하이데거의 주장은 단순히 이러한 드러냄과 은폐를 지시하는 것일까? 설령 이 답변이 틀리지 않다손 치더라도, 우리에겐 보다 심도 깊은 논의가 필요하다. 왜냐하면 현존재의 본래성과 비본래성은 단순히 존재의 긍정적 혹은 부정적 형태로 환원될 수 없는 동일한 존재의 발생에서만 지각될 수 있기 때문이다.

1) 현존재의 본래성과 비본래성

현존재의 본래성과 비본래성이라는 하이데거의 구별이 무엇을 의미하는지 명확히 하기 위해서, 우리는 다시 현존재가 무엇인지에 대한 물음으로부터 출발해야만 한다. 우리는 앞서 현존재란 개별적 실존의 '지금과 여기'라고 단정 지은 바 있다. 그런데 실존의 '지금과 여기'는 돌멩이의 '지금과 여기'와는 다르다. 이 다름으로 인해 하이데거는 개별 실존의 모습을 '존재의 거기 있음'으로 정의할 수 있었던 것이다. 그럼 그 차이는 무엇일까?

돌멩이가 이러저러한 모습으로 단순히 있는 것이라면, 실존의 모습 또한 이러 저러한 형태로 묘사될 수 있다. 그러나 그것이 전부가 아니다. 왜냐하면 실존은 끊임없이 자신을 넘어 대상을 향하고 있기 때문이다. 하이데거는 이를 실존의 가능태라고 부른다. 존재자의 드러남을 둘러싼 가능태와 현실태의 구별은 우리에게 그리 낯선 것이 아니다. 하이데거가 이 분야의 선구자도 아니다. 일찍이 아리스토텔레스는 존재자의 가능태를 '아직 결정되어 있지 않음'이라는 의미로 사용한 적이 있다. 상수리와 상수리나무의 관계를 예로 들어보자. 상수리라는 질료 안에는 상수리나무의 가능성이 이미 포함되어 있다.

상수리나무는 그 가능성이 실현된 현실태가 된다.

우리의 본능은 가능성이 실현된 현실태에 존재론적 우위를 두는 경향이 있다. 우리가 그저 그런 지금의 나의 모습보다는 꿈과 노력이 실현된 미래의 모습에 관심을 두는 이유도 여기에 있다. 아리스토텔레스도 예외는 아니다. 그런데 하이데거는 조금 다른 맥락에서 이 문제를 풀어간다. 가능태란 단순히 결정되어 있지 않음을 넘어서 어떤 존재자를 발생시킬 수 있는 존재론적 차이라는 것이다. 하이데거는 이것을 현존재의 본래성과 비본래성이라는 개념의 차이를 통해 설명하려고 시도한다.

언어에서 풍기는 이미지에 따라, 우리는 가장 손쉬운 해석을 따라가 볼 수 있다. 개별 실존이 자기 자신과 관계를 맺고 자신을 받아들이며 깨어 있는 상태라면, 그는 분명 본래적 자신으로 존재하는 것이다. 반면 타인과의 일상적 관계에 매몰되어 그저 익명으로 살아가는데 익숙해져 있다면 그는 비본래적 자아로 살아가는 것이다. 그런데 이러한 일상적 해석은 하이데거의 존재론적 해석을 정확하게 반영하는 것은 아니다. 하이데거는 현존재의 본래성에서 가능태의 원형을 본다. 이 가능태는 단순히 미결정된 상태를 의미하지 않는다. 오히려 미결정은 이러저러한 대상적 속성으로 닫힐 수 없는 열려 있음의 모태가 된다. 현존재가 자신과 맺는 자기 관계는 스스로를 특정한 대상성에서 벗어나게 하는 원천인 것이다.

가능태의 존재론적 성격은 바로 차이이다. 그 너머에는 현존재의 비본래적 모습이 놓여 있다. 현존재의 비본래성은 수동성이나 비자발성 등과 같은 부정적 속성으로 채색될 수 없다. 그것은 오히려 차이로부터 실현된 나의 긍정적인 대상적 모습이다. 이른바 나의 현실태인 것이다. 이로부터 하이데거는 아리스토텔레스 이래로 당연시 되어왔던 가능태와 현실태의 역학 관계를 전복시킨다. 가능태란 단순한 미결정이 아니라, 존재자의 현실적 실현을 가능케 하는 산파인 것이다. 그런 점에서 그것은 인간의 이성이 논할 수 있는 유일한 초월적 영역으로 재탄생하게 된다.

현존재를 둘러싼 본래성과 비본래성의 구별은 개별적 실존이 어떻게 나에게 주어져 있으며, 또 주어져야만 하는지를 있는 그대로의 모습으로 보여준다. 우리 모두는 세계에 던져진 우연한 존재로 살아간다. 어느 누구도 자신이 어디에서 왔으며 어디로 가는지에 대한 필연적 인과관계를 밝혀낼 수는 없다. 형이상학적 본질을 추구한다고 하지만, 우리가 자신과 세계를 이해하는 방식이란 기껏해야 일정한 사회적 맥락을 통한 것이다. 그런 점에서 인격적 정체성에 대한 우리의 이해는 대상적 이해를 벗어날 수 없다. 이러한 정황은 우리가 우리 자신을 일반적으로 어떻게 이해하고 있는지에 따라 드러난다.

오늘날 우리는 자신의 정체성을 일정한 사회적 속성들, 이른바 학력, 가족, 명예, 부, 권력, 사회적 지위 등과 동일시하는 데 매우 익숙해 있다. 개인의 노력에 대한 공정한 물질적 대가가 주어지는 사회를 정의로운 사회로 부르기도 한다. 이는 긍정적인 것도 부정적인 것도 아니다. 자본주의 사회가 잉태해낸 물화된 자기 인식의 결과는 더더욱 아니다. 하이데거가 현존재의 비본래성이라고 일컫는 이러한 존재적 가까움은 우리에게 이미 주어진 자연의 방식이기 때문이다. 해변에 널린 돌멩이의 좌표가 우연히 주어진 것이듯, 인간의 삶 또한 우연히 주어진 것일 수 있다.

오늘날의 생물학적 인간관이 주장하듯, 인간 실존의 형이상학적 목적은 애초부터 존재하지 않는지도 모른다. 인간 실존은 그저 자신을 보존하려는 본능적 욕구에 이끌릴 뿐 그 안에서 신적인 설계나, 목적, 선과 악을 가정하는 것은 공상에 불과한지도 모른다. 누군가는 운이 좋을 것이고, 누군가는 운명의 장난에 묶여 눈물을 쏟을지 모른다. 우리에게 주어진 실존의 방식은 우주의 무자비와 무관심으로부터 근본적으로 벗어날 수 없는 것이다.

그러나 현존재의 직접적 우연함이 인간적 삶에 있어서 치명적인 결함인 것만은 아니다. 우리는 주어진 존재 방식에서 삶의 편안함을 느끼며, 그것을 일종의 선물로 느끼기도 하는 것이다. 이야기와 역사를 간직한 채 모진 세월을 견뎌낸 수석(水石)들을 보라. 우리가 돌멩이의 시간을 높이 사는 이유는 그 시간 속에 형이상학적 목적이 살아 있기 때문이 아니다. 오히려 그 반대일 수 있다. 자연의 무자비함을 견뎌낸 수석의 인고가 우리에게 일종의 의미체로 드러나는 것이다.

여기서 중요한 존재론적 사건이 발생한다. 문제는 우리에게 주어진 실존이라는 존재의 사건이 단순히 주어진 것으로 끝나지 않는다는 데 있다. 우리는 우리에게 주어진 세계에서 다양한 옷과 이미지로 자신과 세계를 포장할 수 있지만, 그 포장지 이면에서 자신을 부르는 존재의 목소리를 듣게 된다. 영원히 우리 자신을 대변할 것 같았던 사회적 조건들이 우리를 떠나고 속일 때, 우리는 우리 자신과 어떤 식으로든 관계를 맺어야 하는 것이다. 자신에 대한 반성은 우리의 의지와는 상관없이 직접적으로 발생한다. 삶이 그대를 속여서 본능적으로 슬퍼하거나 노여워할 때조차도, 우리는 자신과 일정한 관계를 맺고 있는 것이다.

삶은 우리에게 주어진 것이다. 그러나 실존의 뒷면에 새겨진 자기관계는 그 삶을 일종의 과제로 지각하게 만든다. 자신에게 주어진 삶이 자신과의 관계를 요구하는 과제로 느껴질 때, 비로소 우리는 본래성에로 깨어나게 된다고 하이데거는 말한다. 특히 사회적 삶이 단순한 편안함을 넘어서 일종의 불안함을 안겨줄 때, 우리는 어떻게 우리의 삶이 전개될지에 대해 고민하게 된다. 이는 단순히 윤리적인 문제가 아니다. '나'로 깨어나는 과정이란 존재자가 우리에게 지각되는 직접적인 사태인 것이다.

2) 자신으로 깨어난다는 것—진리의 드러남

여기서 우리가 오해해서는 안 되는 한 가지 사실이 있다. 사회적으로 주어진 삶에 익숙해하며 익명으로 살아가는 비본래적 삶이 자신에 대해 깨어나는 본래적 삶에 비해 윤리적으로 부족하다거나 비본질적이라는 것은 결코 아니다. 현존재를 기계적으로 양분하여 긍정적 혹은 부정적인 요소로 평가하는 것은 하이데거의 존재론적 분석과는 거리가 멀다. 중요한 것은 삶이 과제로 등장하는 본래적인 자아에 직면할 때, 우리가 비로소 우리 자신이 어떻게 드러나는지를 지각하게 된다는 점이다. 우리에게 친숙한 삶이란 우리가 덕지덕지 껴입은 다양한 사회적 옷과 깊은 연관이 있다. 그러나 우리 자신이 드러나기 위해서는 자신을 돌아보는 반성이 필요하다. 바로 여기에서 존재의 균열이 발생한다. 이 균열을 딛고 인간 실존이라는 존재자가 자신을 모습을 내밀게 되는 것이다. 존재자는 대상적 속성으로 환원될 수 없는 '나'에 대한 물음을 통해 있는 그대로의 모습으로 드러난다.

사회적 외피를 뚫고 나의 실존 위로 쏟아지는 질문들은 무수히 많다. 거대한 물질 덩어리로 걸어 다니는 나는 과연 누구인가? 아무것도 걸치지 않았을 때조차도, 여전히 나를 바라보며 '차이'를 불러오는 또 다른 나는 누구일까? 사회적 역할을 충실히 수행하는 와중에도 여전히 자신의 삶의 의미를 묻는 나는 과연 누구인가? 이렇듯 우리는 끊임없이 실존의 내부에서 존재의 목소리를 듣는다. 이 목소리와 함께, 삶은 더 이상 단순히 주어진 차원이 아니라, 어떤 식으로든 관계를 맺어야 하는 과제로 등장하는 것이다. 하이데거는 삶을 과제로 불러 세우는 존재의 현상을 실존의 불안에서 찾는다.

불안은 인간의 실존을 돌멩이의 그것과 구별시키는 존재의 지층이다. 돌멩이가 단순히 있는 것이라면, 인간의 실존은 자신과 관계를 맺으며 자신을 돌아본다. 불안은 바로 그 돌아봄을 가능케 하는 존재 자체의 힘이다. 실존의 내부에서 직접적으로 발생하는 불안은 단순한 두려움이 아니다. 두려움이 일정한 대상과 관련을 맺는다면, 불안은 어떠한 대상적 연관성도 갖지 않는다. 두려움이 그와 연관된 대상을 제거함으로써 함께 소멸된다면, 불안은 실존의 발생을 가능케 하는 힘 자체이다.

이 힘은 일반적인 의미에서 이성의 힘이나 반성적 능력과는 다른 지평에 놓여 있다. 불안이란 긍정적인 것도 부정적인 것도 아닌, 인간의 실존이 세상에 던져짐과 동시에 주어진 존재의 현상인 것이다. 나의 지각, 바람, 느낌, 어떠한 기억도 이 불안을 제거하거나 불러오지 못한다. 돌멩이는 단순히 있는 것이다. 인간은 근원적 불안으로 인해 단순히 있는 것으로 존재할 수 없다. 이는 마치 저주받은 운명과도 같다. 그럼에도 이 치명적 숙명이 인간의 실존에 돌멩이와는 다른 존재론적 격을 부여한다. 이로써 실존은 대상으로 환원될 수 없는 초월적 영역에 머무르게 되는 것이다.

그러므로 불안이, 일반적으로 그러하듯이, 우리의 삶을 절망적이거나 소극적인 태도로 이끌어가는 것은 아니다. 존재의 근원적 지층인 불안은 존재자로 하여금 주어진 삶과 적극적인 관계를 맺도록 유도해간다. 누차 지적하였듯이 이것은 단순히 윤리적 요청이 아니다. 본래성이라는 실존이 보여주는 존재의 세계인 것이다. 본래적 실존의 전형적인 특징은 자유이다. 우연적인 여분의 존재로 전락할 수 있는 인간의 실존은 바로 그 우연성과 여분을 딛고 자유로운 존재로 다시 태어나는 것이다.

자유와 함께 책임도 존재론적 성격을 띠고 우리에게 찾아온다. '마음대로 할 수 있음'이라는 일반적인 설명은 자유의 존재론적 성격을 해명할 수 없다. 오히려 자유란 자연의 우연으로부터 인간의 실존을 구원하는 원천이다. 이것을 이해하기 위해서는 자유가 필연과 깊은 연관을 맺고 있다는 통찰이 필요하다. '필연의 인식이 곧 자유이자 행복'이라는 스피노자의 철학적 자각은 틀린 것이 아니었다. 우리는 자유로부터 필연적 세계를 불러올 수 있는 힘을 얻게 된다. 책임의식이 바로 그것이다.

책임이 지니는 존재론적 성격은 의무나 임무 혹은 부과된 짐 따위로 이해되는 일반적인 책임의식과는 다르다. 책임의 구조는 우리에게 전혀 다른 존재의 세계를 알려준다. 자유로운 선택과 그에 따른 책임은 우연히 던져진 나의 존재를 자연의 무자비로부터 건져내어 필연적 존재로 전환시킨다. 책임을 완수하기 위해 우리가 흔히 하는 약속이라는 행위를 존재론적으로 들여다보자. 약속이란 인간만이 하는 특별한 행위이다. 모든 자연적인 것은 우연적이며 변화무쌍하다. 그런데 누군가와 하는 약속에서 우리는 자연과는 다른 무언가가 불현듯 발생한다는 사실을 보게 된다. 약속이란 우리의 한 부분을 누군가에게 넘겨주는 행위이다. 나로부터 무엇인가를 주장할 수 있는 권리를 타인에게 부여하는 것이다. 이것이 지니는 의미는 특별하다. 자유로운 행위를 통해 우리가 자신을 스스로 반드시 발생해야만 하는 필연적 존재로 만들어가는 것이다.

진리란 무엇인가? 그것은 초월의 세계이다. 초월은 조건을 허락하지 않는다. 원인을 알 수 없는 존재의 세계는 우리를 두려움에 떨게 하지만, 그 두려움은 종종 경외심으로 바뀌기도 한다. 약속이 불러오는 세계도 역시 그러하다. 우리는 약속이라는 행위 속에서 우연이 필연으로 전환되는 존재의 변화를 경험한다. 우연히 내던져진 우리의 존재는 정신의 힘에서 나오는 약속을 통해 반드시 일어나야만 하는 무조건성을 세상 안으로 들여오는 것이다. 진리가 지각되는 순간이다.

자신으로 깨어난다는 것은 책임과 의무를 수행한다는 의미와 동일하다. 존재론적인 의미에서 책임이란 우리가 임의로 짊어질 수도, 내려놓을 수도 있는 단순한 짐이 아니다. 그 이유는 내가 나의 존재로 깨어난다는 사실 자체가 이미 나를 책임을 지는 존재, 즉 필연적 존재로 탈바꿈시키기 때문이다. 내가 책임을 지는 동안만큼, 나는 그 무엇으로도 대체할 수 없는 필연적 존재로 실존하게 된다.

이 세상에 존재하는 모든 것은 일정한 방식으로 현존하는 현실태이다. 개별적 실존 또한 일정한 방식으로만 현존한다. 나는 일정한 사회적 지위를 지닐 수 있고, 가족을 구성할 수 있으며, 일정한 인성을 소유하며 사회적 역할을 수행하게 된다. 그 일정한 현실태가 바로 나의 '무엇'을 결정하는 것이다. 그런데 이 '무엇'이 나의 전부가 될 수는 없다. '나'라는 존재자가 자신의 본래성 속에서 실존으로 깨어나는 방식과 일정한 사회적 조건으로 환원된 '나'의 모습은 서로 일치하지 않는다. 나의 '누구'란 끊임없이 자신의 내부를 분열시켜 자신을 이해하고, 그것을 통해 존재의 이해를 가능케 하는 가능태인 것이다.

정확하게 이러한 맥락에서 하이데거는 존재와 존재자는 구별되어야 한다고 주장한다. 존재하는 모든 것은 존재자일 뿐이다. 인간의 실존도 존재자의 모습을 넘어설 수는 없다. 그러나 인간의 실존은 돌멩이처럼 주어진 세계에 수동적으로 그리고 수단적으로 배열될 수 있는 존재자가 아니다. 인간이라는 존재는 사물들이 용기에 담겨 있듯, 그렇게 세계 안에서 단순히 '있음'으로 존재하지 않는다. 인간이란 자신을 이해하며 자신과 관계를 맺음으로써 무(無)가 자신을 드러내는 유일한 존재자인 것이다. 하이데거는 무의 세계를 단순한 부재의 세계를 넘어 '있음'이 드러날 수 있는 존재의 세계로 규정한다. 실존의 불안이란 바로 이 무 앞에서의 불안이다. 존재가 대상으로 규정될 수 없는 이유가 바로 여기에 있다.

하이데거는 무의 세계를 발견함으로써, 존재를 존재자로 혼동하였던 전통적인 형이상학의 오류를 극복한다. 그 빈자리에는 현존재를 특징짓는 '열려 있음'이 자리를 잡는다. 진리가 대상을 넘어서는 초월 그리고 무한성을 상징하는 것이라면, 우리는 이제 왜 하이데거가 현존재의 실존적 분석과 진리의 드러남을 동일한 존재론적 지평에서 논하는지를 이해하게 된다. 인격체로서의 실존적 삶이란 존재자가 발견되고 무가 드러나는 유일한 장소라는 명제가 하이데거의 진리 개념을 관통하는 블루칩인 셈이다.

5. 닫는 글

하이데거는 진리의 문제를 현존재의 한가운데서 해명하려고 시도한다. 우리는 지금까지 현존재의 한가운데서 무엇이 발생하는지를 살펴보았다. 현존재와 함께 그리고 그를 통해서만 발견됨이 존재하기 때문에, 진리의 드러남은 현존재와 불가분의 관계에 놓여 있다. 현존재가 없다면 어떠한 발견됨도 없으며 결과적으로 진리의 드러남이란 처음부터 불가능하게 된다(Heidegger, 1993: 222). 이러한 맥락에서 우리는 발견됨의 문제를 본래성과 비본래성, 불안, 자유, 책임 그리고 무에 이르는 현존재의 분석을 통해 이해하려고 시도하였다. 그 중심부에는 대상화될 수 없는 현존재의 초월성이 담겨 있었고, 우리는 이것을 형이상학의 과제와 연결시킬 수 있었다. 하이데거는 전통적 형이상학의 발자취를 비판하였지만, 가장 근원적인 것을 발견함으로써 그 위에 형이상학을 다시 세울 수 있었다. 철학사에서 최후의 형이상학자는 니체가 아니라 바로 하이데거 자신이었던 것이다. 인간 실존을 상징하는 현존재의 유한성에서 무와 초월이라는 존재의 세계를 해명하려 한 하이데거의 시도가 이것을 증명하고 있다. 닫는 글을 대신하여, 이제 우리는 하이데거가 인간의 유한성 속에서 초월이라는 진리의 문제를 어떻게 해결하고 있는지 살펴볼 것이다.

인간 실존이라는 존재자가 자연의 무자비한 수레바퀴를 벗어날 수 없는 결정적인 이유는 그가 유한하다는 사실에 있다. 유한한 인간의 실존이 무한한 진리가 드러나는 유일한 장소라는 하이데거의 진술은 어떻게 정당화될 수 있을까? 죽음은 우리의 일상에서 항상 두려움의 대상이었으며, 철학사에서조차도 오랫동안 존재의 결함으로 간주되어왔다. 그런데 하이데거는 죽음이 인간의 삶 속에서 갖는 존재론적 의미에 주목한다. 인간에게 한계가 주어져 있다는 사실은 무엇을 의미하는 것일까? 달리 표현하자면 우리는 우리의 실존이 죽음이라는 경계로 둘러싸여 있다는 사실과 어떠한 관계를 맺을 수 있을까? 이에 대한 답변 속에 비밀이 숨겨져 있다.

첫째, 죽음에 이르는 존재는 일상에서 한 부품으로 소진될 수밖에 없는 개인의 운명을 고유성의 상징인 전체성으로 탈바꿈시킨다. 우리 모두는 사회의 한 부분으로 살아간다. 그러나 존재론적인 측면에서 모든 개인은 이미 그 자체가 전체이다. 우리가 개별적인 삶의 모습을 우열(優劣)이 아니라 다름의 세계에서 평가하는 이유가 여기에 있다. 하지만 이것의 정당화는 다른 문제가 될 것이다. 하이데거는 죽음에 이르는 존재가 이 문제를 해결할 수 있다고 본다. 죽음은 지극히 개별적인 것이기 때문이다. 어느 누구도 자신의 죽음을 타인에게 부과할 수 없으며, 타인의 죽음을 대신할 수도 없다. 그런데 누구나가 스스로 지고 가야만 하는 죽음, 즉 참을 수 없는 존재의 무거움은 개별 실존을 부분이 아닌 전체로 승화시키는 존재론적 의미를 갖는다. 죽음을 가시권에서 바라보는 불치병 환자는 이를 잘 보여준다. 그는 아마도 자신이 지닌 모든 것을 팔아 자신이 가장 소중히 여기는 것을 사려 할 것이다. 존재의 전체 앞에 선 개인은 자신이 진정으로 무엇인지를 깨닫게 되는 것이다. 죽음은 단순한 존재의 결함이 아니라 개인의 인격이 드러나는 존재론적 지평인 것이다.

둘째, 죽음에 이르는 존재는 개별 실존을 대체할 수 없는 의미체로 승화시킨다. 우리는 앞서 책임이 지니는 존재론적 의미를 논한 바 있다. 책임이란 나에게 부과된 존재의 무게를 누구에게도 전가하지 않겠다는 실존적 결단이다. 그런데 이러한 결단은 자신의 존재가 소멸될 수도 있다는 사실 앞에서 극대화된다. 자신의 삶 전체를 일정한 의미 연관을 통해 고찰하는 것이다. 영화나 드라마를 통해 한 번쯤은 보았음직한 하나의 장면을 연상해보자. 연인과 함께 적군의 추격을 뿌리치고 다리를 건너는 한 군인이 있다. 그런데 그는 불행이도 총상을 입고 쓰러진다. 직감적으로 그는 둘 다 무사히 다리를 건너는 것은 불가능하다는 사실을 깨닫는다. 그에게는 달리 남아 있는 선택의 여지가 없다. 자신이 시간을 버는 동안 연인이 무사히 빠져나가기를 바라는 것이다. 군인은 자신의 생물학적 소멸이 임박했음을 느끼지만, 그 시간이 다가올수록 자신의 삶이 대체할 수 없는 의미체로 실현됨을 느낄 것이다. 그것은 분명 사랑의 힘이겠지만, 그 힘이란 바로 자신의 전부를 던져 이뤄낼 수 있는 존재의 힘인 것이다.

참고 문헌

김종엽, 2009, 「인격과 초월의 드러남」, 『철학과 현상학 연구』 제42집.

엥겔, S. 모리스, 1998, 『철학의 이해』, 이종철 · 나종석 옮김, 문예출판사.

하이데거, 마틴, 2004, 『진리의 본질에 관하여』, 이기상 옮김, 까치.

하이데거, 마틴, 2006, 『철학입문』, 이기상, 김재철 옮김, 까치.

Heidegger, M., 1993, *Sein und Zeit*, Tübingen[마르틴 하이데거, 『존재와 시간』, 이기상 옮김, 까치, 2006].

하르트만 존재론의 구도와 정신 존재의 위상

박필배

1. 들어가는 말

하르트만의 존재론은 전통의 존재론에 대한 문제 제기에서 출발한다. 그의 의도는 세계의 구조를 일련의 범주적인 법칙으로 풀어봄으로써 세계의 통일이 어떤 식으로 이루어져 있는가를 보여주는 데 있다. 통일을 생각 속에서 구성해내기란 매우 쉬우나, 그것을 현상에서 밝혀낸다는 것은 그리 쉬운 일이 아니다. 세계가 모든 것이 다 엉켜 있는 채로 하나의 통일을 이룬다는 사실을 받아들이기는 쉽다. 그러나 세계가 통일되어 있는 것이 하나의 원리에 의해서인지, 아니면 아래 또는 위의 한 지점으로부터 모든 것을 휘몰아내는 유일한 결정력에 의한 것인지는 의심스럽다. 그러나 아무튼 세계는 체계의 통일이며 조직체이다. 하르트만에 따르면 인간과 인간의 공동체 및 역사의 과정 등은 모든 존재 층(무기체, 유기체, 영혼, 정신)을 꿰뚫고 있는 형태들이다. 이러한 형태들은 적어도 그들의 내적인 구조 원리의 성격에 있어서는 전체적인 세계의 모형들이다. 하르트만은 이 세계의 모형들, 즉 전체로서의 세계에 타당한 것은 어떤 유일한 원리의 통일성에 의해 설명될 수 있는 것이 아니라 범주들이 서로 복잡하게 뒤엉켜져 있음에 근거한다는 사실을 역설한다.

이를 근거로 하르트만은 자유를 인간 행위의 지표로 삼고 이론화하려는 여타 시도와는 달리 자유를 기초적인 존재의 문제로 다루고 있다. 자유의 근거를 실재 세계에서 찾고 있는 것이다. 도덕적 가치 및 도덕적 행위는 자유의 기초 없이는 그 본래의 의의를 상실한다. 자유 없이는 인간의 행위가 가치일 수도 반가치일 수도 없다. 자유는 도덕적 존재의 근본 조건이다. 그러나 하르트만은 한 발 더 나아가, 자유가 두 가지 법칙, 즉 존재법칙(자연 세계)에 대해 자유이며, 동시에 당위법칙(도덕 세계)에 대해서도 자유라는 점을 강조한다. 이것은 그의 존재론에 따르면 당연한 귀결로 이어진다. 하르트만에게 있어서 자유의 근거는 신이나 그 어떤 절대자가 아니라 현실의 실재 세계이며, 인간 정신의 자유는 이 실재 세계 내에서 생명을 가진 의식적 존재를 바탕으로 해서 성립하는 것이다. 존재론적 입장에서 볼 때 자유는 정신에만 있는 것이 아니라 세계의 다층적 구조 관계에서 성립하는 일반적인 현상이다. 그것은 어느 존재 층에나 공통적인 것이다. 다만 자유의 내용이 다를 뿐 각 존재 층마다 그 하층에 대하여 자유의 영역이 성립한다는 사실은 다르지 않다. 인간의 정신적 자유, 즉 의지의 자유도 범주적 법칙에서 볼 때 층에서 층으로 이어지는 여러 단계에 있어서 언제나 새롭게 나타나는 자유의 한 보기에 불과하다.

그런데 의지 자유가 본질적으로 파악되기 어려운 것은, 앞서 말했듯이 그 자유가 두 가지 법칙, 즉 존재법칙(자연 세계)에 대해 자유이며, 동시에 당위법칙(도덕 세계)에 대해서도 자유라는 점에 있다. 의지 자유란 인격이 자연법칙과 도덕법칙에 이중적으로 결정되어 있음에도 불구하고 자기 결정의 근원을 자기 자신 속에 가지고 있어야 함을 의미한다. 따라서 한편으로는 인간, 인격, 정신의 본질을, 다른 한편으로는 당위, 도덕법칙, 가치 등의 본질을 철저하게 존재론적으로 해명함으로써만 자유 문제의 해결책을 강구할 수 있는 것이다. 이에 따라 하르트만의 존재론에 대한 일반적인 이해가 선행되지 않을 수 없다.

2. 하르트만의 존재론

1) 전통 존재론 비판

하르트만은 전통의 관념론을 문제 삼으면서 자신의 존재론을 전개해나간다. 즉 데카르트나 칸트 등의 관념론자들은 존재자에 대해 말하거나 생각했지 존재자 자체에 대한 앎을 다루지 않았다는 것이다. 하르트만은 우리가 존재론으로 돌아가야 하는 이유는 모든 철학의 기초가 다름 아닌 존재론이기 때문이라고 말한다. "존재자 자체에 관하여 어떤 것을 알 수 있는가 하는 물음은 …… 어떻게 해서 우리는 그것에 관하여 일의적으로 말할 수만이라도, 아니 생각만이라도 할 수 있는가 하는 물음으로 바뀌었다. 말한다든지 생각한다든지 하는 것 속에 벌써 어떤 것이 우리에게 대하여 있는 것이지 그 자체 존립하는 것이 아니라는 것이 정립되어 있다."(하르트만, 1983: 15)

따라서 하르트만의 과제는 관념론적 사고와 인식론적 사고의 제거이며, 이것은 곧 존재론의 과제이기도 하다. 전통의 관념론은 존재 또는 물자체에 대한 해답을 구하고자 했으나 존재 자체가 아니라 존재의 관념성에만 매달렸다. 하르트만에 따르면 칸트를 비롯한 관념론자들의 이론은 작위적인 것이었으며, 역사적으로 유지될 수도 없었다. 그러나 그 결론이야 어떻든 간에, 전통의 관념론이 하나의 존재 및 실재의 이론임에는 틀림이 없다. 여기서는 실재를 가상이라고 설명하고 있으나 바로 이 가상을 실재 현상 및 그 소여성과 관련하여 설명한다. 그러므로 여느 실재론적 설명과 같이 이것도 역시 존재자 자체에 관한 하나의 이론인 것이다. 사고란 어떠한 대상에 대한 생각이지, 대상이 없는 생각이란 없다는 것이 하르트만의 생각이다.

인식은 존재하는 것에 대한 인식이다. 즉 대상화를 의미한다. 물론 이때 주관과 객관 사이에는 엄밀한 상관관계가 있다. 다만 그것이 인식 관계의 전부는 아니다. 왜냐하면 인식 관계는 주관이 스스로 그 대상으로 삼은 것에 대해 갖는 일방적인 관계에 불과하기 때문이다. 인식되고 있는 존재자는 이렇게 대상이 된다 하여 그 역할이 다 끝나는 것은 아니다. 존재자는 하나의 주관에 대하여 대상화되는 것과 무관하다. 대상이 된다는 것은 존재자에게는 외적인 일이며 존재자에게 아무런 변화도 주지 않는다. 다만 대상화와 함께 주관에 변화가 일어날 뿐이다. 즉 주관 쪽에서 존재자의 상이 만들어진다. 존재자의 표상, 개념 그리고 지식이 생기는 것이다. 그리고 그 상은 다시 인식이 진행됨에 따라 변화한다. 그러나 모든 변화와 진보는 언제나 의식에서 수행되는 것이지, 이 과정에서 점차 널리 대상화되는 존재자 자체는 전혀 그 영향을 받지 않는다.

하르트만이 지적하길, 칸트도 이 점을 명료하게 보지 못했다. 그는 다만 현상만이 인식되고 물자체는 인식될 수 없는 것이라고 생각했다. 그러나 실제는 전혀 그 반대이다. 만약 인식이란 것이 있다면, 존재자 자체만이 인식되는 것이다. 현상은 인식 자체에 불과하다. 다만 이것은 대상 쪽에서 본 표현 방식이다. '내가 어떤 것을 인식한다.'는 것과 '그것이 나에게 현상한다.'는 것은 '어떤 존재자가 한 주관에 대하여 대상이 된다.'는 동일한 관계에 대한 두 가지 표현 방식에 불과하다. 어떤 존재자가 나에게 나타나는 한에서 내가 그 존재자를 인식한다는 것은 완전히 옳다. 그러나 그것은 동어반복에 불과하다. 이것을 오해하여 존재자 자체는 인식되지 않는다고 말하면 옳지 않다. 오히려 현상에 나타나는 것이 존재자 자신이다. 존재자의 전체라고 생각된 세계 중에서 인식의 대상이 되는 것은 의심할 바 없이 그 일부분이고, 아마도 극히 작은 일부분일 것이다. 이러한 사실을 하르트만은 인식의 진보와 함께 대상 영역이 부단히 새로이 열리는 데서 분명하게 하고 있다.

형이상학을 하나의 통일된 문제 영역을 가지고 있어 다른 영역과 병존하고 내용적으로 한정된 것으로 이해한다면, 학문의 여러 분야에서 드러난 형이상학적 문제들을 처리할 방법을 찾을 수 없을 것이다. 기존의 형이상학은 이 점에 주의하지 않았고 그 대상을 단지 신, 영혼, 세계에 한정하였다. 그리고 인식 비판에 의하여 물러가지 않으면 안 되었던 것은 바로 이런 형이상학이었다. 칸트의 말처럼 이런 형이상학은 수세기에 걸친 번영에도 불구하고 확실한 지반 위에 섰던 일이 한 번도 없었다. 스스로 어쩔 수 없이 세우지 않을 수 없었던 가정을 증명할 수도, 또 그 결론을 경험적 학문의 연구 성과와 조화시킬 수도 없었다. 하르트만은 이런 형이상학은 더 이상 우리의 형이상학이 아니라고 진단한다. 그러나 이 낡은 형이상학과 함께 형이상학의 문제마저 소멸한 것은 아니다. 오히려 진정으로 영원하고 불가피한 형이상학의 문제가 이제서야 드러나게 된 것이다. 형이상학의 문제는 이제 세계의 저편에 있는 것이 아니라 우리 주변의 모든 경험적인 것과 더불어 모든 영역에서 인식할 수 있는 것에 나타난다. 왜냐하면 모든 영역에서 인식할 수 있는 것은 인식할 수 없는 것에 의하여 경계 지어져 있기 때문이다. 그리고 존재 연관은 인식 한계에서 정지하지 않고 도처에서 그것을 넘어 나가므로, 모든 영역에서 해결되지 않았고 해결할 수 없는 잔여 문제가 배경에 나타난다.

그런데 형이상학적 문제 내용이 철저히 비합리적인 것이라면, 이것을 철학적으로 고찰한다는 것은 불가능할 것이다. 하르트만의 경우 인식론적인 의미에서 비합리성은 인식 불가능성을 의미하기 때문이다. 그러나 전혀 인식 불가능한 것은 파악될 수 있는 문제의 영역에 있지 않다. 문제가 파악됐을 때 벌써 문제가 지목하는 사상의 어느 정도가 인식되고 있는 것이다. 그렇지 않다면 하나의 문제를 다른 문제와 구별할 수조차 없을 것이다. 우리가 비합리적인 것으로 알고 있는 것은 언제나 다만 부분적으로 비합리적일 뿐이다. 이것은 어떤 문제에나 반드시 인식 가능한 측면이 있다는 것을 의미한다. 우리는 언제나 이미 알고 있는 것에 아직 모르는 것이, 인식 가능한 것에 인식 불가능한 것이 결부되어 있음을 본다. 그러므로 비록 철학적 문제를 완전히는 해결할 수 없다 할지라도 적당한 방법으로 언제나 다룰 수는 있는 것이다. 그리고 여기서 다룬다 함은 인식이 진행되어, 즉 문제가 새로운 방향에서 논구되어 또는 부분 상태가 해결되어 인식 불가능한 나머지 부분이 점점 축소되고 그럼으로써 상대적으로 인식 가능한 것이 파악될 수 있다는 것을 의미한다. 물론 이 작업은 대상의 인식 가능한 면을 단서로 하는 것이다. 인식 불가능한 것을 인식하려고 하는 것은 부당한 시도일 것이다. 우리가 존재론으로 돌아가야 하고, 또 돌아가지 않을 수 없는 것은 철학에서 주어진 문제 상황이 그것을 요구하기 때문이다. 다시 말해서 일체의 탐구 영역에서 지적된 형이상학적 근본 문제 속에 있는 존재론적 요소가 다루어질 수 있고 탐구될 수 있는 것으로 증명되었기 때문이다. 이것을 하르트만은 다음과 같이 말한다. 즉 "존재 양식 및 존재 구조의 문제, 양상적 및 범주적 구조의 문제는 형이상학적 문제에 있어서 가장 비형이상학적인 부분이고 비합리적 잔여 문제에 포함되어 있는 모든 요소 중에서 비교적 가장 합리적인 부분이기 때문이라고."(하르트만, 1983: 49)

하르트만도 대부분의 전통 철학자처럼 세계는 그 자체로 연관된 것임에 틀림이 없다고 본다. 다만 그 특별한 형태가 알려져 있지 않을 뿐이다. 따라서 우리는 졸속하게 이 연관을 구성해서는 안 된다. 우리는 이 연관을 부분적 현상에서 주어진 규정 가운데서 얻어내야 한다. 그러나 세계의 통일은 내용적으로 주어지지 않더라도 그것이 있다는 것은 확실하다. 이런 의미에서 우리는 세계의 통일을 주어져 있는 것으로 볼 수도 있겠다. 이 세계에서 통일의 신비를 색출하는 것이 바로 존재론의 과제이다. 그러나 이 과제는 세계에 대하여 스스로 생각해낸 특정한 통일의 유형을 강요함으로써 성취되는 것이 아니다. 오직 세계 속에 있는 자연적 통일을 찾음으로써만 성취되는 것이다. 따라서 우리는 일체의 거추장스런 가정을 버리고 편견 없이 주어진 다양성을 취급하고 서로 배치되는 문제 방향을 그것이 어디로 향하든지 의혹됨이 없이 따라감으로써 한층 쉽게 이 목적을 달성할 수 있을 것이다. 문제를 추구하면서 동시에 그것이 어디로 향해야 할 것인가를 규정하려는 시도는 잘못된 일이다. 여기서 중요한 것은 통일은 글자 그대로 하나일 필요는 없다는 것이다. 그것은 제일원리라든지 최후의 근거 또는 절대자란 형태를 취할 필요가 없다. 세계의 존재 통일은 그것과 다른 형태를 취할 수도 있다. 예컨대 연관, 질서, 다양한 법칙성 또는 의존성, 단계 또는 성층 등의 다양한 형태일 수도 있다는 것이다. 이들 개개의 통일 형태는 집중된 문제에 대한 생각을 완전히 만족시킬 수 있다. 그리고 우리의 실제 생활과 과학적인 탐구가 이들의 형태 중의 하나가 옳다는 것을 명료하게 말해주고 있다.

새로운 제일철학의 이념, 즉 새로운 존재론은 존재상 원칙적이며 기초적인 것은 무엇인가를 모든 영역에 걸쳐서 묻는 데 있어 통일된 방법을 갖는다. 이 질문 방식 및 그것에서 나오는 탐구 형식은 그 대상을, 그것이 모든 영역에서 분리되어 있음에도 불구하고, 처음부터 하나의 통일된 모습으로 결합시킨다. 이런 의미에서 대상 통일은 존재자로서의 존재자이다. 그 형태 및 현상 방식의 특수화는 존재 원리 또는 존재 범주의 다양성에 불과하다. 그러므로 존재론은 그 논구를 진행하면 곧장 '범주론'으로 옮겨 간다.

2) 범주론—성층 이론

하르트만은 존재자 일반을 실재하는 영역과 이념적 영역으로 구분한다. 그리고 실재적 영역에는 무기물질, 유기적 생명체, 심적 존재 그리고 정신 존재 등을, 이념적 영역에는 수학적 존재, 사물의 본질, 논리적 법칙성 그리고 가치 등을 귀속시킨다. 이 두 영역의 구별과 관계는 하르트만 철학의 가장 큰 특징을 이룬다. 실재적 영역은 시간성, 개별성, 인과성 등으로 규정되나, 이념적 영역은 시간성을 초월한 보편적 존재의 영역이다. 실재적 존재 영역과 이념적 존재 영역의 관계는, 전자에 후자가 포함되거나(본질 경우처럼), 후자가 전자의 특정한 측면을 규정하거나(수학적, 논리적 존재의 경우처럼), 전자에 대하여 후자가 한갓 규범에 불과하거나(가치의 경우처럼) 하는 관계이다. 이렇듯 이념적 존재는 실재적 존재와 불가분의 관계를 갖는다. 물론 모든 이념적 존재가 그대로 실재 구조인 것도 아니고, 모든 실재 구조가 이념적 존재에서 성립하는 것도 아니다. 이념적 존재 영역은 실재적 존재 영역과 중첩하면서도 독자적이다. 그러나 이념적 존재 자체는 하나의 희박한, 부동하는 실체 없는 존재, 반존재에 불과하다. 실재적 존재가 완전하고 충실한 존재인 데 반해, 이념적 존재는 따로 떼어놓고 보면 불완전하고 추상적인 존재인 것이다. 그러므로 하르트만은 실재적 존재론과 내용적으로 구분되는 이념적 존재론은 있을 수 없다고 본다. 즉 이념적 존재의 범주를 실재적 존재의 범주에서 분리시켜 따로 규정할 수는 없다는 것이다.

범주가 구체자를 결정짓는 원리, 즉 존재 원리라면, 범주적 법칙은 범주들의 원리로서 원리들의 원리이다. 범주적 법칙은 범주들이 구체자에 대한 범주들의 특성을 갖듯이, 범주들에 대한 범주적 법칙의 특성을 지닌다. 그리고 그 범주적 법칙은 존재 일반에 대해 보편적인 것으로 기초 범주들의 일군을 형성한다. 하르트만은 기초 범주로서 양상 범주, 요소 범주, 범주적 법칙이라는 3군을 들고 있다. 이 3군의 기초 범주는 실재 세계 전체의 통일된 기초를 형성할 뿐 아니라, 모든 범주적 특성화에 대한 공통의 토대를 이룬다. 그러므로 범주적 법칙은 필연적으로 모든 존재 층과 영역의 구체자에 (간접적으로) 관계한다.

또한 범주적 법칙은 범주 영역의 구조일 뿐만 아니라 동시에 실재 세계의 구조이기도 하다. 우리가 살고 있는 실재 세계는 통일성을 지닌다. 그러나 그 통일성은 원리의 통일성도 아니고, 한 결정의 통일성도 아니며, 질서와 관계의 통일성이다. 그 질서의 형식은 성층이며, 그 관계의 형식은 범주적 재현이다. 하르트만은 범주적 법칙을 다음의 네 가지 원칙으로 분류하여 세계의 구조를 설명해나가고 있다.

1) 타당 원칙: 범주는 어떤 것의 원리로서의 범주일 뿐이다. 범주 없이는 구체자가 아무것도 아닌 것과 마찬가지로, 구체자가 없이는 범주도 아무것도 아니다.

2) 결속 원칙: 범주는 개체로서 고립해서 성립하지 않고 각 범주 층의 결속에서만 성립한다. 범주는 이 결속에 의해서 결부되고 함께 규정된다.

3) 성층 원칙: 낮은 존재 층의 범주는 계속 높은 존재 층에 포함된다. 그러나 그 반대는 성립하지 않는다.

4) 의존 원칙: 의존성은 낮은 존재 층에 대한 높은 존재 층의 범주의 의존성으로 일면적으로만 성립한다. 그러나 그 의존성은 단지 부분적일 뿐, 이 의존성은 높은 범주 층의 고유성(자립성)에 대해 자유를 허용한다.

타당 원칙하의 네 개의 법칙, 즉 원리 법칙, 층 타당 법칙, 층 소속 법칙, 층 결정성 법칙 등은 범주 일반의 본질 규정이다. 따라서 이들 법칙은 보편적이든 특수적이든 모든 범주에 대하여 타당하다. 또한 결속 원칙하의 법칙들, 즉 결합의 법칙, 층 통일의 법칙, 층 전체성의 법칙, 포함의 법칙 등은 단일 층 내부의 범주 군에 적용된다. 이 두 원칙은 범주 간의 수평적 관계로 이해된다. 반면에 범주 층간의 수직적 관계는 성층 원칙과 의존 원칙에서 성립한다. 수직적 관계의 범주적 법칙이 실재 세계의 구조를 더 잘 보여준다.

실재 세계가 층져 있다는 사실은 그 구조의 고유한 뼈대이다. 이러한 사실을 지배하는 법칙은 엄밀하고 탁월한 의미에서 실재 세계 구조의 법칙이다. 실재 세계의 성층은 단순한 높이의 질서가 아니라, 각 층들을 내용적으로 결정짓는 관계에 해당하는 아주 독특한 구조의 관계이다. 하르트만은 성층 법칙을 네 가지 법칙으로 구분하고 있다.

1) 재현의 법칙: 낮은 범주는 높은 범주들의 부분 계기로서 높은 층속에 계속 다시 나타난다. 범주들 중에는 한번 어떤 층에 나타나면 사라지지 않고 위쪽으로 계속 나타나는 범주가 있다. 그러나 이 관계는 역으로는 성립하지 않는다. 즉 높은 범주가 낮은 층에 나타나지는 않는다.

2) 변모의 법칙: 낮은 범주가 상층에 재현할 때는 변모한다. 그 범주는 한 요소로서는 유지되나, 높은 층의 결속에 있어서 차지하는 그 위치로 말미암아 변모를 면할 수 없다.

3) 새것의 법칙: 재현에 의거하여 모든 높은 범주는 여러 가지 낮은 요소의 결속을 통해 성립한다. 그러나 높은 범주는 낮의 요소들의 총화로서 끝나는 것이 아니다. 높은 범주는 언제나 낮은 요소들을 넘어선 어떤 것이다. 높은 범주는 하나의 특수한 새것, 즉 낮은 요소와 함께 새로이 나타나는 것이지 낮은 요소들에 포함되거나 낮은 요소들의 종합으로 이루어지는 것은 아니다.

4) 층 간격의 법칙: 각 존재 층에는 재현한 범주와 새로이 등장한 범주로 인해 새로운 층 결속이 성립하고, 그리하여 층간의 단계 구분이 급진적으로 이루어진다.

하층 범주와 상층 범주 사이의 성층 관계는 이미 두 범주의 의존관계를 함축하고 있다. 범주적 재현의 불가역성이 여기서 결정적인 것이다. 즉 상층은 하층에 의존해 있는 반면 하층은 상층에 의존해 있지 않다. 그러나 이러한 의존성도 역시 재현에 있어서처럼 부분적일 뿐 전체적일 수는 없다. 하르트만은 의존 법칙을 다음의 네 법칙으로 분류하고 있다.

1) 강함의 법칙: 높은 범주가 언제나 일련의 낮은 범주들을 전제하지, 낮은 범주가 높은 범주를 전제하지는 않는다. 따라서 범주적 의

존성은 철저히 낮은 존재 층에서 높은 존재 층으로 성립하지 그 역은 성립하지 않는다. 한 범주가 다른 범주에 비해 더 기초적이고 다른 범주를 제약하는 것이 그 범주의 '강함'을 의미하고, 한 범주가 다른 범주에 의존하고 제약되는 것이 그 범주의 '약함'을 의미한다면, 낮은 범주들은 성층 관계에 있어서 언제나 더 강한 것이고, 높은 범주들은 언제나 더 약한 것이다.

2) 무관성의 법칙: 낮은 범주 층은 더 높은 범주 층의 토대이나, 그 토대로서의 역할만이 낮은 범주 층의 역할의 전부는 아니다. 낮은 범주는 높은 범주 없이도 자립적으로 존립하는 존재 층이다. 낮은 범주는 모든 높은 존재 층에 대해 무관하다. 낮은 존재는 자기 속에 보다 높은 존재 층에 대한 어떤 규정도 가지고 있지 않다.

3) 질료의 법칙: 성층에 있어서 재현과 상층 형성이 성립하는 곳에서는 낮은 범주는 높은 층에 대해 단지 질료일 뿐이다. 낮은 범주가 아무리 강한 것이라 하더라도 낮은 범주에 대한 높은 층의 의존성은 질료의 특성만이 남아 상층을 형성하는 것으로 나아갈 뿐이다. 높은 범주는 낮은 범주를 질료로 해서 임의의 모든 것을 형성하는 것이 아니라, 이 질료로 가능한 것만을 형성할 수 있다. 높은 범주는 낮은 요소들을 변형시킬 수 없고 단지 상층을 형성할 뿐이다.

4) 자유의 법칙: 높은 범주는 낮은 범주에 의하여 질료상으로 제약을 받는다. 그러나 높은 범주는 낮은 범주보다 약함에도 불구하고 새것이라는 특성으로 인해 낮은 범주에 대하여 필연적으로 자유롭다. 자유는 언제나 강한 범주에 비해 약한 범주에서 성립하는 것이다. 약한 것이 더 높기 때문이다.

3. 정신 존재의 위상

1) 정신 존재의 실재성

무기적 존재는 사물의 실체성, 자연법칙성 등을 통해 자신을 견지해나가고, 유기적 존재는 적응, 신진대사, 자기 조정, 자기 복구, 자기 활동적 재형성 등으로 동일성을 견지하며, 심적 존재도 유기적 존재와는 다르지만 어느 정도 동일한 형태를 취하면서 거듭 새로운 의식에 눈뜸으로써 자기동일성을 지켜나간다. 그러나 단적으로 말해 정신 존재는 동일성을 갖지 않는다. 정신 존재에게는 미리 주어져 있는 고유하고 고정적인 것이 없다. 정신 존재의 동일성은 정신 자신에 의해서 창출되고 수행되어야 한다. 정신 존재는 그 자신의 능동적 활동 없이는 이루어지지 않는다. 개인적인 인격에서든 공동체에서든 정신 존재가 자신을 보존하기 위해서는 시간적인 흐름과 내적인 변화에 대항하여 자신을 관철시키지 않으면 안 된다. 따라서 정신 존재의 동일성은 '자신에 대한 고유하고도 자발적인 집착', '자기 옹호' 가운데서만 존립한다. 자기동일성을 확보하기 위해 정신 존재는 외부로부터 빌려 올 아무런 힘도, 추종할 아무런 법칙도 없다. 정신 존재는 그 자신인 바를 오직 그 자신에게만 맡기고 있다. 이렇듯 정신 존재는 동일성에 있어서 다른 존재와는 달리 그 자신의 고유한 범주적 형식을 지닌다. 정신의 이러한 보존과 동일성은 바로 자유에서 성립한다.

또 한편으로 정신 존재는 실재 세계에 있어서 모든 낮은 존재 층에 의존되어 있다. 그러나 정신 존재는 낮은 존재 층의 단순한 복합물은 아니며, 정신 존재에는 정신에 고유한 낮은 존재 층으로 환원될 수 없는 것이 있다. 실재 세계에 있어 존재 층간의 의존적인 관계는 실재 세계에서 그 예외를 찾아볼 수 없는 철저한 존재적 의존성이다. 그러나 그러한 의존성은 높은 층의 자율성, 즉 최고의 정신 존재의 자율성을 방해하지는 않는다. 또한 그러한 의존성이 정신 존재의 자율성을 분리성, 절대성으로 이해하게 하지는 않는다. 정신 존재의 특성과 고유 법칙성이 아래로부터의 제약성을 붕괴시키지는 않는다. 현실 세계에서는 떠다니는 어떠한 정신도 없다. 더 낮은 존재 층을 넘어서 자신을 높이고, 그 위에 얹혀 있는 정신만이 있을 뿐이다. 하르트만에게 있어서 정신은 언제나 '경험적 정신'이다. 이는 우리의 경험의 한계 내에서 존재하는 정신이며, 이런 경험적 정신은 우리의 삶의 방식, 즉 현상이 제시하는 바이다. 있는 그대로의 현상은 자명한 것이며, 부정될 수 없는 것이다. 따라서 정신은 세계 내에서 '얹혀 있는' 존재이지 '떠다니는' 존재는 아니다. 하르트만은 전통의 사변 형이상학, 즉 관념론은 이러한 사실을 오해하고 잘못 파악하고 있다고 비판한다.

이렇듯 정신 존재는 의존되어 있고 동시에 자율적인 존재이다. 이러한 이중적 특징이 현실의 층 영역에서의 정신 존재의 위치에 대한 하르트만의 존재론적인 표현이다. 그러나 의존성과 자율성은 서로 모순되어 보이는 측면이 있다. 의존성은 타율성의 형식이지만 자율성은 비타율성의 의미를 지니기 때문이다. 그래서 정신 존재는 의존적이거나 자율적이어야 하지 의존적이면서 동시에 자율적일 수는 없어 보인다. 하르트만에 따르면 이러한 생각에는 암암리에 자율성을 분리성과 동일시하고 의존성을 복합성과 동일시하려는 경향이 있다. 그러나 높은 형성물은 언제나 의존적인 것이며, 동시에 의존성 속에서 탁월하게 자립적인 것이다. 이런 형성물은 자율성과 의존성 사이의 선택적 관계에 있지 않다. 자율성은 분리성(절대성)이 아니며, 의존성은 타율성에서 비롯된 복합물도 아니다. 자율적 형성물이 얹혀져 있지 않고 떠다니는 것으로 이해되고, 의존적 형성물이 비자발적 요소들로 만들어지는 것으로 이해되는 것은 잘못이다. 정신 존재는 이 두 가지 방식으로는 옳게 파악되지 않는다. 본질적으로 정신 존재는 '자율적 구조의 얹혀짐'이라는 특징을 지닌다. 정신 존재는 의존되어 있으면서도 자립적인 존재요, 의존되어 있으면서도 자율적인 존재이다. 이 두 측면의 의존과 자율이라는 연관 관계는 정신 존재와 낮은 실재 존재 층과의 범주적 관계를 분석함으로써 명백해지고, 바로 여기서 정신 존재의 자유도 존재론적으로 구명될 수 있는 것이다.

그러나 여기서 더 나아가 정신 존재는 자율적 존재로서 자기 자신만을 구성하는 것이 아니라, 다른 실재 존재의 세계를 재형성하기도 한다는 특성을 지닌다. 정신 존재는 다른 실재 존재에 대항하여 자신을 관철시킨다. 이때 정신 존재는 낮은 존재 층의 결정 과정과는 반대 방향으로 그 활동을 전개한다. 이것이 곧 정신 존재의 목적적 활동이며, 그렇게 함으로써 정신 존재는 스스로 또 다른 세계를 산출한다. 그러나 이것은 낮은 존재 층의 결정을 바꾼다는 의미가 아니라, 낮은 존재 층의 결정을 토대로 해서 정신 존재 자신의 고유한 추가적 활동을 덧붙인다는 것을 의미한다. 그런데 정신 존재의 이러한 목적적 결정과 관련해서 더욱 중요한 것은, 정신 존재가 목적으로 삼는 것은 비실재적인 것이며, 목적 활동적 자기 형성의 특징을 지니는 정신 존재만이 저 비실재적인 것으로 하여금 실재적인 것을 결정하게 하는 능력을 갖는다는 것이다. 정신 존재는 실재적 존재로서 실재 세계에 속하면서도 목적 활동에 있어서는 실재가 아닌 다른 영역과 관계하고 있는 것이다. 그런데 정신 존재는 무엇을 목적으로 설정함에 있어서 가치 있는 것만을 목적으로 삼는다. 정신 존재란 전적으로 현실성의 법칙에 따르는 것이며 현실과 생성 소멸을 같이하는 것이기는 하나,

동시에 정신 존재는 가치의 세계와 연결된 것이며, 그 이념적 존재와 접촉하는 것이다. 이런 정신 존재 이외에는 어떤 존재라도 이념적인 호소에 대하여 무감각하다. 정신 존재의 작용 영역은 이념적인 영역과 실재적인 영역의 중간에서 매개적 지위를 차지한다. 그러므로 오직 정신 존재만이 실재적 세계에서 목적적 능력을 가진 유일한 존재자이며, 따라서 당위 세계를 존재의 세계로 정립할 수 있는 것이다. 이러한 정신 존재가 바로 도덕적 존재, 즉 인격인 것이다.

2) 정신 존재의 이념성

> 형이상학적 요소가 가장 중요한 위치를 차지하는 것은 인식론에 있어서가 아니다. 정신적 존재의 문제 영역에 있어서 인식은 겨우 서막에 불과하다. 인식은 아직 인격의 본질에 관계하지 않는다. 그런데 인생의 각종 정세, 요구, 필요, 임무 등을 다룰 때 [인식은] 인격의 본질에 관계하게 된다. 여기서 우리는 덕성과 자유의 문제로 들어가게 된다(하르트만, 1983: 36).

인간도 다른 생명체인 동물들처럼 생기의 흐름 속에 서 있다. 인간도 내적이며 외적인 정세에 의하여 피습된다. 인간이 정세를 선택하는 것이 아니라 정세 속에 빠뜨려진다. 정세가 일단 나타나면 그것을 피할 수 없고, 어떻게든지 통과하지 않으면 안 된다. 다시 말하면 인간도 동물처럼 행동하지 않으면 안 된다. 그러나 인간의 행동과 동물의 행동에는 차이가 드러난다. 인간은 특정한 목표와 임무, 그리고 가치를 보여주는 특별한 종류의 중요한 힘을 지닌다. 이것은 인간의 자유에 맡겨져 있다. 그러나 이 자유의 의미를 오해해서는 안 된다. 인간이 주어진 정세에서 행위하느냐 마느냐의 자유를 갖는 것은 아니다. 왜냐하면 행위하지 않는 것도 하나의 행위이고, 만약 그것이 옳지 않을 때 책임은 그 자기에게 돌아오기 때문이다. 오히려 인간은 항상 행위하도록 강제되어 있다고 할 수 있다. 다만 어떻게 행위할 것인가에서 인간은 자유를 가지는 것이다. 이 '어떻게'가 그의 결단에 맡겨진다. 그리고 이 결단이야말로 인간의 자유를 나타낸다고 보면 인간은 자유로운 결단을 하도록 강제되어 있다고 말할 수 있겠다. 또는 역으로 결단을 하도록 강제되어 있으면서도 인간은 자유롭다고 말해도 좋겠다.

실재 세계에 속해 있는 정신 존재는 다른 존재와 마찬가지로 인과적 결정에 크게 지배되고 있다. 정신은 실재하는 존재로서 세계 속의 한 존재자인 것이다. 그러나 정신적 존재의 모습이 인과적 결정으로 다 드러나는 것은 아니다. 정신적 존재는 하층에 전적으로 의존하는 것이 아니라 부분적으로 의존하며 부분적인 자율을 지니는 것이다. 바로 여기서 자유가 가능해진다. 또한 정신적 존재는 실재 세계 내의 최고층으로 있을 뿐만 아니라 이념적 영역과도 독자적인 관계를 맺고 있다.

가치의 담지자로서 정신 존재는 도덕적 존재로서 활동한다. 그러나 도덕적 존재는 이념적 가치를 무조건적으로 따르지는 않는다. 가치는 본질적으로 실재를 직접 규정하지 않고 다만 당위를 표현할 뿐이다. 이러한 당위의 요구를 받아들여 그것에 헌신할 자가 나타날 때만 비로소 당위의 법칙이 실재 안으로 침투하고 가치가 실현될 수 있는 것이다. 가치에 대한 인간의 특수한 지위는 바로 그가 가치를 수용하고 그의 활동, 예견, 결의 능력과 목적 활동으로 이념적 가치와 실재적 현실을 매개할 수 있는 인격적 존재라는 점에 있다. 정신적 존재가 인격적 존재가 되는 것은 바로 자유에서 비롯된 결의 능력이 있을 때 비로소 가능해지는 것이다. 인간은 이러한 의지 자유를 갖고 도덕적 가치와 비가치의 담지자가 될 수 있으며 여기에 책임이 따르는 것이다. 하르트만에 따르면 도덕적 가치 및 도덕적 행위는 존재적 기초 없이는 그 본래의 의미를 상실한다. 자유 없이는 인간의 행위가 가치일 수도 반가치일 수도 없다. 자유는 도덕적 존재의 근본 조건인 것이다.

실재 세계에 있어서 높은 결정 형식들과 낮은 결정 형식들의 관계는 정신 존재의 특별한 우월성, 즉 세계에 있어서 정신적 힘의 우위와 자연에 대한 정신의 지배라는 근본 관계를 형성한다. 이러한 것이 곧 의지 자유는 아닐 것이나, 의지 자유가 결부되어 있는 존재적 근본 제약임에는 틀림없다. 왜냐하면 의지는 활동성이고, 이 의지가 지향하는 것은 언제나 목적 실행이기 때문이다. 이러한 목적 실행이 근본적으로 인간에게 주어져 있지 않다면 인간의 의지는 참으로 어떠한 결정에도 관계하지 않을 것이다. 따라서 그러한 의지는 무력한 기대나 희망으로 판명이 날 것이며, 그 의지는 행위할 힘이 없을 것이기 때문에 참된 책임이 그 의지에 주어지지 않을 것이다. 의지 자유와 목적 활동은 분명하게 결정 형식들의 범주적 성층에 결부되어 있는 것이며 그러한 범주적 성층 없이는 불가능한 것이다.

그런데 정신 존재의 목적 활동은 가치를 목적으로 설정하는 데서만 가능하다. 무가치한 것을 목적으로 세우는 사람은 아마도 이 세상에 아무도 없을 것이다. 인격으로서의 인간은 실재 세계에 생존하면서 그 자신이 하나의 실재자이면서 동시에 그의 정신적 생활에 있어서는 이념적 영역의 가치에서 비롯되는 당위 요구의 담지자이다. 인간이 가치를 느낄 때 가치의 당위 요구도 함께 따라온다. 그리고 이러한 규정성이 인간의 목적 활동에서 작용하고 있다. 그래서 인간은 인과적 필연성이 결코 만들어낼 수 있는 없는 것을 만든다. 즉 자연의 현실성 내에서 윤리적 현실성의 세계를 적극적으로 만드는 것이다. 인간의 목적 활동성과 정신 존재의 범주적으로 높은 결정 형식에 의해서 인간은 자연의 힘을 능가하는 존재임이 드러난다. 그러므로 적극적 의미에서 의지 자유의 존재론적 가능성은 동일한 세계에서 결정 형식들의 성층 관계(특히 범주적 근본 법칙과 자유의 법칙의 보충 관계)에서 기인한다.

앞에서 정신 존재의 자유란 정신의 목적 활동 가운데서 가치를 실현시키는 데서 성립한다는 것, 나아가 실재 존재로서의 정신의 자기 규정과 자기 형성은 결국에는 이념적 존재에의 지향으로 귀착된다는 것이 드러났다. 그러나 정신 존재의 자유는 이념적인 존재(가치)에 대해서도 자유여야 한다는 중요하고도 복잡한 관계가 나타난다. 의지 자유는 실재 세계의 인과 결정에 대해서 자유로워야 할 뿐만 아니라, 그 밖의 윤리적 원리 자체에 대해서도 자유로워야만 한다. 이것이 참된 의미의 의지 자유인 것이다. 이에 하르트만은 의지 자유에 관련한 세 가지 자유를 제시하고 있다.

1) 첫 번째 자율은 인과 결정이 의지를 함께 규정하는 한, 더 낮은 결정에 대한 자율, 즉 인과 결정에 대한 자율이며,

2) 두 번째 자율은 의지가 원리에 반할 수 있는 한, 도덕적 원리(도덕법칙·가치)에 대한 자율이다.

3) 세 번째 자율은 앞의 두 자율의 선조건, 즉 인과 결정의 상층 형성에서 나타나듯이 의지 및 행위에 있어서의 범주적 목적 구조의 자율이다.

첫 번째 자율은 적극적인 자유의 형식이며, 두 번째 자율은 소극적

인 자유의 형식이다. 이 양자가 비로소 본래적인 의지 자유를 가능케 한다. 그러나 어떻게 이 양자의 종합으로 참된 의지 자유가 이루어지는가 하는 것은 대단히 어려운 문제이다. 그리고 세 번째 자율은 첫 번째 자율과 같이 낮은 결정에 대해서 성립하지만 그것과 동일하지는 않다. 왜냐하면 이 세 번째 자율은 첫 번째 자율처럼 의지 결정에 관계하는 것이 아니라 이미 설정된 목적과 그것의 실현에 대한 수단의 선택에 관계하기 때문이다.

첫 번째 자율에서 보자면 의지의 결정은 윤리적 원리에서 비롯되나, 두 번째 자율에서 보면 의지의 결정은 윤리적 원리에서 비롯되지는 않는다. 그리고 첫 번째 자율에서는 의지 자유가 개별적일 수 없으나, 두 번째 자율에서는 의지 자유가 개별적 인격의 자유일 수 있다. 그러나 두 번째 자율의 의미는 첫 번째 자율 문제가 해결된 후에 나타나는 모순에서 드러난다. 의지가 도덕적 원리에 의해서 결정된다면 의지는 이러한 원리에 대해서 자유롭지 못하다. 그러나 의지가 그런 원리에 의해서 결정되지 않는다면, 의지는 인과 결정에 대해서 자유롭지 못하다. 따라서 의지는 두 경우에 있어 자유롭지 못하다. 이 두 자율의 관계에서는 어느 하나도 의지 자유에 대해서 적절하지 못하다. 이 둘이 서로 모순, 대립 관계에 있기 때문이다. 결국 의지 자유의 완전한 자유는 이 두 자율의 모순이 동시에 해결되는 한에서만 성취될 수 있으며 또한 두 자율의 대립 속에서만 세 번째의 자율 문제가 해결될 수 있을 뿐이다. 이러한 의지 자유는 법칙하에서의 자유일 뿐 아니라, 법칙에 대립하는, 즉 법칙을 넘어서는 자유이다.

존재론적으로 원리의 자율성이 인간의 인과적 결정에 비례하듯, 인격의 자유가 원리의 자율성에 비례한다. 그리고 인격의 자유는 존재 유형을 따르는 더 높은 결정이기 때문에 범주적 의존 법칙을 따르는 더 낮은 결정을 넘어서 자유로운 것이다. 인격이 인격 이외의 결정에 묶여 있다는 사실이 인격을 자유롭지 못한 것으로 만들지는 못한다. 묶여 있는 상태에서의 자유는 자연법칙과 가치들에 의한 모든 결정 이외에도 다른 것, 즉 인격 그 자체에 고유한 결정이 있음을 의미하는 것이다. 여기서 자유는 철저하게 새로운 결정의 추가를 의미하지 앞선 결정들의 붕괴가 아니다.

의지는 도덕적 원리에 의해서 결정된다 하더라도 그 의지는 원리에 대해서 자유롭지 못할 필요가 없다. 왜냐하면 의지 그 자체는 자기 결정에 의해서 결정을 수행하지 도덕적 원리에 의해서 그 결정을 수행하지는 않기 때문이다. 그리고 반대로 의지가 도덕적 원리에 의해서 결정되지 않을 때에도 의지는 인과 결정에로 되돌아갈 필요가 없다. 그 이유는 도덕적 원리에 반하는 의지의 결정도 역시 의지의 자기 결정이며, 비록 그 자기 결정이 도덕적 원리에 대해서는 소극적 결과가 된다 할지라도 자기 결정 그 자체는 적극적인 것이기 때문이다. 따라서 의지는 이 두 경우에 있어서 자유롭지 못한 것이 아니라, 이 두 경우에서 바로 자유로운 것이다. 그렇기 때문에 원리를 잘못 파악한 의지에는 바로 책임이 부가되는 것이다. 이러한 관계에서 우리는 대체로 도덕적 원리가 의지의 결정에 이르는가, 그렇지 않은가에 관계없이 어떻게 의지 자유가 있는가 하는 것을 명백하게 볼 수 있다. 그러한 관계는 의지에 달려 있는 것이지 도덕적 원리에 달려 있는 것은 아니기 때문이다. 의지가 도덕적 원리를 긍정하고 부정하면서 결정하는 것은 의지에 달려 있다. 이것이 바로 의지의 인격적 자유인 것이다.

앞에서 제시한 의지 자유에 대한 두 계기(첫 번째 자율과 두 번째 자율) 사이의 대립은 결코 이율배반적 대립이 아니라, 적극적이며 복잡한 상관관계, 즉 보충 관계라는 점에서 정당성을 갖는다. 첫 번째 자율은 당위 원리가 다른 결정자로서 인과 결정 속에 개입함으로써 성립하는 것이 아니라, 비인과적 힘이 의지 속에서 함께 결정하는 한에서만 가능하다. 이로부터 두 가지의 모순적 자율이 상관적으로 기능할 수 있는 것이다. 즉 의지가 당위 요구(원리)에 대해서 자기 결정하는 대립 법정을 형성하는 한, 두 번째 자율(당위 이율배반)은 해소되고, 칸트가 보편적 도덕법칙에 부여했던 바와 같이, 의지가 그러한 결정 기능의 부담을 받아들이는 한, 첫 번째 자율(인과 이율배반)은 해소된다. 여기서 비로소 두 자율의 보충 관계가 밝게 드러난다. 첫째로 가치는 그 스스로 가치를 보증하는 인격적 의지 없이는, 즉 의지의 자기 결정 없이는 어떠한 것도 결정할 수 없다. 둘째로, 그러나 의지도 역시 의지에 향해진 자율적 가치들의 당위 요구를 염두에 두지 않고, 그리고 요구 자체를 감각하지 못하고는 자기 자신을 결정할 수 없다. 이 두 계기, 한편으로는 객관적이며 이념적이고, 또 한편으로는 주관적이며 실재적인, 즉 원리의 자율성과, 그 원리의 자율성에 대립해서 존립하는 인격의 자율성이 함께 이런 고유한 보충 관계(두 계기의 상호 개입)를 통해 비인과적 결정자를 만드는 것이다. 그리고 이러한 결정자가 바로 적극적 의미를 지닌 자유인 것이다.

이와 같은 사실은 범주적 법칙이 보여주는 바이다. 낮은 결정은 높은 결정을 담지하고 있다. 높은 결정은 낮은 결정과 더불어 성립하고 소멸한다. 높은 결정이 낮은 결정을 자기의 측면에서 자기 마음대로 폐기한다면, 높은 결정은 스스로 폐기된다. 그러면 어떠한 자유도 성립할 수 없다. 그렇기 때문에 원리에 대립하는 자유는 동시에 자연법칙에 대립하는 자유와 더불어 성립하고 소멸하지 않을 수 없다. 자연법칙에 대립하는 자유가 원리에 대립하는 자유보다 더 낮고 더 강한 것으로, 원리에 대립하는 자유의 제약 조건이기 때문이다. 그러나 동-

시에 의지는 이러한 두 가지의 다른 법칙성에 대립한 이 이중적 대립 위치에서 무엇보다도 자신을 도덕적인 의지로 만드는 무엇이며, 오직 자연법칙에만 대립해서는 결코 존립할 수 없는 무엇인 것이다. 자연법칙에 대한 일면적인 대립 위치에서 의지는 도덕법칙의 지배에 놓이게 될 것이며, 그 때문에 의지는 도덕적 의지이기를 그만두지 않을 수 없는 것이다. 그래서 자율적 원리와 자율적 인격 간의 관계는 결코 이율배반적이 아니라, 두 자율의 적극적인 상호 개입, 상호 제약 관계인 것이다. 여기에 참된 도덕적 자유를 가능하게 하는 내적이며 범주적인 제약이 놓여 있는 것이다.

4. 나가는 말

칸트가 『순수이성비판』, 즉 이론이성 내지 사변철학에서 자유를 불가능하지 않은 것으로 인정했고, 이것을 자유에 대한 소극적 이해로 받아들이듯이, 하르트만이 실재 세계에서 각 존재 층간에 자유가 성립한다고 본 것은 자유에 대한 소극적인 이해로 비친다. 반면에 실천이성, 즉 『실천이성비판』에서 자유를 이성의 자율성, 도덕법칙 자체 등으로 규정한 칸트는 이런 자유를 적극적인 의미의 자유, 즉 참된 자유로 파악하고 있다. 이는 하르트만이 생각하는 비실재적인 것과의 연관에서 비롯되는 정신 존재의 자유, 즉 의지 자유에 대응하는 것으로 사유에 대한 적극적인 이해로 설명될 수 있다. 의지 자유는 단지 실재 존재 층간의 관계에서 비롯된 수동적 자유가 아니라, 이념적 존재(가치)를 적극 수용하는 관계에서 비롯된 자유이기 때문이다. 그러나 이런 대칭적 관계 비교는 조심스럽게 다루어져야만 한다. 외관상 칸트의 인간 규정과 자유와 하르트만의 인간 규정과 그에 따른 자유가 비슷해 보이지만, 내용이나 방법상에 있어서 많은 차이를 보이기 때문이다. 존재자를 이념적 존재와 실재적 존재로 구분한 것은 하르트만 존재론의 특이한 점으로, 하르트만은 이런 이론하에서 의지 자유가 존재론적으로 가능함을 제시하고 있다. 하르트만의 존재자 구분, 특히 영역 이론과 층 이론 그리고 범주적 법칙이 충분하게 밝혀지고, 또 그 이론의 정당함이 한층 더 확고해진다면, 인간의 본질과 여기서 기인하는 자유의 문제 또한 더 밝은 빛 아래서 존재론적으로 조명될 수 있을 것이다.

> 존재 방식 자체의 근거를 밝히는 일은 분명코 존재론적 연구의 소관사이다. 이것은 존재자 자체를 이해하려고 하는 보편적 과제의 한 특수 사례이다. 그러나 이러한 학문에 있어 현재의 뒤쳐진 상태에서는 존재론이 이 과제를 만족스럽게 해결할 수 없다. 지금 우리가 할 수 있는 것은 현상학적 예비 연구에 불과하다. 즉 객관적 정신 생활에 있어서의 유형적 과정과 관계의 서술이다. 그리고 우리가 존재론의 보편적 근본 문제로 진행할 때 처음부터 이 과제에 주의하는 것은 중요한 것이다(하르트만, 1983: 28).

참고 문헌

모르겐슈테른, 모건, 2001, 『니콜라이 하르트만의 비판적 존재론』, 양우석 역, 서광사.

손동현, 1986, 「형이상학적 문제와 존재론적 탐구」, 『철학연구』 21, 철학연구회.

손동현, 1987,「정신에 대한 하르트만의 존재론적 규정과 그 문제성」,『철학논고』, 성대 철학과.
손동현, 1992,「하르트만에서 생활세계의 의의」,『철학과 현상학 연구』 제5집, 한국현상학회.
하르트만, 니콜라이, 1983,『존재학 원론』, 하기락 역, 형설출판사.
하르트만, 니콜라이, 1987a,『존재학 범주론』, 하기락 역, 형설출판사.
하르트만, 니콜라이, 1987b,『철학의 흐름과 문제들』, 강성위 역, 서광사.
하르트만, 니콜라이, 1997,『존재론의 새로운 길』, 손동현 역, 서광사.

도덕적 '선'에 대한 존재론적 탐구

박정희

1. 들어가면서

현대사회는 각 문화의 고유성과 개인의 다양성을 인정하고 존중하는 것을 당연하게 여긴다. 인류에 보편적으로 적용되는 가치를 주장하는 것은 이제 다양성을 무시하는 구시대적 발상으로 여겨지기까지 한다. 게다가 화학적, 생물학적 발견들을 통해 더욱 과학적인 세계관으로 인정받고 있는 진화론은 본질주의적 세계관을 공략하면서 보편적 가치나 객관적 '선'에 대한 이상을 무너뜨리고 있다. 이러한 시대적 배경에서는 도덕적 상대주의와 반실재론이 유일한 대안으로 나타난다. 그러나 이러한 대안은 현대사회의 다양한 도덕 현상에 대한 판단을 방기할 뿐 아니라 그로 인한 도덕적 해이를 불러온다. 이러한 도덕적 위기의 시대에 도덕적 '선'을 존재론적으로 탐구함으로써 도덕적 회의를 벗어날 수 있는 길을 모색해보는 것도 의미 있는 일일 것이다.

2. 도덕 존재론에 관하여

'선'은 어떠한 자연적 속성들로 정의할 수 없다는 무어의 '자연주의 오류' 논변, 그리고 '그것이 정말로 선한가?'라고 다시금 물음으로써 '선'에 대한 어떠한 정의도 정확하지 않음을 보여주고자 했던 무어의 '열린 물음 논제'에 답변하면서 20세기 윤리학이 다양하게 발전해왔다는 것은 크게 과장된 주장은 아니다. 무어의 '선'에 관한 입장은 대표적으로 비자연주의로 분류되며 도덕실재론의 하나로 받아들여진다. 피브세빅에 따르면 '실재론'은 우리의 사유나 언어와 무관하게 존재하는 어떤 것이 있다는 형이상학적 입장이다(Pivcevic, 1986: 248). 또한 비자연주의는 도덕적 술어들은 비규범적 용어들로 분석될 수 없다는 의미론적 논제(Gibbard, 2002: 153), 기본적인 도덕 원리들과 가치판단들에 대한 지식은 어떤 의미로는 자명하다는 인식론적 논제(Frankena, 1973[1963]: 85-86), 도덕적 속성들이 존재하며 그것들은 자연적 속성들과 동일하거나 그것으로 환원될 수 없다는 형이상학적 논제로 각기 통용되지만, 이중에서 특히 세 번째의 형이상학적 논제가 가장 비자연주의를 대표하는 논제로 받아들여진다(Ridge, 2008: 2장). 피브세빅의 '실재론'에 대한 정의와 형이상학적인 비자연주의 논제를 결합하면, 비자연주의적 도덕실재론의 강한 입장은 어떤 도덕적 속성들이 우리의 사유나 언어와 무관하게 존재한다는 윤리학적 입장이다.

반면에 도덕적 속성이나 사실을 가장 친숙한 자연적 사실로 설명하려는 넓은 의미의 자연주의가 있다. 넓은 의미의 자연주의 안에는 도덕실재론을 주장하는 인지주의와 반실재론을 주장하는 비인지주의와 실수 이론이 포함된다. 인지주의에 따르면 도덕 판단이란 도덕적 속성이나 사실이 있음을 긍정하는 것이며, 또한 그것은 객관적으로 좋거나 나쁜 사태에 대한 인지적 판단(믿음)을 의미한다. 이와는 달리 비인지주의에 따르면 도덕 판단이란 객관적 사태에 대한 발화자의 비인지적인 정서를 보고하거나 표현하는 것이다. 비인지주의나 실수 이론은 '선'이 우리의 사유나 언어와 무관하게 존재한다는 것을 부정하는 데에서 더 나아가, 우리의 인지적 믿음을 참이도록 해주는 객관적인 도덕적 속성이나 사실이 있다는 것을 부정함으로써 객관적인 도덕적 지식을 부정하고 도덕 회의론으로 나아간다. 물론 하만과 같은 사람들은 허무주의적으로 보이는 이모티비즘이 도덕적 추론, 도덕적 진리, 심지어 도덕적 사실이 존재한다는 것까지도 허용할 수 있으며 생각보다 상식적이라고 주장한다(하만, 2005: 91). 또한 현대의 세련된 비인지주의자 블랙번이나 기버드와 같은 사람들도 비인지주의의 허무주의적 입장을 보완하고자 함으로써 점차 인지주의와의 간격을 좁히고 있다. 그럼에도 여전히 그들의 입장이 객관적인 도덕적 지식에 관하여 회의적이며 주관주의적이라는 것, 그리고 도덕적 지식은 여타 자연과학적 지식보다 확실하지 않다고 생각한다는 것은 분명하다.

좁은 의미의 도덕적 자연주의는 인지주의만을 가리킨다. 비인지주의나 실수 이론이 모두 넓은 의미의 자연주의 안에 포함된다 할지라도 이들은 도덕에 관한 회의주의를 견지하기 때문에 도덕적 자연주의자라고 볼 수는 없다. 물론 비자연주의적 도덕실재론의 입장에서 보면 인지주의도 비인지주의와 마찬가지로 도덕 판단의 의미에 관해 연구하는 의미론적 입장이라는 점에서 실재론이 아니라 관념론으로 분류되기도 한다. 그러나 인지주의를 반실재론 혹은 관념론으로 분류해야 할지 아니면 실재론으로 분류해야 할지는 간단치가 않다. 알

렉산더 밀러는 의미론적 실재론을 반실재론으로 분류한다. 그에 따르면 실재론을 규정하는 존재 차원과 독립성 차원이 있다. 의미론적 실재론은 인간의 인식에 의존하기 때문에 독립성 차원의 기준을 충족시키지 못하므로 반실재론에 해당한다. 데빗 또한 "진리는 실재론과 무슨 관련이 있는가? 아무런 관련이 없다. 게다가 실재론은 우리의 의미론적 능력은 세계를 구성하지 못한다는 부정적인 주장을 하는 것을 넘어서 어떤 의미론적인 것도 말하지 않는다."고 주장한다(Devitt, 1991: 39). 그러나 기드온 로젠은 "실재론 일반이 환원적이고 기초적인 대응으로서의 진리 개념에 가담한다고 가정하는 것은 잘못이다."라고 지적한다(Rosen, 1988: 386-405). 세이어-맥코드 또한 그러한 구분이 심리실재론을 어느 쪽에도 포함시킬 수 없게 만들며, 인간의 생각이나 관습에 의존하는 모든 견해를 반실재론에 포함시킨다고 비판한다(Sayre-McCord, 2009: 5장). 심리실재론자 오웬 플래너건(Owen Flanagan)도 자신이 실재론자라고 주장한다. 만약 인지주의를 반실재론으로 규정한다면 모든 자연주의자는 반실재론자로 규정되어야 할 것이다.

초기의 자연주의자들은 선험적으로 도덕적 속성을 자연적 속성으로 정의하거나 환원하고자 했으며, 따라서 이들은 자연주의적 정의나 환원을 거부하는 무어의 표적이 되었다. 하지만 현대의 자연주의자들 중에는 '선'에 대한 자연주의적 '정의'나 '환원'을 주장하지 않는, 경험적이고 종합적인 자연주의자들이 있다. 무어의 논제가 환원주의를 겨냥한 것이라는 해석이 정확하다면, 비환원적 자연주의는 무어의 덫에 걸리지 않는다. 이 경우 약한 의미의 비자연주의와 비환원적인 자연주의는 분명하게 잘 구분되지 않는데, 그 이유는 특히 '자연적'이라는 말과 '실재'라는 말의 의미가 불분명하게 쓰이기 때문일 것이다. 이러한 혼란에 대항해서 침묵주의(Quietism)가 등장하는데, 이들은 실재론/반실재론 간의 중요한 형이상학적 논쟁은 불가능하다고 여긴다(Miller, 2010: 8장).

밀러에 따르면 존 맥도웰(John McDowell)이나 기드온 로젠도 침묵주의자인데, 제프리 토마스(Jeffrey Thomas)에 따르면 위긴스를 포함한 이들은 준실재론자로 받아들여진다. 준실재론에 따르면 누구도 인간의 반응과 무관하게 한 대상이 검다고 가정하지 않는다. 하지만 검은색을 보는 경험은 단순히 개인적 반응이나 사회적 관행에 의거하여 설명되지 않는다(토마스, 2005: 290). 다시 말해 검다는 이차 속성은 객관성을 갖는다는 것이며, 도덕성도 이에 못지않게 그러하다는 것이다.

지금까지 도덕적 '선'에 관한 최근의 존재론적 입장들의 흐름을 간단히 살펴보았다. 도덕 존재론에 관한 논의는 너무나 방대하고 전문적으로 흘러갔기 때문에, 나는 여기에서 도덕적 '선'과 관련한 존재론적 논쟁을 정말로 대략적으로 기술했다. 비자연주의만을 도덕실재론으로 인정하는 밀러나 데빗을 따르게 되면, 물질적인 실재를 제외한 이 세상의 너무나 많은 것이 실재하지 않는 것이 되며, 우리의 관행이나 제도, 경제나 사회 문화 등은 모두 허상에 불과하게 된다. 좀 더 현상들을 충실히 다루기 위해 우리는 '실재'에 대해 다시 생각해보아야 할 것이다.

3. '실재'에 관하여

한마당 풀어놓은 이러한 종류의 논쟁들에서는 과거의 거장들을 대변하는 입장들이 필히 존재하기 마련이다. 밀러와 데빗의 구분에 따르면, 대표적인 비자연주의적 도덕실재론에서의 '실재'는 플라톤의 초자연적 실재와 유사하다. 하지만 '선'이 초자연적, 독자적으로 실재한다면 그것이 자연에 속한 인간에게 어떻게 영향을 미칠 수 있는가 하는 인과의 문제가 발생한다. 또한 도덕적 속성이 비자연적, 독자적으로 실재한다 할지라도 우리가 그것이 있음을 어떻게 알 수 있는가 하는 인식론적 문제가 발생한다. 비자연주의자들은 그것을 자명하게 직관적으로 알 수 있다고 주장하지만, 다양한 문화에 속한 다양한 직관이 서로 옳거나 좋다고 여기는 것들이 충돌할 수 있다는 점을 고려한다면 그러한 주장 또한 여의치 않다. 또한 외부 세계를 직접적으로 지각할 수 있는 오감과 같이 우리에게 선을 지각하는 특수한 기능이 있다고 가정하는 것도 상식적으로나 과학적으로나 받아들이기 어려운 일이다.

인지주의와 비인지주의라는 의미론을 관념론이라고 주장하는 입장을 우선 제쳐두면, 그리고 인지주의적 입장이지만 반실재론을 표방하는 실수 이론을 예외로 둔다면, 대략 인지주의는 도덕실재론에 해당하고 비인지주의는 주관주의나 상대주의를 포함한 반실재론에 해당한다고 할 수 있다. 이러한 구분은 20세기 이후의 구분이라서 과거의 거장들의 이론과 정확하게 맞아떨어지지는 않지만, 좀 더 쉽게 이해하기 위해 그들의 개념을 활용하는 것이 유익할 것이다. 이를 위해 나는 칸트와 흄의 도덕론을 살펴볼 것이다. 이들의 도덕론은 그 자체로 방대하고 어려운 연구이면서 또한 다양한 학자에 의해 다양한 시각으로 받아들여진다. 단지 여기에서는 인지주의와 비인지주의 관점에서 그들의 연구를 탐색해봄으로써 현대의 도덕 존재론을 이해하고자 한다.

칸트를 자연주의자라고 하기에는 무리가 있지만 그를 비자연주의

자라고 하는 것도 적절하지 않다. 도덕법칙을 스스로에게 부과하는 인간의 이성이 초자연적인 것이라고 생각하고 '이성이 신에 의해 주어진 신성한 것'이라고 하는 중세의 이념을 받아들인다면 칸트는 비자연주의자로 분류될 것이다. 만약 인간을 자연에 속한 자연적 존재로서 생각하고, 인간 이성도 마찬가지로 오랜 진화의 역사에서 등장한 (신이 부여한 것이 아닌) 불완전한 인간의 자연적 기능으로 여긴다면 칸트는 자연주의자로 받아들여질 것이다. 물론 이성적 능력이 아닌 도덕법칙이나 원리 자체가 자연적인지 비자연적인지에 대해서도 논의의 여지가 있을 수 있다. 이에 대한 결정은 칸트 전공자들에게 맡기기로 하고, 의미론과 관련해서만 칸트를 바라보자.

칸트에 따르면 오로지 선한 것은 '선의지'뿐인데, 그것은 주관적으로 선해야 할 뿐 아니라 객관적, 보편적, 이성적 기준으로 판단했을 때도 선한 것이어야 한다. 이성은 객관적 판단을 위해 보편적 기준을 제공하는데, 이성이 제공하는 보편적 기준은 '도덕적으로 선한 행위는 보편화가 가능한 행위'이다. 이성이 제공하는 이러한 보편적 도덕법칙에 따라, 하나의 행위는 그것이 의무이면서 동시에 그것이 의무라는 이유만으로 행해졌을 때 도덕적으로 선하게 된다(이충진, 2012: 368-374). 칸트는 인간의 본질을 이성으로 보았으며, 이성만이 왜곡되기 쉬운 경험을 초월할 수 있으며, 따라서 이성만이 선악의 보편적 기준을 제공할 수 있다고 보았다. 이성만이 도덕 판단의 진위를 판단할 수 있다는 칸트의 논변은 우선 도덕적 지식이 가능하다고 긍정한다는 점에서, 그리고 특히 도덕 판단을 이성적, 인지적 판단으로 본다는 점에서 인지주의의 한 버전이라 할 수 있다.

또한 과거의 거장으로서 흄을 고려할 수 있다. 흄은 다양한 철학자가 자신들의 입장을 지지하기 위해 원용한 까닭에 때로는 비인지주의자로 때로는 자연주의자로 이해된다. 그를 비인지주의자로 해석하는 까닭은 '이성은 열정의 노예이며 또한 노예여야 한다.'는 주장이나, 도덕 판단은 객관적인 세계에 대한 믿음을 표현하는 것이 아니라 발화자의 심리 상태를 보고하거나 표현하는 것에 불과하다는 그의 언급 때문일 것이다.

반면에 자연주의자로서의 흄은 직접적인 우리의 성향들이 자연적 덕들을 나타내며 바로 이것이 도덕적이라고 주장한다. 그에 따르면 어떤 성품이 이타적인 경우에 우리는 도덕적이라고 말할 수 있다. 이러한 이타성을 보여주는 관대함과 박애, 온순함과 자선, 온화함과 형평성과 같은 자연적 덕은 우리에게 내재적이고 본질적인 것으로 존재하는 도덕적 성향이다. 물론 이러한 관대함과 같은 자연적 덕은 공감의 정도와 친밀성의 정도에 좌우되기 때문에 보편적이지 않지만, 그럼에도 드문 예외를 제외하고는 인간에게 공통적으로 존재하는 인성이다(토마스, 2005: 320-329). 이러한 흄의 자연주의는 도덕이 존재함을 인정한다는 점에서 반실재론이라 할 수 없지만, 어떤 인식 독립적으로 존재하는 객관적 속성이나 사실을 요구하지 않는다는 점에서 비자연주의가 주장하는 실재론이라 할 수도 없다. 그를 도덕적 자연주의자라 하는 것은 그가 어떠한 비자연적 실재를 가정하지 않기 때문이며 또한 도덕을 인간의 자연적 성향이라는 객관적인 자료를 통해 설명하기 때문이다.

과거의 거장들의 입장을 현대의 인지주의와 비인지주의, 실재론과 반실재론이라는 그림에 대입해보면, 그리고 자연주의자 흄을 잠시 접어둔다면, 비인지주의 반실재론은 흄의 초기 입장으로, 인지주의 실재론은 칸트의 입장으로 대략 이해하는 것도 크게 문제가 되지는 않을 것이다. 도덕 판단의 의미가 정말로 객관적인 도덕적 속성이나 사실에 대한 인지적 판단인지 아니면 발화자의 감정을 보고하거나 표현한 것에 지나지 않는 것인지를 결정하기 위해 많은 논문이 발표되었다. 그와 더불어 도덕 판단과 관련하여 이러한 인지주의와 비인지주의라는 이분법이 적절치 않다는 것을 보여주고자 하는 다양한 논변도 새로이 등장하고 있다. 흄을 자연주의자로 인정하면서 흄과 다윈의 입장을 따르는 흄-다윈주의자 플래너건도 인지주의와 비인지주의를 통합하고자 하며, 필립 키처도 이와 유사한 시도를 보여준다. 그렇다면 그들이 그러한 시도를 어떻게 전개하는지 살펴보자.

플래너건은 심리에 관해 실재론적 입장을 취한다. 그리고 그는 자신과 마찬가지로 흄도 심리실재론자라고 해석하는데, '심리'와 '실재'는 전통적인 실재론의 기준에 따르면 서로 모순되는 개념이다. 왜냐하면 전통적인 실재론은 '인식주관으로부터 독립'하여 '객관적으로 존재'함을 실재론의 기준으로 삼기 때문이다. 그렇다면 '심리'가 실재한다는 것을 플래너건은 어떻게 설명하고 있는가?

> 신경물리주의에 따르면 각각의 모든 정신적 사건과 모든 경험은 어떤 물리적 사건 혹은 중앙 신경 체계 사건이다. 그러나 플래너건에 따르면 의식적인 정신적 사건은 필히 두 가지 얼굴을 갖고 있다. 그것은 일인칭적, 주관적 느낌을 갖고 있으면서 동시에 객관적 사태들에 실현된다. 객관적 실재론은 물이나 금과 같은 물질들에 대해 적용된다. 그러나 의식적, 정신적 사건인 뇌의 객관적 사태들은 현상성이라는 일인칭적 느낌을 산출함에 있어서 매우 독특하다. 이것은 주관적(심리적) 실재론이다. 삼인칭적, 객관적 기술들은 이러한 느낌을 잡아내지 못한다. 따라서 이러한 두 가지 측면을 갖는 사람에 대한 이해는 두 가지 접근을 요구한

다(Flanagan, 2009: 27-30).

플래너건에 따르면 의도적 행위가 가능한 감각적 존재가 존재하는 한, 정신적 인과가 있다. 그리고 주관성은 실재이며, 진화 선상에서 나타난 것으로서, 각각의 마음은 몸과 마찬가지로 독특한 생물적인 발달 과정에서 생겨나기 때문에 또한 독특하다(Flanagan, 2009: 73, 104). 정신적 인과가 존재론적으로 독특한 것은 아니라 할지라도, 의도적 행위에서 감각 존재자들의 삶에 복잡한 결과를 가져오기 때문에 인식적으로 해명해야 할 문제다. 의식은 이제껏 연구된 것 중에 가장 복잡한 생물적 현상으로서, 우주를 자연적으로 구성하는 부분이다(Flanagan, 2009: 94). 플래너건이 볼 때 일인칭적 심리(주관)가 존재한다는 것은 일반적으로 주장되는 것과는 반대로 객관적인 사실이며 실재적인 것이다.

이러한 플래너건의 설명은 심리적 실재뿐 아니라 도덕적 실재에도 적용될 수 있을 것이다. 플래너건이 제시하고 있는 여섯 개의 의미 공간 안에는 윤리학이 포함되어 있다(Flanagan, 1991: 70). 그에 따르면 이러한 의미 공간은 집합적 활동을 통해 창조되고 그런 다음 창발적 산물로 성장 발달하며, 심적 활동 가운데서 우리가 참여하게 되는 공간을 구성한다(Flanagan, 2009: 16). 이는 우리의 윤리학적 의미 공간이 심리적 실재에 일부 의존하지만 또한 그 자체로서의 독자성과 실재성을 지님을 나타낸다고 할 수 있다. 또한 플래너건에 따르면 '진', '선', '미'는 무시간적인 외적 형상으로 있는 것이 아니라 진보 속에 있는 것이다. 도덕은 실재하지만 정체된 것이 아니라 문화에 다수로 실현될 수 있으며, 또한 우리는 그러한 다양한 문화를 넘어서 넓은 반성적 평형의 방법을 통해 좀 더 객관적인 도덕적 '선'으로 나아갈 수 있다

(Flanagan, 2009: 56). 도덕적 '선'을 인간의 삶과 함께 발달하는 실재로 바라보는 이러한 통시적인 해석은 '선'을 초월적이고 불변하는 것으로 바라봄으로써 인식론적, 존재론적 문제를 야기했던 전통적인 윤리학의 문제를 해결하는 데 도움을 줄 수 있다. 만약 이러한 통시적 설명으로 도덕실재론을 이해하는 것이 낯설어 보인다면 다음과 같이 의미론적 설명을 통해 이해해볼 수도 있다.

플래너건에 따르면 우리의 감정에는 항상 생각이 포함되어 있고 또한 우리의 생각에는 항상 감정이 포함되어 있다. 그리고 우리의 마음에 나타나는 좋거나 나쁜 감각은 단지 나의 태도의 표현이 아니라 객관적으로 좋거나 나쁜 것에 관한 나의 반응이다. 객관적으로 좋거나 나쁜 것이 있다는 사실은 나의 도덕 판단을 참이도록 해주는 도덕적 속성이나 사실이 있다는 것이며, 의미론을 통해 도덕실재론을 주장하는 것이다. 모든 것을 고려했을 때 동료애가 참으로 좋은 것이라는 다음과 같은 플래너건의 도덕 판단을 통해 이를 좀 더 자세히 이해해보자.

> 적응을 강화하는 이유로 선택된 어떤 성향들이 우리의 도덕적 감각을 지지하는 한, 이러한 성향들은 좋은 것으로 판단될 수 있으며, 어떤 특성이나 규범이 생존에 도움이 된다는 사실은 그 특성이나 규범을 일부 정당화해주는 역할을 할 수 있다. 어떤 원시 도덕성이 적응을 촉진하고, 거의 해를 입히지 아니하고, 행복하고 건강한 사회적 삶이 잘 돌아가도록 해주는 것이기 때문에 좋은 것이라고 말함에 있어서 불합리한 점은 전혀 없다. 그러한 판단은 어떤 특성이 단지 적응 결과 생겨난 것이며, 적응을 강화하는 것이기 때문에 좋은 것이라고 말하는 실수를 저지르는 것과

> 는 관련이 없다. 그리고 '좋음'에 대한 판단은 보통 모든 것이 고려된 판단이며, 나[플래너건]의 입장에 비추어보자면 동료애가 바로 이러한 종류의 판결을 받을 만한 기초 반응 태도이며 순전히 좋은 것이다(Hodge and Radick, 2009: 17장 9절).

자연주의 도덕실재론에 따르면 도덕 판단은 우리의 믿음을 표현하며, 우리의 믿음을 참이거나 거짓이게 하는 도덕적 속성이나 사실이 있으며, 그리고 최소한 그러한 믿음들 중 어떤 것은 참이다. 앞의 논의에 따르면 동료애는 순전히 좋은데(도덕 판단), 그러한 믿음을 참이게 하는 사실은 진화적으로 밝혀진 바에 따라 과거에도 좋았고, 지금도 좋고, 모든 것을 고려했을 때 좋은 것으로 발견되는 사실(도덕적 사실)이므로, 그 믿음은 실제로 참이다. 이는 의미론을 통해 우리의 도덕 판단이 때때로 참이 된다는 것을 잘 보여준다.

좋거나 나쁜 것은 우리가 느끼고 판단하는 것이지만, 그럼에도 그것은 객관적으로 좋거나 나쁜 것에 관한 느낌과 판단이지, 단지 어떤 것에 대한 우리의 주관적 태도만을 표현하는 것이 아니다. 앞의 예에서 '동료애'는 사회적으로, 역사적으로, 객관적으로 좋은 영향을 미치는 좋은 것이기 때문에 우리의 좋은 반응을 이끌어내는 것이다. '좋음'에 대한 판단은 대개 모든 것이 고려된 판단이므로, 단순히 나의 내적 정서이거나 단순히 외적 사태에 대한 나의 믿음만으로 이루어질 수는 없다. 따라서 인지주의와 비인지주의로 나뉘어 도덕 판단의 의미를 다루었던 대립적인 시도들은 일정 부분 문제가 있는 것이라 할 수 있다.

필립 키처도 도덕적 행위자의 도덕 판단이 그와 같이 하나의 틀로만 이루어지지 않는다는 것을 보여줌으로써 그러한 극단적인 구분에 문제가 있음을 보여준다. 키처에 따르면 도덕적 행위자는 근본적으로 자연적인 동감 성향과 그들의 부족한 점을 보완하는 규범적 지침 모두에 의존한다. 그리고 자연적인 규제 성향들이 없는 존재는 전적으로 인간으로 보이지 않으며, 적절한 동감 성향이 없는 존재는 사악하게 보인다(Kitcher, 1998: 315). 따라서 일반적으로 도덕적 행위자의 도덕 판단을 비인지적인 동감 성향만으로 혹은 인지적인 규범적 지침만으로 설명하고자 하는 도덕 이론들은 사실적이지 못하다고 할 수 있을 것이다. 다음은 키처가 제시하는 몇 가지 도덕 판단의 유형이다.

① 규칙에 매우 독립적인 상황에 대한 반응을 통해, 행위자는 가장 우선적으로 해야 할 행위에 대해 하나의 가치를 형성하고, 그러한 가치는 직접 행위로 이어진다(의무가 요구되는 일인지 어떤지 생각지도 않고 부모가 물에 빠진 아이를 구하러 물속으로 뛰어든다).

② 양립할 수 없는 가치들이 규칙 독립적인 반응의 결과로 나타난다. 그리고 규칙의 지침은 하나를 강화한다(어떤 사람이 동시에 만족시킬 수 없는 두 친구의 처지에 동정적으로 반응할 때, 규칙은 하나를 선택하게 한다).

③ 규칙 독립적 반응의 결과로 나타난 하나의 가치가 그 규칙과 조화를 이루지 못할 때, 그 규칙은 새롭고 중요한 가치를 만들어낸다(부모는 버릇없는 아이에 대해 애석해하지만 아이를 체벌하는 것이 가장 좋다고 생각한다).

④ 처음에는 유쾌하지 못했던 의무 수행이 계속되면 그 규칙이 명하는 것에 따라서 가치를 만들어내는 새로운 성향이 산출된다. 그래서 나중의 행위들은 그 규칙에 의해 중재되지 않는다(어

떤 사람은 처음에는 불쾌해 보이는 사람들을 돕기 위해 일하기 시작하지만, 결국은 불쾌해 보였던 사람들이 사랑스러워 보이게 된다)(Kitcher, 1998: 314-316).

키처에 따르면 현대의 도덕철학은 최소한 일정 시기에 사람들이 하나의 정합적인 선호들을 갖는다는 아이디어에 현혹되어 ①과 ③의 두 경우를 중심적으로 보게 되었다. 그래서 도덕 심리학에서 행위자는 따듯한 마음이 있지만 깊이가 없는 흄적인 행위자이거나 딱딱하고 느낌이 없는 칸트식의 공사장 감독 같은 행위자다. 그러나 ②나 ④와 같이 다양하고 복잡한 과정을 통해 행위가 이루어진다는 점을 고려한다면, 인지주의/비인지주의 간의 현대적 논쟁은 재구성되어야 할 것이라고 그는 지적한다. 키처의 지적은 우리의 도덕 판단이 매우 다양한 심리와 다양한 목적으로 이루어짐을 보여준다. ②에서는 우리의 비인지적인 동정이나 동감으로 추동된 반응에 어떤 규칙에 대한 인지적 판단이 개입됨으로써 도덕 판단이나 행위가 이루어짐을 보여준다. ④에서는 어떠한 욕구나 감정도 없이 의무에 대한 인지적 반응을 통해 행해지던 도덕적 판단이나 행위가 어느덧 긍정적이고 비인지적인 반응을 동반하게 되는 경우를 보여준다. 이러한 예들을 통해 우리는 전통적으로 구분되어온 도덕 판단의 의미가 극단적으로 인지주의와 비인지주의로 나뉘지 않음을 알 수 있다.

인지와 비인지, 이성과 감정을 완전히 분리해서 설명하는 이론들은 도덕 판단과 관련해서 사태를 다소 인위적으로 단순화시켰다고 볼 수 있다. 단순화는 설명력을 강화하지만 현실을 왜곡하기 쉽다. 따라서 더 이상 이러한 구분하에서 도덕적 진리에 관한 논의를 진행하지 않는 것이 사실상 더 나을 수도 있다. 그럼에도 이 장에서 인지주의적 입장에서 도덕실재론을 옹호하는 이유는 현대의 도덕철학의 흐름이 전동적인 객관주의에 반대해서 주관주의적이고 상대주의적인 방향으로 치닫는 것을 심히 우려하기 때문이다.

데빗과 밀러의 구분에 따르면 플래너건은 반실재론자다. 그들의 '실재론' 구분은 자연에 속한 다양한 현상을 실재하지 않는 것으로 만든다. 그러나 제프리 토마스에 따르면 플래너건은 준실재론자로 분류될 것이다. 준실재론에 따르면 누구도 인간의 반응과 무관하게 어떤 대상이 도덕적이라고 가정하지 않는다. 하지만 도덕 판단의 대상을 보는 경험은 단순히 개인적 반응이나 사회적 관행에 의거하여 설명되는 것이 아니라 그 대상과 관련한 모든 객관적 사실이 함께 고려되어야 한다. 인지주의와 비인지주의의 완전한 분리는 우리의 도덕 판단의 풍부한 다양성을 보여주지 못하고 단순화시킴으로써 그 의미를 왜곡시킨다. 우리는 키처의 지적대로 이 문제를 다시 살펴야 할 것이다.

4. 객관적 '선'에 관하여

도덕 판단을 참이게 하는 사실은 선험적이고 분석적인 것이 아니라 우리의 경험에서 판단되는 종합적인 사실이며 올바른 정신을 소유한 사람이라면 거부할 수 없는 객관적인 사실이다. 도덕적 '선'이 있음을 이해하는 것은 오감의 지각을 통해 어떤 사물이 있음을 이해하는 것과는 다르지만 그럼에도 전자는 후자에 못지않게 객관성을 갖는다. 이를 좀 더 충실히 이해하기 위해 '좋음'에 관한 플래너건의 다음 언급을 살펴보자.

> '좋음'에 대한 판단은 보통 모든 것이 고려된 판단인데, 진화의 역사를 통해 볼 때 동료애가 객관적으로 좋은 것으로 발견된다. 가치들이 갈등할 때, 그것의 옳고 그름을 판단하기 어렵다 할지라도 무엇이 좋고 바람직한지에 관해 발견될 문제의 사실들이 있다. 어떤 성향이 좋은지는 그것이 복잡한 인간 삶의 생태 내에서 전형적으로 기능하는 방식을 우리가 어떻게 판단하느냐에 달려 있다(Hodge and Radick, 2009: 17장 9절).

'좋음'에 대한 판단은 우리 자신의 판단이기도 하지만 또한 진화의 역사상 객관적으로 좋은 것으로 발견되어온 사실에 의거한 판단이므로 플래너건의 입장은 도덕적 주관주의나 상대주의에 해당하지 않는다(Flanagan, 1991: 312). 플래너건의 입장은 1절에서 제시된 준실재론에 해당한다. 그는 우리의 감정이나 반응 태도에는 생존이나 번영과 관련해서 좋거나 나쁘게 전개되는 주관 외적인 사태들에 대한 판단이 반영되어 있음을 다음과 같이 보여준다.

> 긍정적이거나 부정적인 반응 태도를 끌어내는 환경들은 생존과 번식적 성공과 관계있는 환경들일 것이다. 이러한 사실은 극도의 상대주의적 결론들을 멈추게 할 것이다. 살인, 내 움막에 쓰레기를 버리는 것, 생존을 위해 나에게 필요한 음식과 배우자를 훔치는 것은 나쁠 것이다. 그것들은 단지 내가 그것들을 좋아하지 않기 때문에만 나쁜 것이 아닐 것이다. 나의 기초 감정들은 번식적 적응도에 영향을 미치는 상호작용 방식들을 믿을 만하게 탐지하는 것들이다(Flanagan, 2002: 309).

플래너건은 우리의 기초 감정들이 단순히 주관의 선호를 나타내는 것이 아니라 객관적으로 좋거나 나쁘게 진행되는 사태에 대한 반응이라고 말한다. 이러한 객관적인 '선'이나 '악'에 대한 언급은 다양성을 강조하는 현대의 시대적 흐름과 잘 어울리지 않는 것으로 보인다. 그리고 진화론의 생물학적 반본질주의는 인문학의 모든 분야를 반본질주의로 물들이고 있다. 그러나 플래너건은 생물학적 관점에서 우리가 매우 상대주의적인 처지에 놓여 있다 할지라도 도덕적 향상이 가능하다고 주장한다. 플래너건은 도덕적 향상을 위한 비판적 잣대가 될 수 있는 메타 규범으로서 '넓은 반성적 평형'의 방법과 '직관을 검토하라.'는 규범을 제시한다. 첫째, '넓은 반성적 평형'의 방법은 자신이 속한 문화권의 가치를 다양한 문화권의 가치와 비교함으로써 문화상대주의를 극복하게 한다. 둘째 '직관을 검토하라.'는 메타 규범이 요구되는 이유는 우선 도덕적 상식에 대한 건전한 불신이 필요하기 때문이며, 또한 사회적 본능의 직관은 그것이 처음 고안되었을 때 현대사회를 위해 고안된 것이 아니고 원시시대에 맞춰 고안된 것이기 때문이다. 두 가지 메타 규범 이외에도 그에 따르면 '역사를 가르치는 것'이 도움이 될 수 있다. 우리는 아이들에게 규범을 따르도록 가르칠 뿐만 아니라 내적으로 안정적인 직관이나 확신을 의심의 눈초리로 볼 수 있도록 가르쳐야 한다(Flanagan, 2009: 143). 플래너건은 이와 같은 메타 규범들을 통해 우리가 상대주의와 주관주의에 굴복하지 않을 수 있음을 보여주며, 또한 인류의 도덕적 향상이 가능하다는 것을 보여준다. 그렇다면 플래너건이 인류의 도덕성 향상과 관련해서 구체적으로 어떤 것을 제시하는지 살펴보자.

플래너건에 따르면 도덕성이란 일반적인 행동에서 좋거나 훌륭한 것들을 추출한 것으로 구성된다(Flanagan, 2009: 126). 그는 다양한 문화권의 사람들을 연구하고 비교하는 '넓은 반성적 평형'의 방법을 통해 인류에게 공통적으로 받아들여질 수 있는 훌륭하고 좋은 성품이나 덕을 보여주고자 한다. 그는 각 문화권에 대한 경험적 연구를 토대로, 현대에 요구되는 덕이 아리스토텔레스의 덕 목록에는 결여되어 있음을 밝히고, '자비의 덕'이 그 목록에 추가되어야 한다고 주장한다. 아리스토텔레스의 덕 목록에 없었던 이러한 새로운 덕의 발견은 인류의 도덕성이 발전하고 있음을 보여준다. 이러한 덕에 대한 연구 방식은 전통적인 자연주의가 '선'을 개념적으로 파악하거나 정의하고자 한 것과는 대조되는 경험적이고 종합적인 자연주의적 방식이다.

플래너건은 '최소한의 심리실재론'을 중심으로 윤리학이 심리학의 발견들에 의해 제약되어야 한다고 주장한다(Flanagan, 1991). 하지만 최소한의 심리실재론은 도덕 이론을 구성하기 위한 어떠한 내용도 제공하지 않으며, 단지 도덕 이론을 구성할 때 제약 조건으로 제시되는 것이다. 그 제약 조건이란 사람들이 구별된 관점을 갖고 있다는 것을 그 어떤 도덕 이론도 인정해야 한다는 것이다. 대체로 이렇게 개인의 다양성과 자율성, 개인의 관점을 강조하는 현대의 윤리학은 도덕적 상대주의나 주관주의로 기운다. 하지만 플래너건은 구별된 관점이 있다는 사실로부터 인간의 삶의 목적이 모두 다르다거나 공통적으로 받아들일 수 있는 도덕적 이상이 없다는 결론은 나오지 않는다고 말한다. 그는 다음과 같이 도덕적 자연주의를 옹호한다.

> 사실/당위에 관한 흄의 논변이나 무어의 '열린 물음 논제'와 같은 논변은 우리의 윤리적 개념들이 비자연적이거나 존재론적으로 이상하다는 것을 보여주지 않는다. 부자연스러움과 '존재론적 이상함'은 특정 이론이 지지하는 대상이나 속성과 관련이 있

> 다. 자연 세계에 뿌리 내리고 있지 않은 정신적 실체와 도덕적 속성에 대한 존재론적 개입은 비자연주의를 공박하는 특정 개념을 제공할 것이다. 하지만 윤리적 논변들이 귀납적이며 윤리적 개념들이 맥락적으로 열려 있다는 사실은 윤리적 개념들에 대한 자연주의적 분석 및 도덕에 대한 자연주의적 형이상학과 충분히 양립할 수 있다. 윤리적 담론의 귀납적 특성은 단지 어떤 '좋음' 개념과 어떤 '당위' 개념이 비판에 열려 있다는 것만을 확증한다. '선'에 대한 분석적 진리도 없으며, 당위에 대한 확정적인 논변도 없다. 그러나 이 점이 옹호할 만한 개념들이 있다는 것을 부정하지는 못한다(Flanagan, 1991: 53-54).

윤리적 담론은 대화에 열려 있다. 어떠한 분석적 진리도 없고 확정적 논변도 없지만 이것이 옹호할 만한 개념이 있다는 것을 부정하지는 못한다. 이러한 개념들이 나타나는 우리의 일인칭적 심리는 진화의 역사에서 우리와 같은 존재자가 있는 어디에나 나타나는 독특한 실재다. 그리고 우리의 마음에 분명하게 나타나는 도덕적 개념들은 단지 나의 태도만을 나타내는 것이 아니라 객관적으로 좋거나 나쁘게 진행되는 사태를 반영하는 것이다. 그것은 객관적으로 좋거나 나쁜 것이 있음을 보여준다. 불행히도 우리의 직관은 오래전에 사바나 세계에 살던 우리 선조들 때부터 선택된 것이기 때문에 현대의 행위를 위해 항상 옳은 지침이 되지는 못하며, 따라서 항상 우리의 직관에 대한 건전한 불신이 필요하다. 그리고 윤리적 상황이 언제나 똑같지는 않기 때문에 모든 상황에 대한 충분한 고려가 필요하다. 그것은 객관적인 도덕적 지식이 없어서가 아니라 단지 사회가 그만큼 복잡해졌기 때문이며 인간의 삶과 그에 따르는 선택이 고도로 복잡해졌기 때문이다.

5. 맺으면서

칸트에 따르면 오로지 선한 것은 '선의지'뿐인데, 그것은 주관적으로 선해야 할 뿐 아니라 객관적, 보편적, 이성적 기준으로 판단했을 때도 선한 것이어야 한다. 경험을 초월해서 이성이 제공하는 객관적 기준은 '도덕적으로 선한 행위는 보편화가 가능해야 한다.'는 것이다. 칸트는 하나의 행위가 의무이면서 동시에 그것이 의무라는 이유만으로 행해졌을 때 도덕적으로 선하게 된다고 한다. 이렇듯 칸트의 윤리학은 우리에게 추상적이나마 행위의 원칙을 제공한다.

그러나 칸트의 윤리학은 형식주의, 합리주의, 엄숙주의라는 비판을 받아왔다. 특히 이성만이 보편적인 도덕적 명령을 제공할 수 있다는 그의 합리주의는 우리의 느낌이나 동정, 개인적 애착이나 쾌락과 정서 등을 병리적이고 우연적인 것으로 여김으로써 그것들을 도덕 연구 영역에서 추방시킨다. 하지만 우리의 정서적 반응이 어느 정도 보편성을 지닌다는 것을 보여주는 다양한 연구가 있다는 것을 감안해 보면 이러한 태도는 편향된 것이라 할 수 있다. 게다가 현실적으로 우리는 도덕적으로 보이는 행위를 의무감에서가 아니라 기꺼이 온 마음을 다해서 즐겁게 하는 사람들을 본다. 마더 테레사가 항상 의무로 그러한 행위를 하였는가? 칸트의 윤리학은 이러한 일상적인 예들에서 오히려 반직관적으로 보일 수 있다.

칸트의 추상적인 규범과는 반대로 자연적 덕이라는 좀 더 구체적인 언어로 도덕 판단을 하는 경우, 행위자는 구체적인 언어에 따라 구체적인 상황에서 좀 더 빠르게 판단하고 행위할 수 있다. 그러나 그것은 행위에 주목하는 것이 아니라 성품이나 인격을 도덕 판단의 대상으로 삼기 때문에 칸트와 같은 행위 원리를 제공하지는 않는다. 게다가 자연적 덕은 대체로 좋은 것이지만 그것이 어느 상황에서나 해답을 제공하는 것은 아닐 수 있다. 상황이 달라지면 충분히 이성을 발휘해야 할 필요도 생기기 때문이다. 그뿐만 아니라 덕은 사회에 따라 편협할 수도 있다. 지배계급의 의지가 반영된 제도들로 인해 여성은 오랜 세월 동안 훌륭한 '여성'의 덕으로 생각되는 덕의 희생자가 되어왔다. 거기에는 좀 더 보편적인 개념인 '인간'이 존재하지 않는다.

도덕 판단에는 항상 충분한 심사숙고가 필요하다. 이러한 심사숙고는 단순히 나의 자연적 덕에만 의존하는 것으로는 충분치 않으며 도덕원칙에 의존하는 것만으로도 충분하지 않다. 앞에서도 말했지만 좋음에 관한 판단은 보통 모든 것이 고려된 판단이다. 도덕적 합의가 도출되지 않는 경우 도덕 판단은 모든 대화에 열려 있어야 한다. 감정과 이성의 도움을 받을 뿐 아니라 도덕 판단의 대상과 관련된 객관적 사실들이 모두 함께 고려되어야 올바른 선택과 행위가 이루어질 것이다. 이를 위해 우리는 우리의 생각을 도덕적인 것에 맞추고 우리의 감각이 옳거나 좋은 것에 민감하게 반응하도록 훈련해야 할 것이다. 다양성이 좋은 이유가 있을 것이다. 그리고 이전에 절대적으로 가치 있는 것으로 보였던 어떤 것이 나중에 잘못된 것으로 판명될 수도 있다. 그러나 다양성 그 자체를 위해 좋음의 이상을 포기하는 것은 목욕물 버리면서 아이까지 내다버리는 오류를 범하는 것이 될 것이다.

참고 문헌

레이첼즈, 제임스, 2006, 『도덕철학의 기초』, 노혜련·김기덕·박소영 옮김, 나눔의 집.

이충진, 2012, 「도덕적 의무냐 최대 행복이냐」, 최재식 외, 『철학의 전환점』, 프로네시스.

토마스, 제프리, 2005, 『윤리학 입문』, 강준호 옮김, 철학과 현실사.

트리그, 로저, 2006, 『도덕성이란 무엇인가』, 박정희 옮김, 철학과 현실사.

하만, 길버트, 2005, 『도덕의 본성』, 김성한 옮김, 철학과 현실사.

Devitt, Michael, 1991, *Realism and Truth*, Princeton University press.

Flanagan, Owen, 1991, *Varieties of Moral Personality: Ethics and Psychological Realism*, Cambridge, Harvard University Press.

Flanagan, Owen, 2002, *The Problem of the Soul*, A Member of the Perseus Books Group, New York.

Flanagan, Owen, 2009, *The Really Hard Problem*, The MIT Press.

Frankena, William K., 1973[1963], *Ethics*, Prentice-Hall, 2nd ed.

Gibbard, Allan, 2002, "Normative Explanations: Invoking Rationality to Explain Happenings", *Reason and Nature*, Oxford University Press.

Harman, Gilbert, 2005, "Moral Particularism and Transduction", *Philosophical Issues, 15, Normativity.*

Hodge, Jonathan and Gregory Radick, 2009, "Ethical Expressions: Why Moralists Scowl, Frown Smile?", *The Cambridge Companion to Darwin*, 2nd. ed., Cambridge.

Kitcher, Philip, 1998, "Psychological Altruism, Evolutionary Origins, and Moral Rules", *Philosophical Studies,* 89: 315.

Miller, Alexander, 2010, "Realism", http://plato.stanford.edu(2011. 2. 15 검색).

Pivcevic, Edo, 1986, *The Concept of Reality*, Palgrave Macmillan.

Ridge, Micheal, 2008, *Moral-Non-Naturalism,* http://plato.stanford.edu(2011. 2. 15 검색).

Rosen, Gideon, 1988, "Blackburn's Essays in Quasi-Realism", *Nous*, New York: Oxford University Press.

Sayre-McCord, Geoff, 2009, "Moral Realism", http://plato.stanford.edu(2011. 2. 15 검색).

창발 속성의 존재와 행위자의 자유

홍지호

1. 도입

물리학, 화학, 생물학, 심리학 등은 우리가 몸담고 있는 이 세계에 존재하는 것들을 탐구하는 학문이다. 대략적으로 말하여 물리학은 모든 물질이 가지고 있는 가장 기초적인 입자들과 그것들이 가진 속성에 대해 탐구하는 학문이라 할 수 있고, 화학은 그러한 기초적인 입자들로 구성되어 있는 특정 구조들이 가지는 속성들(예를 들어 투명성, 용해성 등)을 다루는 학문이라 할 수 있다. 물론 생물학은 생명체와 생명 속성을 다루는 학문이고 심리학은 정신적 대상과 속성을 다루는 학문이다. 일반적으로 이러한 각 학문이 다루고 있는 대상이나 속성들은 따로 떨어져 있는 것이 아니라 질서 있고 체계적인 의존 관계를 맺고 있는 것으로 간주된다. 특히 오늘날 많은 학자가 진지하게 받아들이고 있는 것은, 물리적 속성이나 대상이 없이는 여타의 다른 대상이나 속성이 있을 수 없다는 것이다. 이러한 체계적인 의존관계를 표현한 모형이 바로 계층 모형(layered model)이다. 계층 모형의 가장 기초적인 층에는 물리적인 속성이나 대상이 자리하고 있고, 가장 상위 층에는 정신적인 속성이나 대상이 자리하고 있다.

존재하는 것들에 대한 계층 모형은 우리의 과학적 상식을 반영하고 있을 뿐만 아니라, 존재론적 논의를 위한 좋은 출발점을 제공한다. 예를 들어 하르트만(N. Hartmann)은 존재하는 것들의 범주를 물질, 생명, 마음, 정신으로 구분하는 데서 출발하여, 각 범주가 다른 범주로 환원될 수 없다는 존재론적 주장을 담고 있는 성층 이론을 제안한다(하르트만, 1997). 알렉산더(S. Alexander), 모건(C. L. Morgan), 스페리(R. Sperry) 등 20세기 초반의 창발론자들(emergentists)에게서도 이러한 환원 불가능성에 대한 생각을 엿볼 수 있다(McLaughilin, 2008: 19-59). 이들이 염두에 두고 있는 범주 또는 층의 종류는 각각 약간의 차이가 있지만, 이들은 모두 물질적인 것을 가장 기본적인 범주로 간주하면서 상위 범주, 즉 생명이나 마음 층에는 그 물질 범주로 환원되지 않는 새로운 속성이 창발한다고 주장한다. 현대 심리철학자들의 논의에서도 계층 모형은 중요한 역할을 한다. 정신 인과, 심신 수반 등 심리철학의 논의는 기본적으로 마음 층과 물질 층이라는 기본적인 계층적 구도 속에서 진행되고 있다(김재권, 1997; 2007).

계층 모형에서 출발하는 존재론적 논의 중 가장 흥미롭고도 중요한 것 중의 하나는 바로 인간 행위자의 자유 또는 의지의 자유에 관한 것이다. 우리 인간은 여타의 존재 특히 돌멩이나 쇠처럼 물질 층으로만 이루어진 존재와는 달리 마음을 가지고 있고 자유롭게 행동할 수 있는 행위자라 할 수 있다. 이러한 우리의 모습을 잘 드러낼 수 있는 존재론이 그렇지 못한 존재론보다 더 매력적인 것은 당연하다. 바로 이런 점에서 물리주의(physicalism)와 같은 존재론적 일원론의 입장보다는 물리적인 것으로 환원될 수 없는 새로운 속성의 존재를 인정하는 이원론 내지 다원론의 입장이 더 큰 매력을 가지는 듯이 보인다. 계층 모형을 구성하는 각 존재 층이 가장 하위 층인 물질 층으로 환원될 수 있다는 환원적 물리주의와 같은 입장에서는 우리 인간 행위자의 자유를 이론적으로 확보하기가 힘들어 보이기 때문이다.

우리가 물리주의 입장을 취한다고 해보자. 간단히 말하여 물리주의는 우리가 몸담고 있는 이 세계에는 오직 물리적인 것만이 존재한다는 존재론적 입장이자, 이상적인 물리학 이론이 이 세계에 대한 가장 포괄적인 설명을 제공할 수 있다는 인식론적이고 방법론적인 입장이라 할 수 있다. 이러한 입장을 취하면 우리 인간의 정신적 활동이나 행동 또한 물리적인 법칙에 의해 예측·설명되며, 그 법칙의 지배를 받는다는 것을 받아들여야 한다. 결국 우리 인간은 자유롭지 않은 존재라는 결론으로 나아갈 수밖에 없는 것이다. 반면에 우리의 정신적 속성은 물리적인 것으로 환원될 수 없는 새로운 속성이라는 입장을 취할 경우에는 그러한 결론으로 나아갈 필요가 없어 보인다. 우리 인간의 정신적 활동이나 행동이 새로운 것이어서 물리적인 법칙으로 설명될 수 없다면, 우리 인간의 정신적 활동이나 행동은 그 법칙의 지배에서 벗어나는 셈이 되고, 결국 우리 인간은 자유로운 행위자라는 결론으로 나아갈 수 있게 되는 듯이 보이기 때문이다. 이러한 보임새는 새로운 속성의 창발을 주장하는 존재론적 입장을 매력적인 것으로 만들어준다.

새로운 대상이나 속성의 창발이 행위자의 자유를 확보하는 데 도움을 줄 수 있다는 생각은 새로운 것이 아니다. 예를 들어 하르트만에 따르면 "각 층마다 거듭 새로운 [형태의] 의존 안에서의 자율이 존재한다. 그리고 이렇게 보면, 의지의 자유는 다만 범주적 자유의 한 특수한 경우일 뿐이다."(하르트만, 1997: 170) 말하자면 계층 모형에 있어

각 층은 아래층에 존재론적으로 의존하고 있지만, 그럼에도 불구하고 각 층은 아래층으로 환원될 수 없는 새로운 대상이나 속성을 포함하고 있다는 것이다. 결국 이러한 새로운 대상이나 속성의 존재를 통해 의지의 자유, 달리 말해 행위자의 자유를 확보할 수 있다는 생각인 셈이다.

이런 생각은 계층 모형에 포함되어 있는 각 층이 아래층에 의존한다거나 수반한다는 생각에 담겨 있는 위험성을 없애주는 역할을 한다. 물론 그 위험성이란 행위자의 자유나 의지의 자유와 관련된 것이다. 계층 모형에 근거하여 상위 층이 하위 층에 수반한다는 것을 받아들일 경우, 통시적 차원의 결정론(determinism)과는 다른 형태의 결정론이 성립하게 된다. 말하자면 상위 층의 정신 속성은 하위 층의 물리적 속성에 의존하고 그것에 의해 결정된다는 것이다. 물론 이 의존 관계는 비대칭적인 것이어서 물리적 속성은 정신적 속성에 의존하거나 그것에 의해 결정되지 않는다. 일반적으로 이러한 일련의 생각은 수반 결정론 또는 미시-거시 결정론이라 불린다. 만일 이러한 결정론이 참이라면, 행위자의 행동을 야기하는 원인이 되는 정신적 사건은 모두 물리적 사건에 의존하는 것이 되고 그렇게 되면 정신적 사건의 자율성은 사라지게 된다. 간단히 말하여 정신적 사건은 물리적 법칙에 포섭된다는 것이다. 바로 이러한 수반 결정론과 관련하여 새로운 속성의 창발은 행위자의 자유에 도움을 주는 듯이 보인다. 정신적 속성을 환원 불가능한 새로운 속성으로 간주하면, 그 속성이 실현된 정신적 사건은 물리적 법칙에 포섭되지 않는 자율적인 사건이 될 것이기 때문이다. 결국 새로운 속성의 창발은 행위자의 자유에 대한 아주 좋은 해법을 제공해주는 듯이 보인다.

이 짧은 글을 통해 간단하게 논의해보려는 것이 바로 이러한 보임

새이다. 좀 더 구체적으로 말하자면 새로운 속성의 창발을 도입하는 존재론이 행위사의 자유를 해명하는 데 도움이 될 수 있을지 고찰해 보려는 것이다. 미리 밝히면, 겉보기와는 달리 결정적인 도움이 되기는 힘들다고 결론짓게 될 것이다. 이러한 결론으로 나아가기 위해 먼저 행위자의 자유와 관련하여 전통적으로 논의되어온 문제, 즉 통시적 차원의 결정론과 비결정론(indeterminism)이 불러일으키는 문제에 대해 살펴볼 것이다(2절). 이 과정을 통해 행위자의 자유를 확보하기 위해서 해결해야 할 문제가 정확히 무엇인지 드러나게 될 것이다. 그런 다음 새로운 속성의 창발, 즉 물리적인 것으로 환원될 수 없는 정신적 속성의 존재를 도입하는 것이 그 문제를 해결할 수 있는 해법이 될 수 있을지 고찰해볼 것이다(3절). 새로운 속성의 창발이 행위자의 자유에 대한 결정적인 해법이라면, 그것은 행위자의 자유와 관련한 전통적인 문제를 해결하는 데 도움이 되어야 할 것이다. 그러나 우리는 결국 도움을 주기 힘들다고 결론짓게 될 것이다.

2. 결정론과 비결정론, 그리고 행위자의 자유

전통적으로 행위자의 자유나 의지의 자유에 관한 대부분의 논의는 통시적 차원의 결정론이나 비결정론을 수용했을 때 그러한 자유가 성립하는지의 여부를 둘러싸고 이루어졌다. 우리가 어떠한 존재론적 입상을 취하든, 행위자의 자유에 관한 이러한 전통적인 논의는 별개로 진행될 수 있다. 특정한 존재론적 입장이 자유의 문제와 관련하여 더 낫다는 주장을 정당화하기 위해서는, 그 입장이 여타의 입장과는 달리 행위자의 자유와 관련한 전통적인 문제, 즉 자유와 결정론의 문제나 자유와 비결정론의 문제를 해결하는 데 도움이 된다는 것을 보일 수 있어야 한다. 결국 새로운 속성의 창발을 받아들이는 입장이 행위자의 자유를 해명하는 데 더 적합하다는 것을 드러내기 위해서는 새로운 속성의 창발이 통시적 차원의 문제들을 해결하는 데 도움이 된다는 것을 보여야 한다. 그렇지 않으면 행위자의 자유와 관련하여 새로운 속성의 창발을 받아들이는 입장이 물리주의 입장보다 더 낫다는 주장은 상당히 약화될 수밖에 없다. 과연 새로운 속성의 창발이 그러한 도움을 줄 수 있을까? 이 물음에 대한 답을 내리기 위해서는 먼저 통시적 차원의 문제가 정확히 무엇인지 살펴볼 필요가 있다.

우리가 몸담고 있는 이 세계가 어떠한 구성물로 되어 있든, 통시적 차원에서 보면 이 세계를 지배하는 법칙은 결정론적이거나 비결정론적일 것이다. 이러한 통시적 차원의 사항은 물리주의 수용 여부와는 상관이 없다. 예를 들어 존재하는 모든 것이 정신적인 것으로 환원될 수 있다는 입장을 취한다고 해보자. 이 경우에도 정신적 사건들 사이에 인과관계가 성립한다는 것을 받아들일 수밖에 없다. 물론 그 인과관계는 결정론적이거나 비결정론적일 것이다. 그렇다면 그 각각의 경우에 의지의 자유나 행위자의 자유가 성립할 수 있는지 생각해보는 것은 의미 있는 작업이라 할 수 있다.

이제 이 세계를 지배하는 법칙이 결정론적이라고 가정해보자. 그렇다면 이 세계에서 발생하는 모든 사건, 즉 물리적인 사건뿐만 아니라 정신적 사건도 결정론적 법칙의 지배를 받는다고 할 수 있다. 그럼 우리의 정신적 활동이나 행동이 결정론적 법칙의 지배를 받는다고 해보자. 이 경우, 어떠한 이유로 행위자의 자유가 성립하지 않게 되는 것일까? 이 물음에 대해 정확한 답변을 내리기 위해서는 결정론이 무엇인지 생각해볼 필요가 있다.

결정론이란, 모든 사건은 선행하는 사건들과 자연법칙에 의해 필연적으로 결정된다는 입장이다.[1] 이러한 결정론이 참일 경우, 우리의 정신적 활동이나 행동은 모두 자연법칙과 과거의 사건들의 필연적인 결과일 뿐이다. 이러한 결정론이 참인 상황 속에서 우리는 자유로운 행위자일 수 있을까? 그렇지 않은 듯이 보인다. 만일 우리가 자연법칙에 변화를 줄 수 있거나 이미 발생한 과거의 사건을 변경시킬 능력을 가지고 있다면, 자유로운 행위자일 수 있을 것이다. 그러나 우리는 자연법칙에 대해서도, 먼 과거의 사건에 대해서도 어떠한 선택도 할 수 없다. 따라서 결정론이 참일 경우, 우리는 우리의 정신적 활동이나 행동에 대해 어떠한 선택도 할 수 없다. 물론 우리는 일상적으로 자유로운 행위자로서 스스로의 의지에 따라 선택하고 행동한다고 생각한다. 그러나 결정론이 참일 경우, 그러한 생각은 모두 착각이나 환상에 불과한 것이다. 결정론이 참일 경우, 모든 것은 결정론적 자연법칙과 과거의 사건에 의해 필연적으로 결정되는 것이기 때문이다. 우리의 의지조차도 말이다. 이러한 생각은 일반적으로 '결과 논변'이라 불리는 다음과 같은 논변으로 간단히 표현될 수 있다.[2]

1 모든 사건을 필연적으로 결정하는 요인을 달리 상정하는 여러 가지 종류의 결정론이 있을 수 있다. 예를 들어 운명이나 신적인 존재를 끌어들이는 결정론적 입장을 취하는 것도 가능하다. 그러나 여기서는 자연법칙을 통한 결정론에 논의를 국한시키려 한다. 그렇게 한다 하더라도 이 글의 목적에 영향을 주지 않는다.

2 이러한 '결과 논변'을 체계적으로 제시하면서 의지의 자유 또는 행위자의 자유에 관한 논의를 발전시킨 철학자는 바로 반 인웨건(P. van Inwagen)이다. 그는 결정론이 참이 될 경우 우리가 받아들여야 할 사항에 관해 다음과 같이 말한다. "결정론이 참이라면, 우리의 행위는 자연법칙들과 먼 과거의 사건들의 결과들이다. 그러나 우리가 태어나기 전에 일어났던 것은 우리에게 달려 있지 않다. 그리고 자연법칙이 무엇인지도 우리에게 달려 있지 않다. 그러므로 이러한 것들의 결과들(우리의 현재 행동들을 포함하여)은 우리에게 달려 있지 않다." 여기서 '달려 있지 않다'는 것은, 우리의 통제하에 있지 않다는 것을 의미한다. 결국 결정론이 참일 경우 어떠한 것도 우리의

'결과 논변'

P1. $\Box[(P\&L) \rightarrow F]$

P2. N(P&L)

C. NF (P1과 P2로부터)

이 논변에서 P1은 결정론을 표현한 것으로서, F는 행위자의 정신적 활동이나 행동을 포함하는 현재의 사건에 대한 명제이고 P는 F가 발생하기 이전의 세계 상태에 대한 명제이며 L은 자연법칙들의 연접이다. 물론 □는 논리적 필연성 기호이다. 그렇다면 P1은 자연법칙과 과거 사건의 연접이 행위자의 행위를 포함하는 현재의 사건에 대한 명제를 논리적으로 함축한다는 것을 의미한다. P2에서 N(X)가 의미하는 것은, 어느 누구도 X가 참이라는 데 대해 선택의 여지가 없다는 것이다. 그렇다면 P2를 받아들인다는 것은, 어느 누구도 과거 사건과 자연법칙에 대해 선택의 여지가 없다는 것을 받아들인다는 것이다. 우리는 이러한 P1과 P2로부터 자연스럽게 결론 C가 도출된다고 생각할 수 있다. 결국 결정론을 전제하고, 자연법칙 및 과거 사건에 대해 선택을 할 수 없다는 것을 전제할 경우, NF 즉 어느 누구도 우리의 행위를 포함한 어떠한 사건도 거짓으로 만들 수 없다는 것을 받아들여야 한다.

이러한 '결과 논변'은 결정론을 받아들이면서 행위자의 자유를 해

통제하에 있지 않다. 우리가 어떠한 것도 통제할 수 없다면, 즉 우리가 어떤 것도 선택할 수 없다면, 우리는 분명 자유로운 존재가 아니다. 이 글은 이러한 반 인웨건의 생각에 크게 의존하고 있다는 것을 미리 밝혀둔다. 그렇지만 이 글에 제시된 '결과 논변'은 반 인웨건이 제시한 형태가 아니라, 워필드(T. Warfield)가 제시한 간단한 형태이다(Van Inwagen, 1983; Warfield, 1999 참조).

명하기 위해서는 반드시 넘어서야 할 장애물이라 할 수 있다. 그렇다면 '결과 논변'에 어떻게 대응할 수 있을까? 이 논변이 형식적으로 타당하다는 것을 인정한다면, P1이나 P2 중 적어도 하나는 거짓이라는 것을 보이는 방법밖에 없다. 그런데 우리가 과거 사건을 변경시키거나 자연법칙을 거짓으로 만들 수 있다고 생각하는 것은 상식적으로 받아들일 만한 것이 아니다. 결국 P1을 부정하는 것이 바람직한 방향인 것처럼 보인다.

우리가 자유로운 선택을 하는 행위자이기 위해서는 그 선택이 하나로 고정되어서는 안 될 것이다. 결정론을 받아들일 경우에는 그것이 하나로 고정된다. 즉 발생한 선택 외의 다른 선택을 할 수 없다는 것이다. 그런데 비결정론을 받아들이게 되면, 그러한 문제가 해결되는 듯이 보인다. 즉 비결정성의 존재는 우리의 미래가 하나로 고정되어 있지 않다는 것을 보증해준다는 것이다. 그렇기 때문에 행위자의 자유를 해명하기 위해서는 비결정론을 수용해야 한다는 생각으로 나아갈 수 있다. 이러한 생각을 가지고 비결정론을 수용하게 되면 행위자의 자유를 곧바로 확보할 수 있을까?

이 물음을 해결하기 위해 비결정론을 수용한다고 해보자. 비결정론이 참일 경우, 이 세계는 완전히 결정론적이지는 않고 어떤 사건은 비결정론적으로 발생한다. 그렇기 때문에 '결과 논변'의 P1, 즉 현재 발생하는 모든 사건은 자연법칙과 과거 사건의 연접에 의해 필연적으로 함축된다는 것을 부정할 수 있다. 그렇다고 하더라도 어떤 사건이 원인이 없이 발생할 수 있다고 생각할 필요는 없다. 단지 현재나 미래의 사건이 자연법칙과 과거 사건에 의해 하나로 고정되지는 않는다는 것만을 받아들이면 된다. 이러한 비결정성을 이용하여 행위자의 자유를 확보하기 위해서는 어떻게 해야 할까? 비결정적 사건이 어느 순간에 발생한다고 생각해야 행위자의 자유를 확보하는 데 도움이 될까?

어떤 행위자가 자유로운 존재라면, 적어도 그 행위자는 자신의 정신적 활동과 행동에 있어 선택의 여지가 있어야 한다. 즉 숙고의 과정을 통해 어떤 행동을 할지 말지 결정할 수 있어야 한다는 것이다. 이 점을 고려하면, 어떤 선택이나 행동에 이르는 숙고의 과정 속에 그러한 비결정성을 위치시키는 것이 적절하다고 생각할 수 있다. 이러한 생각에 기초하여, 우리의 두뇌를 통해 실현되는 숙고의 과정이나 그 숙고의 과정으로부터 행동으로 이어지는 일련의 사건 과정이 자연법칙과 과거의 사건들에 의해 결정되지는 않는다고 가정해보자. 그렇다면 행위자의 행동은 비결정론적 사건이라 할 수 있다. 그 행동은 이미 발생한 것이지만, 발생하지 않았을 수도 있기 때문이다. 언뜻 보기에 이러한 상황은 행위자의 자유에 관해 아주 좋은 소식을 가져다주는 듯하다. 행위자에게 선택의 여지가 생기는 듯이 보이기 때문이다. 그러나 실상은 그렇지 않다. 다음의 사례를 통해 그 이유를 알아보자.

> 어느 시골 교회에서 자선 헌금함을 훔치려고 하는 한 철면피 도둑이 있다. 그는 헌금함에 있는 적은 돈을 보면서 실망하고 욕설을 내뱉으며, 그 돈을 향해 손을 뻗는다. 그런데 갑자기 그의 마음에 돌아가신 어머니의 얼굴이 떠오른다. 그리고 그는 어머니가 돌아가시기 직전 약속했던 것을 기억해낸다. 그 약속은 항상 정직하고 올곧게 살겠다는 것이었다. 도둑질을 할 때 그런 생각이 떠오른 것은 처음이 아니지만, 그동안 계속 무시했었다. 그러나 이번에 그는 그것을 무시하지 않았다. 그는 그것을 충분히 사려 깊게 생각하고 돈을 훔치지 않기로 결정한다. 이 결정에 근거

해 행동하면서 그는 빈손으로 교회를 떠난다(Van Inwagen, 1983: 127-128).

이제 논의를 위해, 이 사례에 행위자로 등장하는 도둑을 a라고 하고, 어머니와의 약속을 지키려는 a의 욕구를 D라고 하고, 그 욕구를 실현하기 위해서는 헌금함을 훔쳐서는 안 된다는 a의 믿음을 B라고 하고, a가 그러한 욕구와 믿음을 가지게 된 사건을 DBa라고 해보자. 그리고 돈을 훔치지 않고 빈손으로 떠나기로 결정한 일련의 a의 행동 사건을 Ra라고 해보자. 우리가 비결정론을 가정할 경우, Ra는 자유로운 행동이라 해석될 수 있을까? 앞서 논의한 것처럼, Ra가 발생하지 않을 수도 있었어야만 Ra는 자유로운 행동이라 할 수 있다. 우리가 비결정론을 가정한 이상, Ra가 발생하지 않을 수도 있었다고 말할 수 있다. Ra의 원인으로 간주되는 DBa가 실제로 인과적 효력을 발휘할지의 여부는 비결정적이라 할 수 있기 때문이다. 이 사례에서도 다른 경우에는 DBa가 인과적 효력을 발휘하지 못했었지만, 교회의 헌금함을 훔치려는 순간에는 인과적 효력을 발휘하게 되었다. 그렇다면 그 도둑의 행동은 자유로운 것인가? 그 도둑은 자유로운 행위자인가? 비결정론을 수용하면서 행위자의 자유를 확보하려는 입장에서는 아쉽겠지만, 그렇지 않은 듯이 보인다. 왜 그럴까? 단적으로 말하여 DBa의 발생에 대해 a는 선택의 여지가 없어 보이기 때문이다. 그뿐만 아니라 DBa가 발생하면 Ra가 발생한다는 것에 대해서도 선택의 여지가 없어 보인다. 그렇기 때문에 a는 Ra의 발생 여부에 대해 선택의 여지가 없어 보인다. 우리는 이러한 일련의 생각에 기초하여 '결과 논변'의 경우와 유사한 논변을 구성할 수 있다.[3]

'마인드 논변'

P1. N(DBa)

P2. N(DBa → Ra)

C. N(Ra) (P1과 P2로부터)

이 논변에서 N(X)는, '결과 논변'에서와 마찬가지로, '어느 누구도 X를 거짓으로 만들 수 없다.'는 것을 의미한다. 그리고 P1과 P2를 받아들인다면, C도 받아들일 수밖에 없다는 것은 매우 자연스러운 생각인 듯이 보인다. 결국 a는 R에 대해 통제력을 행사하지 못한다는 결론을 받아들여야 한다. 그렇다면 a가 R을 행하게 된 것은 우연적인 것이라 할 수 있다. 즉 무작위적으로 발생한 사건이라는 것이다. 그런데 무작위적으로 발생한 것은 자유로운 것이 아니라는 것은 분명하다. 따라서 '마인드 논변'을 받아들인다면, 비결정론과 행위자의 자유도 양립할 수 없다는 것을 인정할 수밖에 없다. 결국 결정론을 수용할 경우뿐만 아니라 비결정론을 수용할 경우에도 행위자의 자유는 성립하지 않는다는 결론에 다다르게 되었다. 지금까지 논의한 내용은 다음과 같은 딜레마 논변으로 표현될 수 있다.

'자유의 딜레마'

P1. 행위자의 행위는 결정론적이거나 비결정론적이다.

P2. 행위자의 행위가 결정론적이라면, 행위자는 그것에 대해 선

3 '마인드 논변'이라는 이름은, 학술지 『마인드(Mind)』에 이 논변과 관련된 다양한 논의가 진행된 데서 기인한다. 이 글의 '마인드 논변'은 핀치와 워필드가 제시한 형태이다(Finch and Warfield, 1998: 515-528 참조).

택의 여지가 없다.

P3. 행위자의 행위가 비결정론적이라면, 그것은 무작위적인 것이다.

C1. 행위자의 행위는 선택의 여지가 없는 것이거나 무작위적인 것이다.

P4. 행위자의 행위에 선택의 여지가 없다면, 그것은 자유로운 것이 아니다.

P5. 행위자의 행위가 무작위적이라면, 그것은 자유로운 것이 아니다.

C2. 행위자의 행위는 자유로운 것이 아니다.

지금까지 우리는 행위자의 자유와 관련된 전통적인 문제에 대해 간략히 살펴보았고, 결국 행위자의 자유를 해명하기 위해서는 '자유의 딜레마'를 해결할 수 있어야 한다는 결론에 다다랐다. 그런데 이 딜레마 상황은 물리주의 입장을 취할 경우에만 처하게 되는 것은 아니다. 물리적인 것으로 환원될 수 없는 정신적 사건의 존재를 받아들인다 하더라도 여전히 '자유의 딜레마'는 성립한다. 그 정신적 사건은 통시적 차원에서 볼 때 결정론적이거나 비결정론적일 것이기 때문이다. 결국 이 딜레마는 물리주의 입장뿐만 아니라 존재론적으로 어떠한 입장을 취하든 반드시 해결해야 할 문제가 무엇인지를 보여준다고 할 수 있다. 따라서 행위자의 자유와 관련하여 새로운 속성의 창발을 받아들이는 존재론적 입장이 물리주의에 비해 더 낫다는 것을 보이려면, 새로운 속성의 창발이 이러한 딜레마 상황을 해결하는 데 이바지할 수 있다는 것을 보여야 한다. 이제 새로운 속성의 창발이 그러한 역할을 할 수 있을지 고찰해볼 차례이다. 이를 위해서는 먼저 새로운 속성의 창발이 정확히 무엇을 의미하는 것인지 생각해볼 필요가 있다.

3. 새로운 속성의 창발과 행위자의 자유

앞서 간략히 언급했듯이, 계층 모형에 관한 존재론적 논의에서 새로운 속성이란 하위 층에 속하는 대상이나 속성을 가지고 설명하거나 예측할 수 없는 상위 층의 속성을 의미한다. 즉 새로운 속성이 창발했다고 말할 때, 그 '새로움'이라는 것은 하위 단계로 환원될 수 없다는 것을 의미한다. 그렇기 때문에 우리가 일상적으로 사용하는 '새로움'의 의미와는 어느 정도 차이가 있을 수 있다. 예를 들어 수소 원자와 산소 원자가 결합하여 물이 될 때 물이 가지는 투명성은 수소 원자나 산소 원자가 가지는 속성은 아니다. 그렇기 때문에 투명성은 새로운 속성이라 할 수 있다. 그러나 물이 가지는 투명성은 지금 우리가 논의하고 있는 '새로움'은 아니다. 왜냐하면 수소 원자와 산소 원자의 결합 구조를 통해 투명성을 예측하고 설명할 수 있을 것이기 때문이다.

이제 어떤 정신적 속성 M이 어떤 행위자 a에게 실현되어 정신적 사건 Ma가 발생했다고 하고, 그 사건은 그것의 수반 기초인 a의 두뇌의 물리적 사건 Pa로 환원될 수 없는 새로운 사건이라고 하자. 바로 이러한 사건을 도입하여 행위자의 자유를 확보하려는 시도가 바로 새로운 속성의 창발을 통해 행위자의 자유를 해명하려는 시도라 할 수 있다. 그런데 여기서 '새로움'을 좀 더 엄밀하게 두 차원으로 구분해서 생각해볼 필요가 있다. 그 하나는 인식론적 차원이고 다른 하나는 존재론적 차원이다.

① 물리적인 것으로 환원될 수 없는 정신적 속성의 출현
② 물리적인 것으로 환원될 수 없고, 물리적인 것에 대해 고유의 인과력을 가지는 정신적 속성의 출현

만일 우리가 새로운 속성의 창발을 ① 정도의 의미로 받아들인다면, '새로움'을 인식론적 차원에서 생각하는 것이다. 반면에 ②의 의미로 받아들인다면, '새로움'을 인식론적 차원뿐만 아니라 존재론적 차원에서도 생각하는 것이다. 이러한 두 의미의 창발 속성 중 행위자의 자유를 위해 도움이 될 수 있는 것은 무엇일까? 아마도 실질적인 도움이 되는 것은 존재론적 차원일 것이라 생각할 수 있다. 새로운 속성의 의미를 인식론적인 것으로만 생각한다면, 앞서 살펴본 '자유의 딜레마' 상황을 해결하는 데 도움이 되지 않는다고 할 수 있다. 왜 그럴까? 새로운 속성을 통해 행위자의 자유를 설명하려 한다고 해보자. 그런데 그 새로운 속성이 단지 우리의 인식적 한계 때문에 새로운 것으로 간주되는 것이라면, 그것에 근거한 행위자의 자유는 인식적 차원에서 성립하는 것일 뿐이다. 이렇게 되면, 실제 세계는 결정론적인데 우리가 잘 몰라서 우리 스스로를 자유로운 존재로 생각할 가능성을 배제할 수 없다. 그뿐만 아니라 실제 세계는 무작위적인데 우리가 잘 몰라서 우리 스스로를 자유로운 존재로 생각한다는 식의 반론도 가능하게 된다. 이 점을 고려하면, 새로운 속성의 창발을 ②, 즉 존재론적 차원으로 간주해야 한다.

이제 앞서 살펴본 도둑의 사례로 다시 돌아가서, 이번에는 그 도둑 행위자 a에게 DBa와 더불어 창발 속성 X가 실현되는 사건이 발생했

다고 하고 그 사건을 다음과 같이 기호로 표현해보자.

Xa

물론 Xa는 물리적인 사건에 대해 자율적인 사건이다. 그렇기 때문에 물리적인 법칙에 의해 예측되거나 설명될 수 없는 것이다. 이러한 Xa가 DBa로부터 Ra에 이르는 인과적 과정 속에 포함된다면, Ra는 자유로운 행동이 되고 a는 자유로운 행위자로 간주될 수 있을까? 이 물음을 해결하기 위해서는 Xa의 존재가 앞서 우리가 살펴보았던 두 논변에 어떠한 영향을 미치게 되는지 생각해볼 필요가 있다. 먼저 a가 몸담고 있는 세계가 결정론적이라고 가정하면서 앞서 정리했던 '결과 논변'을 다시 한번 살펴보자.

'결과 논변'

P1. □[(P&L) → F]

P2. N(P&L)

C. NF (P1과 P2로부터)

도둑의 사례를 이 논변에 대입해보면, Xa와 DBa는 이 논변의 두 전제에 포함되어 있는 P에 속하는 사건이고 Ra는 F에 속하는 사건일 것이다. Xa와 DBa가 Ra의 발생에 충분한 원인이라 생각해보자. 그렇다면 다음과 같은 명제가 성립한다.

□[(Xa&DBa&L) → Ra]

이 명제가 성립한다는 것은, Xa의 존재와 통시적 차원의 결정론이 양립될 수 있나는 것을 의미한다. 예를 들어 a에게 X라는 속성이 창발하는 사건이 발생할 경우에 DBa가 Ra를 필연적으로 야기한다는 식의 자연법칙이 존재한다고 해보자. 이러한 자연법칙은 결정론적인 것이고, 만일 그러한 자연법칙이 있다면, 위와 같은 명제는 성립할 것이다. 이렇게 생각해보면, 단순히 Xa를 끌어들이는 것만으로 행위자 a의 자유를 확보할 수는 없어 보인다. 그렇지만 Xa을 도입하여 행위자의 자유를 확보하려고 시도하는 사람들은 Xa가 자연법칙의 지배를 받는다는 것을 받아들이지 않을 것이다. 그래서 위와 같은 명제는 성립하지 않는다고 생각할 것이다. 그러나 Xa가 물리적인 것으로 환원될 수 없는 사건이라고 해서 Xa가 자연법칙의 지배를 받지 않는 사건이라고 말할 수는 없다. 즉 통시적 차원의 결정론과 Xa의 존재는 양립할 가능성이 있다는 것이다. 결국 Xa의 존재는 '결과 논변'을 무력화시키는 역할을 할 수 없다.

물론 Xa를 도입하여 행위자의 자유를 해명하려는 입장을 취하는 사람들은 Xa를 자연법칙에 포섭되지 않는 사건으로 간주할 것이다. 우리가 이러한 견해를 받아들인다면, Xa의 존재는 P1을 부정하는 것으로 볼 수 있다. P1을 부정하게 되면, 어떠한 일이 발생하는가? 행위자의 자유는 확보되는가? 그렇지 않다고 할 수 있다. P1을 부정하면서 '결과 논변'을 무력화시켰다고 해서 곧바로 행위자의 자유를 확보했다고 말할 수는 없다. 단지 Xa의 존재는 결정론과 양립할 수 없고, Xa의 존재가 행위자의 자유를 위해 반드시 필요한 것일 경우, 결정론과 행위자의 자유는 양립할 수 없다고 말할 수 있을 뿐이다. 그렇다면 Xa를 받아들이는 입장에서는 결정론에서 벗어나 비결정론으로 나아가면서 행위자의 자유에 대해 적극적으로 해명해야 한다. 이제 비결정론을 수용할 경우에는 Xa의 존재가 행위자의 자유를 위해 도움이 될지 생각해보기 위해 '마인드 논변'을 다시 한번 살펴보도록 하자.

'마인드 논변'

P1. N(DBa)

P2. N(DBa → Ra)

C. N(Ra) (P1과 P2로부터)

Xa의 존재는 '마인드 논변'에 어떠한 영향을 미치는가? 언뜻 보기에 Xa는 P2를 부정하는 역할을 할 수 있는 듯이 보인다. 우리가 P1, 즉 어떤 욕구나 믿음을 가지게 되는 데에 선택의 여지가 없다는 것을 받아들인다 하더라도 Xa의 존재를 가정하면 P2는 받아들일 필요가 없어 보인다. 비결정적인 창발 사건 Xa가 DBa로부터 Ra에 이르는 일련의 과정에 포함된다면, 행위자 a가 Xa를 통해 DBa가 Ra를 야기한 사건을 통제한다는 주장이 가능해 보이기 때문이다. 말하자면 어떤 믿음과 욕구를 가지게 되는 데 있어서는 선택의 여지가 없지만, 그 믿음과 욕구가 어떤 행위를 야기할지의 여부는 행위자에게 고유한 사건 Xa에 달려 있다고 할 수 있다는 것이다. 이제 이러한 주장에 담겨 있는 인과관계를 다음과 같이 표현해보자(여기서 '→'는 인과관계를 의미한다).

Xa → (DBa → Ra)

만일 이런 인과관계가 성립한다면, DBa가 Ra를 야기하는 인과적 과정이 비결정론적인 것이라 할지라도 Ra는 행위자 a에 의해 통제되는 것이고 결국 Ra는 a의 자유로운 행위라고 말할 수 있을 듯이 보인다. a에게 고유한 사건이라 할 수 있는 Xa에 의해 (DBa → Ra)가 발생했기 때문이다. 이런 의미에서 (DBa → Ra)는 행위자 a와 상관없이 무작위적으로 발생하는 것은 아닌 듯이 보인다. 이러한 생각이 옳다면, '마인드 논변'의 P2, 즉 N(DBa → Ra)를 부정할 수 있게 되고, 나아가 결론 C도 부정할 수 있게 될 것이다. 그렇다면 이 세계가 비결정론적이라고 했을 때, 행위자 a에게 고유한 Xa라는 사건의 존재는 행위자 a가 자유로운 존재라는 것을 보증해주는 셈이다. 과연 이러한 방식의 생각이 행위자의 자유를 확보하는 데 도움을 줄 수 있을까? 그렇지 않은 듯이 보인다.

우리는 이와 같은 생각과 관련하여 Xa의 발생 자체에 대해 물어볼 수 있다. 왜 Xa는 발생했는가? 다른 때에는 a에게 Xa가 발생하지 않았는데, 왜 하필이면 교회의 헌금함을 훔치려고 하는 그때 발생하게 되었는가? 그 차이를 어떻게 설명할 수 있을까? 이 물음에 대해 적절하게 답변할 수 없다면, Xa의 존재는 a의 자유를 보장해주지 못할 것이다. 왜냐하면 Xa가 발생하게 된 이유를 적절히 설명할 수 없다면, Xa는 그 자체로 무작위적인 사건이라 할 수 있기 때문이다. 이러한 무작위성을 없애기 위해 취할 수 있는 방법은 무엇일까? 원인 없이 발생하는 사건은 없다는 것을 염두에 둔다면, Xa의 발생에 인과적 책임이 있는 다른 사건을 끌어들여야 할 것이다. 그런데 만일 다른 사건의 존재를 끌어들여 Xa 발생의 무작위성을 없애려 한다면, 문제는 다시 원점으로 돌아가게 될 것이다. 왜 그럴까? 예를 들어 Xa의 발생을 설명하기 위해 Ya라는 선행 사건을 끌어들인다고 해보자. 그럼 다음과 같은 식의 인과관계가 성립하게 될 것이다.

Ya → Xa → (DBa → Ra)

이러한 인과적 과정에서도 Ya가 다른 경우에는 발생하지 않았는데, 하필이면 왜 이 경우에 발생하게 되었는지 설명하기는 힘들어 보인다. 여기서 다시 a에게 발생한 다른 사건을 통해 Ya의 발생을 설명하려 한다면 마찬가지 문제가 발생하게 된다. 따라서 그것의 발생을 행위자 a가 통제했다고 볼 수 없게 되고, 결국 Ra도 행위자 a의 통제하에 있다고 볼 수 없게 된다. 물론 a가 Ra를 통제하지 못했다는 것은 Ra가 자유로운 행위가 아니라는 것이고, 결국 a는 자유로운 행위자가 아니라는 것을 의미한다. 결국 물리적인 것으로 환원될 수 없는 사건 Xa를 도입한다 하더라도 '마인드 논변'의 P2를 부정할 수 없다고 결론지을 수 있다.

4. 결론

이제 논의의 출발점으로 다시 돌아가보자. 행위자의 자유와 관련하여 존재론적 다원론 내지 이원론이 물리주의와 같은 일원론보다 더 매력적으로 보이는 것은, 새로운 속성의 창발이 행위자의 자유를 설명하는 데 도움이 되는 듯이 보이기 때문이었다. 그러나 지금까지의 논의가 적절하다면, 그러한 보임새는 잘못된 것이라 할 수 있다. 물리적인 것으로 환원될 수 없는 창발 속성의 존재를 받아들이는 존재론의 입장에 선다고 해도 행위자의 자유와 관련된 전통적인 문제를 곧바로 해결할 수는 없기 때문이다. 새로운 속성의 창발을 주장하는 이원론이나 다원론의 입장도 '자유의 딜레마' 상황에 처하게 된다.

그런데 여기서 결정론이나 비결정론의 이분법적 구도는 물리적인 대상이나 사건들에나 적용될 수 있는 것이라는 반론이 제기될 수 있다. 그렇기 때문에 물리적인 것으로 환원될 수 없는 새로운 속성은 결정론이나 비결정론의 구도를 통해 논의될 수 없는 것이고, 따라서 '자유의 딜레마'에 빠지지 않는다는 것이다. 그러나 이러한 생각은 잘못이다. 어떤 정신적 사건이 물리적인 사건으로 환원될 수 있는 것이든 없는 것이든, 통시적 차원에서 보면 그 사건은 결정론적이거나 비결정론적일 것이기 때문이다. 물론 여기서 말하는 결정론이나 비결정론이 반드시 물리적 결정론이나 비결정론일 필요는 없다. 결정론에 포함되는 자연법칙이 무엇이 될지는 중요한 것이 아니기 때문이다.

이제 다음과 같은 물음을 통해 논의를 마무리해보자. 앞서 논의한 사례에서 a의 행동 Ra는 왜 발생했는가? 이 물음에 답하기 위해서는 Ra의 원인으로 간주될 수 있는 DBa를 끌어들일 수밖에 없다. 그것을 끌어들이지 않는다면 Ra는 a의 행위라고 말할 수 없기 때문이다. 그렇다면 이러한 물음이 가능해진다. □[DBa → Ra]가 성립하는가? 만일 성립한다고 하면서 행위자의 자유를 확보하려 한다면 '결과 논변'에 대해 적절한 답변을 해야만 하고, 성립하지 않는다고 하면서 행위자의 자유를 확보하려 한다면 '마인드 논변'에 대해 적절한 답변을 해야만 한다. 새로운 창발 사건 Xa를 끌어들여도 이러한 상황은 마찬가지이고, 결국 새로운 속성의 창발을 수용하는 존재론적 입장에서도 '자유의 딜레마'는 여전히 해결해야 할 과제라 할 수 있다.

참고 문헌

김재권, 1997, 『심리철학』, 하종호 외 옮김, 철학과 현실사.

김재권, 2007, 『물리주의』, 하종호 옮김, 아카넷.

하르트만, 1997, 『존재론의 새로운 길』, 손동현 옮김, 서광사.

Van Inwagen, P., 1983, *An Essay on Free Will*, Crarendon Press.

Finch, A. and T. A. Warfield, 1998, "The Mind Argument and Libertarianism", *Mind*, Vol. 107.

McLaughilin, B. P., 2008, "The Rise and Fall of British Emergentism", *Emergence*, (ed.) M. A. Bedau and P. Humphreys, the MIT Press.

Warfield, T., 1999, "Donald Davidson's Freedom", M. De Caro. (ed.) *Interpretations and Causes,* Kluwer Academic Publishers.

인과관계의 형이상학적 문제
- 환원주의와 비환원주의를 중심으로 -

전대석

1. 인과에 관한 두 가지 형이상학적 입장

모든 철학자가 인과관계를 당연한 것으로 받아들인 것은 아니었다. 아마도 인과관계를 부정한 가장 유명한 철학자는 러셀일 것이다. 그는 실제로 인과 개념이 정합적이지 않다고 여긴 듯하다. 그는 가장 앞선 과학인 물리학도 원인을 찾는 것을 중지하였기 때문이라고 밝히고 있다. 그는 다음과 같이 말한다.

> 나는 인과법칙이 군주제와 마찬가지로 오직 어떠한 해악도 끼치지 않는다고 잘못 가정되었기 때문에 철학자들의 검열을 통과하여 살아남은 (구)시대의 유물이라고 믿는다(Russell, 1918: 171).

하지만 러셀의 이러한 입장은 곧바로 여러 학문 분야에서 다양한 반론에 부딪히게 된다. 예컨대 경제학, 심리학, 그리고 생물학과 같은 학문에서는 아주 피상적인 문제에서도 원인을 발견하려 시도하고,

발견된 그 원인을 분석함으로써 문제를 해결하려고 한다. 과학 분야에서도 현실은 마찬가지다. 과학적 연구와 탐구에서 이루어지는 실험은 임의적으로 제어된 인과적 모형들과 요인들을 통해 인과적 연결을 발견하려는 시도이기 때문이다. 네이글도 주장하고 있듯이, 원인 개념은 "일상의 대화에서, 그리고 경제학자, 사회심리학자 및 역사가의 인간사에 대한 탐구에서 사용되고 있을 뿐만 아니라, 또한 자연과학자들의 실험 절차에 관한 설명과 많은 이론 물리학자의 수학적 형식주의에 대한 해석에서 종종 나타난다."(Nagle, 1961: 12) 그렇다면 인과에 관한 문제는 러셀의 생각과 달리 반드시 다루어야 할 문제다.

인과성 또는 인과관계에 관한 철학적 문제를 제기할 때 가장 먼저 언급되는 것은 아마도 인과관계에 관한 흄(D. Hume)의 분석일 것이다. 툴리(Tooley, 1997)에 따르면 흄 이전의 많은 철학자는 다음과 같이 생각했다. 즉 어떤 대상은 다른 대상 또는 개념에 의거해야만 분석될 수 있다. 하지만 최후의 분석은 그 대상이 가진 속성으로 인해 분석될 수 있어야 한다. 따라서 인과관계가 분석적으로 기초적인 것이라면, 인과관계는 경험에서 바로 주어질 수 있는 관계 안에서 성립해야 한다. 하지만 흄은 인과관계가 경험에서 바로 주어질 수 있다는 이러한 생각에 대해 회의를 품는다. 그는 경험에서 주어지는 속성과 관계를 분석하는 것으로 인과관계의 개념을 파악할 수 없다고 본다. 만일 흄이 제기한 문제가 올바르다면, 우리는 다음과 같은 물음들에 답함으로써 인과관계를 탐구할 수 있을 것이다. 인과관계의 개념은 기초적이고 분석 가능하지 않은가? 인과관계는 분석이 필요한 개념인가? 만일 그것이 분석되어야 한다면, 어떻게 분석할 수 있는가?[1] 이러한

1 이 문제에 대해 많은 다른 답변이 제시되어왔지만, 툴리(Tooley, 1997)는 다양한 접

문제에 대해 답변하는 것은 쉬운 일이 아니다. 많은 철학자가 다양한 답변을 제시해왔지만 여기에서는 논의를 인과관계에 대한 환원적 접근법과 비환원적 접근법으로 한정할 것이다. 간략히 말해서 흄의 노선에 서 있는 많은 철학자는 비인과적인 용어 또는 특성을 통해 분석하려고 하는 반면에, 흄에 반대하는 많은 철학자는 일반적으로 인과관계가 직접적으로 관찰 가능하다는 입장을 취하고 있기 때문이다. 인과관계에 대한 이와 같은 서로 다른 접근법의 배후에 놓여 있는 생각을 간략이 정리하면 다음과 같다.

> 비환원적 접근법: 두 개별 사건 c와 e의 연속은 그 사건 c와 e에 완전히 의존하든가, 그것들 자체의 속성과 관계에 의존한다. 말하자면 실제적인 인과 연쇄의 내부적이고 한정적인 특성에 완전히 의존한다.

> 환원적 접근법: 두 개별 사건 c와 e가 연속적인가 아닌가는 c와 같은 사건들이 상례적으로 e와 같은 사건들을 잇따르는가 그렇지 않은가에 인과적으로 의존한다. 말하자면 같은 원인에는 같은 결과가 잇따른다.

논의를 진전시키기 위해 인과관계를 분석하는 데 있어 대표적인 환원적 접근법인 상례성 견해를 먼저 살펴보는 것이 도움이 될 것이

근법을 다음과 같은 네 가지의 일반적인 유형으로 나눌 수 있다고 본다. 그것은 직접적 실재론(direct realism), 흄적인 환원주의(Humean reductionism), 비흄적 환원주의(non-Humean reductionism), 간접적 실재론(indirect realism)이다.

다. 다음으로 다양한 유형의 환원적 이론들을 살펴보고, 그러한 견해가 갖고 있는 문제점들은 무엇인지 제시해볼 것이다. 환원적 접근법에 관한 논의를 마친 다음 인과적 실재론으로 불리는 비환원적 접근법의 내용과 문제점을 살펴보고자 한다.

2. 상례성 견해

흄이 인과관계를 항상적 연접으로 간주하였다는 것은 잘 알려진 사실이다. 말하자면 그는 유형 사건 E의 한 사건은 유형 사건 C에 유형 사건 E가 항상 잇따르는 것처럼 바로 앞서 유형 사건 C를 가진다고 주장한다. 그의 말을 직접 들어보자(탁석산, 1998: 20에서 재인용).

> 우리는 원인을 다음과 같이 정의할 수 있다. 그것은 한 대상으로 다른 대상에 앞서고 근접해 있는 것으로, 전자와 유사한 모든 대상이 후자와 유사한 모든 대상과 선행성과 근접성의 관계에서 같을 때 원인이라고 부를 수 있다(T. p. 170, E. p. 76).

그는 원인을 다음과 같은 방식으로도 정의하고 있다.

> 우리는 원인을 이렇게 정의할 수 있다. 그것은 다른 것이 잇따르는 대상이며, 그리고 그것과 비슷한 대상들에도 그 다른 것과 비슷한 모든 대상이 잇따르는 것이다. 다른 말로 하면, 전자의 것이 존재하지 않았으면 후자도 결코 존재하지 않았을 것이다. 한 원인의 출현은 관습적 이행에 의해 늘 결과의 관념에로 마음을 옮

겨준다. 우리는 이것에 대한 경험 또한 갖는다. 따라서 우리는 이런 경험에 맞게 원인에 대한 다른 새 정의를 내릴 수 있다. 그것은 다른 것이 잇따르는 대상이며, 그것의 출현은 언제나 생각을 다른 것에로 옮겨준다(E. pp. 76~77).

경험론의 전통을 계승하고 있는 논리실증주의자들에 의해 시작된 인과성에 관한 고찰은 사실로서의 인과관계를 불변하는 연속성 또는 실제적인 상례성(Regularity)과 동일시함으로써 인과 개념으로부터 정당한 핵심을 특징짓고 구해내려는 시도라고 볼 수 있다. 이것이 일반적으로 인과관계의 '상례성 견해'라고 알려진 것이다. 상례성 견해는 일반적으로 환원적 해명을 제공한다. 모든 환원적 설명이 그렇듯이 인과적 담론은 정당화되지만, 그로부터 곧 인과적 담론을 참으로 만드는 특별한 인과적 사실이 바로 도출되는 것은 아니다. 왜냐하면 인과관계의 진리 조건은 논리적으로 시공간적 관계와 실제적 상례성과 같이 비인과적인 용어들에 의해 밝혀져야 하기 때문이다. 인과관계에 대한 상례성 견해를 다음과 같이 간략히 정리할 수 있을 것이다.

'상례성 견해'
c가 e를 초래하는 경우는 다음의 경우 그리고 그 경우뿐이다.
① c는 e에 시공간적으로 인접해 있고,
② e는 시간적으로 c에 연속하고,
③ 유형 사건 C에 유형 사건 E가 잇따른다.

상례성 견해를 이와 같이 정리한다면, 인과관계는 시공간적인 인접성과 연속성, 그리고 항상적 연접으로 환원된다. 말하자면 인과관계는 비인과적인 사실들로 환원된다. 그리고 상례성 견해는 인과관계에 어떠한 필연성도 없다고 본다. 말하자면 원인 c와 결과 e에는 그것들의 상례적인 결합을 넘어서는 어떠한 필연적인 연결도 없다. 그런데 인과관계를 규명하는 것이 그토록 어려운 까닭은 인과관계에 본성상 필연적인 연결이 있다고 여기는 생각으로부터 나온다고 볼 수 있다. 말하자면 원인으로부터 따라 나오는 결과를 필연적으로 만들어주는 법칙과 같은 것이 있어야 한다는 생각으로부터 인과관계를 규명하는 문제가 일어난다고 볼 수 있기 때문이다. 흄은 그러한 필연적 연결을 강하게 부정했다고 알려져 있다. 결론적으로 그는 자연 세계에 그러한 필연적인 연결은 없다는 것을 보여준 것으로 간주된다.

1) 상례성과 단칭 인과관계

인과관계에 관한 환원적 해명을 자세히 살펴보기에 앞서, 흄의 전통을 따르는 유형 사건 상례성에 대한 반론을 간략하게나마 먼저 살펴보는 것이 도움이 될 것이다. 앞서 보았듯이 흄은 '인과관계는 다름 아닌 경험 안에서 대상의 항상적 연접'이라고 정의하였다. 하지만 이와 같은 일종의 유형 사건 상례성 정의는 간단히 반박될 수 있다. 대표적인 반론은 듀카스(Ducasse, 1969)가 제시한 '단칭 차이(single-difference)'에 의거한 상례성에 대한 반론에서 찾을 수 있다. 그는 인과관계를 '유형 사건'이 아닌 '단칭 사건'으로 파악하였다는 점에서 일반적으로 비-흄주의자로 분류된다. 간략히 말해서 그는 직접적으로든 또는 간접적으로든 인과관계의 분석이 상례성을 포함한다는 것을 강하게 부정한다. 그는 인과관계를 원인과 같은 사건들과 결과와 같은 사건들 사이에 어떠한 상례성 결합으로부터도 독립적인 개별 사건들이 연결된 것으로 파악한다. 그가 제시한 단칭 차이를 간략히 정리하면 다음과 같다.

> 한 사건 c가 한 사건 e를 초래할 경우는 다음의 경우 그리고 그 경우뿐이다. c는 e가 발생하기에 앞서 e가 가진 상황에서 최종의 또는 유일한 차이를 가진다.

이러한 정의에 따라 듀카스는 다음과 같은 예를 들어 항상적 연접은 인과관계를 충분히 해명하지 못하다고 반박한다. 그에 따르면 항상적 연접은 충분조건도 아닐뿐더러 필요조건도 아니다.

> 시계의 똑딱 소리의 예: 앞선 소리와 잇따르는 소리는 항상적으로 연접되어 있지만, 전자가 후자의 원인은 아니다. 즉 두 사건에 인과관계는 없다. 그것은 마치 낮이 밤의 원인이 아닌 것과 마찬가지다. 이 예는 인과관계가 항상적 연접만으로는 충분하지 않다는 것을 보여준다.

> 망치로 화병을 깨는 예: 망치로 화병을 침과 화병이 깨짐 사이에 어떠한 항상적 연접이 없다고 하더라도, 이 사례는 인과관계를 가진다. 이 예는 인과관계가 상례성이 아니라는 것을 보여준다.

듀카스의 공헌은 단칭 인과관계를 해명하는 체계적인 시도를 보여주었다는 것이다. 하지만 여전히 그의 시도는 인과관계에 관한 단칭적인 환원주의적 해명이다. 왜냐하면 그 또한 인과관계를 비인과적인 용어를 통해 정의하려 했기 때문이다. 말하자면 그의 시도 또한 적어도 원인인 것에 관한 사실은 어떤 더 기초적인 사실 집합으로 환원된다고 보고 있는 것이다.

2) 인과관계에 관한 환원적 설명의 다양한 유형과 문제점

인과관계에 관한 환원적 설명을 본격적으로 살펴보기 위해 다음과 같은 것들을 가정해보자. 우선 세계에 대한 어떤 근본적인 존재론적 구조가 있다고 하자. 그리고 세계에 관한 어떤 진리 집합이 있다고 하자. 그것은 세계에 관한 다른 모든 진리값이 환원되는 기초적인 것이 될 것이다. 여기에 더해 그러한 근본적인 사실들은 자연법칙에 관한 사실들뿐만 아니라 비양상적인 사실들과 범주적인 사실들로 나뉜다고 하자. 말하자면 대상들이 있는 곳은 어디인지, 순전히 비양상적인 속성은 무엇인지, 그리고 어떤 시간에 그것들이 가진 관계가 무엇인지에 관한 사실들로 나뉜다고 하자 우리가 물리학의 성과물을 수용할 수 있다면 또는 일반적인 물리주의를 받아들인다면, 세계에 관한 근본적인 비양상적인 사실들은 그것의 어떤 순간의 물리적인 상태로 이해할 수 있을 것이다. 그것은 자연스럽게 그러한 상태들이 어떻게 모든 시간에 걸쳐 그와 같이 나타나는지를 설명하는 자연법칙의 후보로서 근본적인 물리법칙을 떠올리게 할 것이다. 만일 이와 같은 생각이 설득력이 있다면, 인과적 사실은 어느 정도 근본적인 물리법칙으로 환원될 것이다.

이러한 기초적인 환원주의적 전제에 합의하는 대표적인 방식은 (사건들 사이에서 성립할 수 있는) '법칙적 함축 관계(nomological entailment relation)'를 찾고, 다음으로 그 관계를 통해 인과관계를 파악하는 것이다. 인과관계를 설명하는 환원주의적 접근법은 대략 다섯 가

지 유형으로 나뉜다.[2]

① 원인을 충분조건으로 보는 견해

② 원인을 필요조건으로 보는 견해

③ INUS 조건

④ 반사실적 조건문

⑤ 원인을 확률적 조건으로 해명하려는 견해

간략히 말해서 인과관계를 해명하려는 이러한 시도들은 원인의 자격을 갖는 사실과 결과의 자리에 놓일 수 있는 사실의 함축 관계를 보여줌으로써 인과관계의 문제를 밝혀내고자 한다. 그리고 여기서 인과관계가 성립하는가 여부는 결정적으로 근본 법칙이 무엇인가에 의해 조정(또는 결정)된다. 만일 ①과 ②의 유형을 따른다면, 인과관계는 필요충분조건에 의거하여 분석될 수 있다고 보는 것이다. 이와 같은 생각을 받아들인다면, 인과관계는 '한 사건 c가 한 사건 e를 초래할 경우는 C가 E에 대한 필요충분조건인 사건 유형 C와 E가 있는 경우 그리고 그 경우뿐이다.'로 정의할 수 있다.

이러한 접근법의 문제점은 무엇인가? 아마도 가장 심각한 난점은 인과관계의 방향과 관련될 것이다. 인과관계는 일반적으로 과거 사건으로부터 미래 사건으로 나아가는 것으로 파악된다. 하지만 이러한 접근법은 인과관계를 오직 조건 개념에만 의거해 논리적으로 뷰

2 인과관계는 논리적 관계일 수 없다는 흄의 원리를 따른다면, 이와 같은 인과관계에 관한 환원적 설명은 흄의 노선을 따르지 않는다는 점에서 비흄주의로 분류될 수도 있다. 하지만 여기에서는 인과관계에 관한 환원적 접근법과 비환원적 접근법을 중심적으로 다루고 있기에 그와 관련된 논의는 자세히 다루지 않는다.

석하고 있기 때문에 시간적 선후 관계를 적절히 보여줄 수 없다는 문제가 제기될 수 있다. 예컨대 우리의 세계가 뉴턴적인 폐쇄적인 것이고, 그러한 세계의 기초 법칙이 시간에 대해 대칭적이라고 해보자. 그러면 논리적으로 1950년의 우주의 전체 상태는 2050년의 전체 상태에 대한 필요충분조건일 뿐만 아니라 1850년의 전체 상태에 대한 필요충분조건이어야 한다. 만일 그렇다면, 1950년의 사건들은 2050년과 1850년의 사건들 모두를 초래한다는 이상한 결론이 도출되게 된다.

메키(Mackie, 1966)는 다른 방식으로 상례성을 받아들인다. 그는 C가 E의 원인인 경우는 C가 E에 대한 상황들에서 법칙적으로 충분한 조건들의 근본적인 부분일 경우라고 주장한다. 말하자면 한 사건 c가 한 사건 e를 초래한다고 말해질 수 있는 경우는 C가 E에 대해 충분하지만 필요하지 않은 부분의 충분하지 않지만 필요한 부분이 있는 그러한 사건 유형 C와 E가 있는 경우다(INUS 조건). 메키의 인과관계 분석은 일반적으로 일상에서 일어나는 사건들을 상식적인 수준에서 인과관계로 이해할 수 있는 실천적인 방안을 제시했다는 평가를 받는다. 반면에 그의 이론은 인과관계를 논리적 조건으로 파악하려는 견해와 마찬가지로 인과의 방향을 적절히 보여주지 못할 뿐만 아니라, 인과관계의 본성을 분명하게 보여주기에는 충분하지 않다는 지적을 받고 있다.

다음으로, 인과관계의 문제에 대한 가장 최근의 논의는 루이스(Lewis, 1973)의 반사실적 조건문에 의거한 해명이라고 볼 수 있다. 그는 가언적 조건문을 이용하여 인과관계에 대한 분석을 시도한다. 그의 기본적인 전략은 인과적 의존관계의 좁은 개념을 이용하고, 다음으로 반사실적, 인과적 의존을 분석하는 것이다. 그의 반사실적 조건을 간략히 정리하면 다음과 같다.

(1) 한 사건 c가 한 사건 e를 초래하는 경우는 c와 e를 잇는 인과적으로 의존하는 사건들의 사실이 있는 경우 그리고 그 경우뿐이고,

(2) 한 사건 g가 한 사건 f에 인과적으로 의존하는 경우는 f가 일어나지 않았었다면 g 또한 일어나지 않았을 경우 그리고 그 경우뿐이다.

여기서 원인은 그것들의 결과에 대한 필요조건일 필요는 없다. 반사실적 의존(따라서 인과적 의존)은 필연적으로 이행적(transitive)이지 않기 때문이다. 그럼에도 불구하고 루이스의 접근법은 인과관계에 관한 필요조건 분석과 밀접하게 관련이 있다. 인과적 의존의 더 기초적인 관계가 다른 사건의 상황에서 한 사건이 반사실적으로 필요조건임에 관한 문제이기 때문이다. 하지만 이러한 접근법은 많은 반론을 낳는다. 반사실적 조건문에 제기되는 문제들은 무엇인가? 가장 잘 알려진 반론들은 인과적 중복 결정(over determination), 인과적 선점(preemption), 그리고 후행적 인과(backward causation)의 문제들이다. 여기서는 간략히 인과적 중복 결정에 관해서만 살펴보자. 그 문제는 두 사건 c와 d에 한 사건 e가 잇따르고, c와 d는 그 자체로 e를 초래하기에 인과적으로 충분한 경우를 상정한다. 만일 이러한 경우가 있다면, c는 e를 초래하고 d도 e를 초래할 수 있다. 그리고 이것은 루이스의 반사실적 분석에 대한 직접적인 한 반례로 평가된다. 루이스에 따르면 이러한 반론들은 피할 수 있다. 즉 한 원인이 그것의 결과에 대한 충분조건이라고 주장하면 된다. 하지만 그러면 중요한 다른 반론들이 제기될 수 있다. 특히 모든 자연법칙이 양자역학의 비결정적인 세계와 같이 확률적이라면 어떠한 인과적 관계도 있을 수 없다.

마지막으로, 데이빗슨(Davidson, 1980[1967])이 제시한 인과적 설명에 관한 주장을 살펴보자. 그의 논의를 따라가기 위해 우선 다음과 같은 단칭 인과 진술문의 논리적 형식을 분석해보자.

> 그 누전은 그 화재를 초래하였다.

그는 다음과 같은 분석을 제시한다.

> a) 그 사건들은 연결된 개별적(또는 특정적) 사건들로 파악될 수 있고,
> b) 그 사건들은 다음과 같은 형식으로 분석될 수 있다. 말하자면 누전인 고유한 사건 c가 있고 화재인 고유한 사건 e가 있다. 그리고 c는 e를 초래하였다.

F가 누전의 유형 사건이고 G가 화재의 유형 사건이라면, 단칭 인과 진술문은 다음과 같은 형식을 갖는다.

> Fc와 같은 그 고유한(개별적) 사건 c는 Ge와 같은 고유한(개별적) 사건 e를 초래하였다(Davidson, 1980[1967]: 80).

데이빗슨에게 있어 이와 같은 진술문은 인과적 진술문이다. 이러한 인과적 진술문은 한 사건이 다른 사건을 초래함을 잘 보여줄 수 있다. 하지만 이러한 인과적 진술문들이 완전한가에 대해서는 다른 문제를 제기할 수 있다. 말하자면 우리는 그러한 진술문이 관련된 법칙적 일반화로부터 추론되거나 예화되어야만 완전한 설명을 제공할

수 있다고 생각하지 않겠는가? 데이빗슨은 사건과 기술(description)을 명확하게 구분 짓기 위해 다음과 같이 주장한다.

> "이 성냥의 불붙음의 원인은 그것이 그어짐이었다."와 같은 문장에서 어떤 부분이 그 원인의 기술(description)인가? 그 원인에 기술을 추가함으로써 우리는 그러한 기술과 법칙으로부터 그와 같은 종류가 잇따르는 결과를 추론할 수 있다(Davidson, 1980[1967]: 81).

여기서 그가 제시한 사건론을 살펴보지 않고서는 그의 주장이 무엇인지 세밀히 분석하기 어렵다. 따라서 그의 사건론을 간략하게 먼저 살펴보자. 데이빗슨은 사건을 다양한 방식으로 기술될 수 있는 시공간상의 개별자(particular)로 파악한다. 특히 사건들은 단칭어와 한정 기술구에 의해 지시될 수 있다. 예컨대 한 사건은 '철수의 차를 도둑맞음'으로 적절하게 지시될 수 있다. 하지만 이것은 또한 '차량 번호 63노7510 BMW 차량이 도둑맞음'으로 적절하게 달리 기술될 수 있다. 데이빗슨이 강조하였듯이, 사건은 그것이 어떻게 기술되느냐에 따라 혼동되어서는 안 된다. 사건의 기술은 부분적이거나 불완전할 수 있다. 하나의 동일한 사건이 각각 다른 기술에 의해 지시될 수 있기 때문이다. 예컨대 '1999년 9월 7일 정오에 아테네에서 발생한 지진'으로 기술된 사건은 또한 1999년 9월 8일 아테네 신문의 헤드라인에 게재된 사건을 지시할 수 있다. 데이빗슨이 지적한 것은 인과관계에 들어가는 것은 사건 그 자체이지 사건의 기술이 아니라는 점이다. 기술은 그 사건을 지시하고 설명하지만, 인과적 역할을 갖지 않는다. 다음과 같은 인과적 진술문을 가지고 생각해보자.

1999년에 일어난 아테네 지진은 아테네 시민들을 공포에 휩싸이게 했다.

우리가 취할 수 있는 선행 사건 c의 기술이 무엇이든, 그 기술구는 여전히 c가 아테네 시민들을 공포에 휩싸이게 함을 초래하는 경우다. 'c가 e를 초래한다'와 같은 인과적 진술문으로부터 데이빗슨은 다음과 같은 외연을 도출한다. 즉 우리가 두 사건 c와 e에 관한 기술을 새로운 기술로 대체하더라도 그것들의 진리값은 변하지 않는다는 것이다. 그렇다면 그가 사건을 이해하는 방식을 다음과 같이 요약할 수 있다. 말하자면 다양한 방식으로 기술될 수 있는 사건들은 특정 시간과 공간에서 개별적으로 일어나는 것이다. 그러면 데이빗슨이 다음과 같이 주장하는 것은 놀라운 일이 아니다. "한 사건에 관한 기술을 삭제하는 모든 것은 기술된 사건의 어떤 것을 제거하는 것이다." (Davidson, 1980[1967]: 82) 이러한 관점에서 우리는 데이빗슨이 단칭 인과 진술문의 완전한 사례를 어떻게 파악하는지를 알 수 있다. 왜냐하면 인과적 관계에 들어가는 사건 자체는 완전하기 때문이다. 오직 그러한 사건에 관한 기술들만이 불완전할 수 있을 뿐이다. 우리는 또한 그가 어떻게 흄주의 상례성 견해(RVC)와 단칭 인과론이 화해할 수 있다고 주장하는지도 알 수 있다. 왜냐하면 인과적 진술문에 들어가는 사건의 기술을 골라내면, 법칙과 같은 진술문과 그 진술문에서 그 사건이 지시하는 가정에 따르는 그 기술로부터 단칭 인과 진술문을 추론할 수 있기 때문이다. 따라서 우리는 인과법칙 하에 단칭 인과 진술문을 포괄할 수 있다. 데이빗슨은 다음과 같이 제안한다(Davidson, 1980[1967]: 83). 만일 'c가 e를 초래한다.'가 참이라면, 그러한 인과적 진술문을 지지하는 법칙이 있음에 틀림없다. 그는 비록 그 법칙이 우리에게 알려지지 않았을 뿐만 아니라 단칭 인과 진술문의 언어로 진술되지 않았다고 하더라도 어떤 법칙이 있음에 틀림없다고 생각한다. (이와 같은 데이빗슨의 법칙에 대한 독특한 입장을 무법칙적 일원론이라고 부른다.) 그리고 이러한 법칙이 있다는 것은 흄주의자가 원인은 그것의 결과에 대한 필요충분조건이라고 말하는 것에서 포착할 수 있다. 만일 데이빗슨이 옳다면, 흄주의와 단칭주의는 충돌하지 않는다. 물론 화해는 두 사건을 포괄하는 법칙이 있는가에 관한 앎과 무엇이 법칙인가에 관한 앎의 구분에 의존하게 될 것이다.

법칙에 대한 데이빗슨의 생각을 다음과 같이 간략히 정리할 수 있을 것이다. 말하자면 비록 우리가 적합한 형식으로 법칙을 형식화할 수 없다고 하더라도 실망할 이유가 없다. 왜냐하면 우리가 "a는 b를 초래한다."와 같은 참인 진술문을 사용한다면, "관련 법칙과 최초 조건의 참인 전제에 의해 도출되는 'a'와 'b'로 대체될 수 있는 결과로서의 a와 b에 관한 기술이 있다." 그리고 만일 우리가 그 진술에 적절한 제한을 가한다면, 그 역도 성립할 수 있을 것이다(Davidson, 1980[1967]: 84).

만일 데이빗슨의 주장처럼 관련 법칙과 최초 조건으로부터 인과관계를 보여주는 적절한 기술(구)을 도출할 수 있다면, 단칭 인과 진술문을 참이게 만드는 것은 어떤 상례성 또는 법칙이 될 것이다. 모든 인과관계는 법칙적이다. 말하자면 c가 e를 초래하는 경우는 c와 같은 사건을 e와 같은 사건을 연결하는 법칙이 있는 경우 그리고 그 경우뿐이다. 그러면 형이상학적 관점으로부터, 인과관계는 흄주의자가 견지하는 입장에 서게 된다. 하지만 이와 같은 인식론적 단칭 인과론은 한계가 있다는 지적을 받을 수 있다. 만일 우리가 단칭 인과 진술문이 참이 된다는 것을 안다면, 법칙을 이끌어낼 수 있다는 결론은 도출되지 않는다. 말하자면 도출될 수 있는 것은 우리가 포괄 법칙이 있을 것이라는 것을 안다는 정도뿐일 것이다. 아마도 흄주의는 이러한 결과를 부정하지 않을 것이다. 하지만 법칙에 대한 데이빗슨의 이러한 입장은 많은 논란을 일으킨다. 단칭 인과 진술문이 법칙을 함축하는가에 관한 문제에 대해서는 적어도 그 진술문이 어떠한 법칙도 함축하지 않는다고 보는 듀카스의 주장이 더 그럴듯한 것 같다. 게다가 흄주의를 따르면서도 엄밀한 자연주의적 입장을 채택하는 헴펠의 연역-법칙적 해명은 법칙에 대한 데이빗슨의 입장에 반대할 것이다. 말하자면 법칙은 있지만, 우리가 그것을 알 필요는 없다는 주장을 수용하지 않을 것이다. 스크리븐(Scriven, 1975: 8)의 말을 빌리자면, 데이빗슨이 우리에게 제안한 것은 '유령 법칙(phantom law)'이 있다는 것뿐이다. 데이빗슨의 단칭 인과론은 참인 단칭 인과 진술문이 한 사건이 왜 일어났는지를 설명하더라도, 그가 제시하는 법칙 이론하에서는 그 사건을 설명하는 법칙에 접근할 수 없다는 약점을 가지고 있다.

데이빗슨의 견해에 대한 또 다른 반론이 있다. 그 반론은 사건에 대한 설명에 초점을 맞춘다. 예컨대 멜러(Mellor, 1995)는 인과 진술문이 (사건이 아닌) 사실과 관련이 있다고 주장한다. 따라서 그는 데이빗슨의 단칭 인과 진술문에 관한 논리적 형식의 분석을 거부한다. 이러한 노선에서 가장 유명한 견해는 아마도 사건에 관한 김재권(kim, 1971; 1993)의 분석일 것이다. 그의 분석에 따르면 사건은 특정 시간에 대상에 의해 속성이 예화된 것이다. 따라서 한 사건은 [x, P, t]의 3항 관계를 갖고, 그것은 속성 P가 시각 t에 대상 x에 의해 예화된다는 것을 의미한다. 이러한 견해의 장점은 속성이 어떻게 인과적으로 효력을 갖는지를 분명하게 보여준다는 것이다. 예컨대 S의 과체중이 의자가 망가지는 것을 초래하였다고 말할 때, 우리는 의자의 망가짐을 초래한 것이 체중 초과였음을 의미한다.

3. 인과관계에 관한 비환원론: 인과 실재론

인과관계에 관한 비환원론은 통상 인과관계에 대한 실재론으로 불린다. 그러한 견해에 따르면 우리가 거주하는 세계의 항목들은 원래 원초적인 것으로서 또는 다른 해명이 필요하지 않은 형이상학적인 사실로서 어떤 인과적 힘을 가진다. 그리고 이러한 견해의 더 강한 버전은 법칙이 실재에 부가되는 어떤 추가적인 특성이 아니라 오히려 대상이 가진 인과적 힘을 보조하는 것에 불과하다고 주장한다. 툴리는 "인과적 진술문의 진리값은 일반적으로 비인과적 사실에 의해 논리적으로 결정되지 않는다."(Tooley, 1987: 246)고 말하면서, 인과적 실재론이 반환원론적 접근법이라고 주장한다.

1) 인과관계에 대한 직접적 실재론과 간접적 실재론

인과관계에 대한 실재론은 크게 인과적 관계에 대한 기초적인 환원주의 논제를 거부하거나 인과법칙에 대한 환원주의 논제를 부정하는 방향으로 나눌 수 있다. 또한 실재론적 접근에도 중요한 구분이 있다. 그것은 인과적 사태가 즉각적으로 관찰 가능한가에 관한 문제와 결부되어 있다. 직접적 실재론에 따르면 어떤 인과적 사태는 즉각적으로 관찰 가능하다. 반면에 간접적 실재론에 따르면 어떠한 인과적 사태도 즉각적으로 관찰 가능하지 않다.

직접적인 인과적 실재론을 먼저 살펴보자. 우리가 직접적인 인과적 실재론을 수용한다면, 곧바로 직접적으로 관찰할 수 있는 인과적 사태가 무엇인지에 관한 문제가 제기될 수 있다. 우리가 인과법칙을 직접적으로 획득할 수 있다고 보는 것은 전혀 그럴듯하지 않기 때문이다. 만일 인과법칙을 직접적으로 획득할 수 있다면, 관련된 사태는 사태들 간의 인과적 관계를 구성해야만 한다. 따라서 실재론적 접근법은 두 갈래로 나뉠 수 있다. 인과관계는 우리의 경험 안에서 즉각적으로 찾아질 수 있다는 길과, 반면에 인과관계는 그 자체로 환원할 수 없기 때문에 직접적으로 관찰할 수 없기에 그것을 이론적 관계로만 파악하는 길이다.

2) 직접적인 인과적 실재론

인과관계에 관한 인과적 실재론은 다음과 같은 네 가지 논제에 의거하여 유형별로 고찰할 수 있다. 우선 직접적 실재론으로부터 시작하자. 인과관계에 관한 이 견해는 네 가지 중요한 논제를 포함한다 (Tooley, 1987).

① 인과성의 관계는 직접적으로 관찰 가능하다.
② 인과성의 관계는 비인과적 속성 그리고(또는) 관계로 환원될 수 없다.
③ 인과성의 관계는 또한 인과법칙과 함께 비인과적 속성 그리고/또는 관계로 환원될 수 없다. 따라서 그러한 환원은 우리가 인과관계의 관계를 직접적으로 획득할 수 없음을 함축한다.
④ 인과성의 관계에 대한 개념은 분석적 기초다.

앤스콤(G. E. M. Anscomb), 암스트롱(D. Amstrong), 페일즈(Evan Fales) 등을 포함하는 많은 철학자가 인과성의 관계를 관찰할 수 있다고 주장하였다. 앤스콤은 우리가 인과적 사태의 관찰 가능한 앎을 획득한다고 주장한다. 예컨대 우리가 돌이 창을 부수는 것을, 칼이 무를 자르는 것을 볼 때 그러한 앎을 획득한다.

인과관계에 관한 비환원적 접근법인 인과적 실재론을 살펴보기 위해 우리가 어떤 가능한 의미에서 한 사건이 다른 사건을 초래하는 것을 관찰한다고 가정해보자. 만일 그러한 가정이 성립한다면, 인과적 실재론을 참이라고 여길 이유가 될 수 있는가? 만일 그것이 정당한 이유가 될 수 있다면, 우리는 인과관계의 관계가 관찰 가능하다는 주장으로부터 인과관계의 어떠한 개념 분석이 다른 필요조건을 제공하지 않는다는 결론을 도출하고, 따라서 그 개념 분석은 기초적일 수 있다. 하지만 일반적인 넓은 의미에서, 관찰 가능한 앎은 관련된 개념들이 분석적 기초라는 결론을 적절하게 근거 짓지 못하는 것 같다. 예컨대 비록 전자에 관한 물리학적 개념이 어떤 분석적 기초가 아니라고 하더라도, 물리학자가 안개상자를 관찰할 때 그는 전자를 본다고 적절하게 말할 수 있다.

실재론자들은 그와 같은 반론에 대해 다음과 같이 말할 수 있을 것이다. 우리는 어떤 것이 붉다고 관찰할 수 있는 경우에 붉은 것이 있는 사건과 그것을 보는 사건이 아주 정확한 의미에서 인과적으로 관련되어 있다고 주장할 수 있다. 만일 그렇다면 붉음임의 개념은 붉음을 관찰할 수 있기 때문에 분석적으로 기초적일 것이다. 우리는 이와 같은 논의로부터 인과 개념 또한 같은 이유로 분석적으로 기초적이라고 말할 수 있을까?

만일 한 개념이 분석적 기초라면, 우리는 지금 다루고 있는 문제에서 개념에 의해 잡아내는 속성임 또는 관계임에 의거해서만 개념을 얻을 수 있다. 하지만 우리는 세계 안에서 한 물리적 대상의 붉음임의 개념을 획득할 수 있고, 거기에는 어떠한 붉은 물리적 대상도 없을 수 있다. 말하자면 만일 한 사물이 어떤 때 붉게 보인다면 또는 우리가 붉은 사물을 봄이라는 환각 상태에 있다면 또는 만일 붉은 잔상을 경험한다면, 그것으로 족하다. 만일 그렇다면 한 물리적 대상의 붉음임의 개념은 정의될 수는 있지만 분석적 기초일 수는 없다.

다음으로 인과관계의 관계가 경험 속에서 즉각적으로 주어질 수 있는지 생각해보자. 주어진 어떠한 경험 E에 대해서, 두뇌의 적합하고 직접적인 자극은 경험 E*를 산출할 수 있다. 그것은 E와 질적으로 구분할 수 없지만, 논리적으로는 인과적으로 관련된 어떠한 요소들을 포함하지 않을 수 있다. 예컨대 사고(생각)들 그 자체 사이에 어떠한 직접적 연결이 전혀 없는 경우에, 우리는 연역적 추론을 한다고 볼 수 있다. 왜냐하면 사고(생각)들은 사실 우리 외부의 어떤 것에 의해 대신 초래된 것이기 때문이다. 따라서 만일 인과관계의 개념이 분석될 수 없다면, 그것이 요구된다는 의미에서 인과적 관계는 경험 속에서 즉각적으로 주어질 수 없다.

이제 직접적 실재론에 대한 반론을 좀 더 구체적으로 살펴보자. 미리 말하자면 첫 번째 반론은 이미 언급되었다. 우리가 지각적으로 또는 내성적으로 인과성의 관계와 연결되는 어떠한 경험에 대해, 만일 질적으로 구분할 수 없는 환각의 경험이 있을 수 있다면, 그 관계의 예화와 연결되지 않고서도 인과관계의 개념을 획득할 수 있다. 그런데 그러한 경험은 논리적으로 가능하다. 따라서 인과관계의 개념은 분석적 기초가 아닌 분석이 될 수 있는 것이어야 한다. 다음으로 직접적 실재론은 인식론적 문제들에 부딪힌다. 예컨대 엔트로피 증가의 방향, 또는 비-엔트로피에서 역전 가능하지 않은 절차의 순서 이동, 또는 열린 갈림실의 방향과 같은 특징은 종종 사건이 어떻게 인과적으로 연결되어 있는지와 관련된 증거를 제시하곤 한다. 게다가 인과적 믿음은 통계적 정보의 기초에 근거하여 성립하기도 한다. 특히 사회과학 영역에서 그러한 방법을 사용하는 것은 매우 정교하다. 인과관계의 관계에 대한 적절한 분석이 제시된다면 우리는 왜 통계적 정보에 기초한 분석적 특성들이 인식론적으로 관련이 있는지 보여줄 수 있고, 현재의 문제에서 왜 통계적 방법이 인과적 사실을 수립하는 데 기여할 수 있는지를 보여줄 수 있다. 반면에 만일 인과관계가 기초적이라면, 말하자면 불가역적인 관계라면 어떻게 그러한 것들이 그와 같은 경우가 될 수 있는지를 보여줄 수 없는 문제가 제기될 수 있다.

4. 인과관계와 자연법칙

간략히 말해서 대부분의 흄주의자는 법칙에 관한 상례성 견해라고 불리는 것을 적용한다. 말하자면 자연법칙은 상례성이다. 하지만 그들은 극복해야 할 문제가 있다. 왜냐하면 듀카스의 단칭 인과론 설명에서 보았듯이, 모든 상례성이 인과적인 것은 아니기 때문이다. 그뿐만 아니라 자연법칙 모두가 법칙으로 간주될 수 있는 것도 아니다. 예컨대 밤은 항상 낮에 잇따르지만, 밤이 낮을 초래하는 것은 아니다. 또한 내 주머니에 있는 모든 동전이 원화라는 것이 상례적이라고 하더라도 그것은 자연법칙이 아니다. 따라서 흄주의는 (자연법칙을 구성하는) 좋은 상례성과 (그저 우연적인 상례성인) 나쁜 상례성의 구분을 이끌어내야 하는 부담을 져야 한다. 만일 그러한 구분이 가능하다면, 오직 전자만이 인과관계를 지지하고 인과적 설명에서 올바른 역할을 할 것이다. 이 지점에서 인과관계를 환원적인 방법으로 접근하고자 하는 일련의 시도들은 자연법칙의 성격에 관해 답해야 할 것이다. 비환원적 접근법인 실재론 또한 이 문제에서 자유롭지 않다. 앞서 보았듯이 실재론은 인과관계의 개념을 분석적 기초가 아닌 분석의 대상으로 볼 충분한 이유들이 있기 때문이다.

만일 우리가 일반적인 의미에서 물리주의를 수용한다면, 헴펠식의 법칙 연역적 해명에 호소하여 자연법칙의 성격이 무엇인지에 관해 답해볼 여지가 있다. 예컨대 자연법칙을 구성하는 상례성을 일종의 법칙망으로 간주하는 것이다. 만일 이러한 생각이 그럴듯하다면, 자연법칙을 구성하는 상례성은 세계에 대해 우리가 가진 앎에 관한 이상적인 연역적 시스템의 공리들에 의해 표현될 수 있다. 공리들, 특히 단순성과 설명적 힘의 가장 나은 균형을 보여주는 연역적 시스템에 의해 표현될 수 있다. 여기서 단순성은 법칙 시스템에서 불필요한 요소들을 허용하지 않아야 하기 때문에 요구된다. 그리고 설명적 힘은 연역적 시스템이 세계를 구성하는 법칙에 관해 가능한 한 많은 정보를 제공해야 하기 때문에 요구된다고 볼 수 있다. 하지만 상례성이 세계를 잘 설명하는 시스템의 후보가 되거나 일부가 되는 것은 그저 우연적이다. 달리 말해서 그것은 순수한 자연법칙이 아닐 수도 있다.

예민한 독자들은 이미 감지하였겠지만, 법칙을 이와 같이 간주하는 견해는 '자연법칙은 무엇인가?'라는 물음에 올바른 답변을 할 수 있어야 한다. 하지만 이러한 견해에 대해 일종의 법칙망이 자연법칙이 일반적으로 이미 가지고 있는 완전히 객관적인 상태를 구성하는가에 대해 의문을 가질 수 있다. 말하자면 어떻게 법칙과 같은 것(lawhood)이 세계를 연역적 시스템으로 조직화하여 파악하려는 시도에 들어올 수 있는지에 대해 물을 수 있다. 인과관계에 관한 환원적 접근법이 이러한 주관성의 문제로부터 벗어나려 한다는 것은 의심의 여지가 없어 보인다. 좋은 소식은 인과관계에 관한 환원적 접근법이 적어도 어느 정도 법칙의 객관성을 확보할 수 있다는 것이다. 반면에 환원주의는 그러한 객관성을 확보하기 위해서 어떤 형이상학적 그림을 적용해야만 한다. 말하자면 세계는 객관적인 법칙적 구조를 가져야 한다. 그리고 상례성은 이러한 구조의 한 유망한 후보가 될 수 있을 것이다. 다시 말해 상례성은 그저 우리의 믿음에 불과한 것이 아니라 이러한 구조가 가진 구성 요소들의 객관적 관계로 파악될 수 있을 것이다. 만일 그렇다면 상례성은 자연법칙으로 간주될 것이다.

하지만 비록 법칙과 같은 것의 연역적 시스템으로 구성된 일종의 법칙망 견해가 성공적이라고 간주될 수 있다 하더라도 반드시 지불할 대가가 있다는 데 주목해야 한다. 왜냐하면 인과관계에 어떤 필연성이 있다는 것을 부정한다면, 자연법칙에 어떤 필연성이 있다는 것 또한 거부해야 하기 때문이다. 그러면 우리는 충분히 강력한 필연성 개념에 호소하지 않고서는 자연법칙과 우연적 상례성이 인과관계 또는 인과적 설명을 지지하는 데 충분하지 않다는 문제를 제기할 수 있다. 간략히 말해서 법칙은 상례성으로 환원될 수 없다고 주장할 것이다. 법칙은 일반적으로 속성들 사이를 필연화하는 어떤 관계로 파악된다. 이와 같이 법칙이 속성들의 관계를 포섭한다고 보는 견해를 지지하는 사람들은 일반적으로 자연법칙이 우연적이라는 데 동의한다는 점은 주목할 만하다. 자연법칙은 모든 가능 세계에서 성립하는 것은 아니다. 말하자면 자연법칙은 (어떤 가능 세계에서는) 다를 수 있거나, 심지어 어떠한 법칙도 없을 수 있다.

참고 문헌

데이빗슨, 도널드, 2012, 『행위와 사건』, 배식한 역, 한길사.

리히트, G. H. 폰, 1994, 『설명과 이해』, 배철영 역, 서광사.

안건훈, 2006, 『자유의지와 결정론』, 집문당.

엘스, E., 1994, 『합리적 결단과 인과성』, 우정규 역, 서광사.

탁석산, 1998, 『흄의 인과론』, 서광사.

Davidson, D., 1980[1967], "Causal Relations", *Essays on Actions and Events*, New York: Oxford Univ. Press.

Ducasse, C. J., 1968, *Truth, Knowledge and Causation*, London: RKP.

Ducasse, C. J., 1969, *Causation and Type of Necessity*, New York: Dover

Kim, J., 1971, "Causes and Events: Mackie on Causation", *Journal of Philosophy* 68: 429-441. Reprinted in Sosa & Tooley (eds.), 1993, *Causation*, Oxford Univ. Press.

Kim, J., 1993, *Supervenience and the Mind*, Cambridge: Cambridge Univ. Press

Lewis, D., 1973, *Counterfactuals*, Cambridge, MA: Harvard Univ. Press.

Mackie, J. L., 1966, "Counterfactuals and Causal Laws", In *Analytic Philosophy: First-Series*, R. J. Butler(ed.), 65-80, Oxford: Basil Blackwell.

Mellor, D. H., 1995, *The Facts of Causation*, London: Routledge.

Nagle, E., 1961, *The Structure of Science*, New York: Harcourt, Brace, & World.

Russel, B., 1918, "On the Notion of Cause", In *Mysticism and Logic*, Lodon: Allen & Unwin.

Scriven, M., 1975, "Causation as Explanation", *Nous* 9.

Tooley, M., 1997, *Time, Tense and Causation*, Oxford: Clarendon Press.

Tooley, M., 1987, *Causation: A Realist Approach*, Oxford: Clarendon Press.

Tooley, M., 1999, *Law of Nature, Causation, and Supervenience*, Garland Publishing, Inc. New York & London.

지은이 소개

손동현은 독일 마인츠대학교에서 철학 박사 학위를 받았으며, 현재 성균관대학교 철학과 교수로 재직, 정년을 앞두고 있다. 존재론, 인간학, 문화철학 등의 철학적 주제 외에도 도덕교육, 인문교육의 현실에 큰 관심을 가지고 있다. 저서(공저)로 *Die Seinsweise des Objektivierten Geistes*(1987), 『중등도덕교육의 현실과 문제』(2003), 『나의 삶, 우리의 현실』(2005), 『공동체자유주의』(2008) 등이, 역서로 『역사의 인식』(1979), 『존재론의 새로운 길』(1997), 『문화학이란 무엇인가』(2004) 등이, 논문으로 「문화의 존재론적 기초와 구조」, 「선험적 주관성의 생물학적 기초」, "1st-Person Philosophy & 3rd-Person Philosophy", "Schichtungsstruktur der Kultur und die Globalisierungsgrenze", "Philosophical Anthropology of ICT", "Bergson, Précurseur de l'épistémologie évolutionniste" 등이 있다.

김태경은 성균관대학교에서 철학 박사 학위를 받았으며, 성균관대학교 인문과학연구소 연구교수를 거쳐 현재 경희대학교 후마니타스 칼리지 객원교수로 재직 중이다. 서양 고대 철학 및 인문 교양 분야를 강의하고 있으며, 주요 관심사는 서양 고대 철학, 플라톤 철학, 아리스토텔레스 철학 등과 관련된 주제들이다. 저서로 『플라톤의 후기 인식론』(2000), 『플라톤 철학과 그 영향』(2001), 『플라톤의 정치가』(2006), 『가자, 고전의 숲으로』(2008) 등이, 역서로 『소피스테스』(2000), 『정치가』(2000), 『철학의 거장들1』(2001), 『아리스토텔레스』(2005) 등이, 논문으로 「플라톤의 『소피스테스』편에서 변증술과 존재론」(2003), 「플라톤의 『정치가』에서 측정술(metrētikē)」(2003), 「플라톤의 『정치가』에서 정치체제와 법률」(2005), 「플라톤의 『국가』에 나타난 mimēsis 개념」(2009), 「플라톤 『크리톤』의 '의인화된 법률 연설' 분석」(2010) 등이 있다.

김영균은 성균관대학교에서 철학 박사 학위를 받았으며, 현재 청주대학교 교양학부 교수로 재직 중이다. 서양 고대 철학 및 철학 교양 과목들을 강의하고 있으며, 주요 관심사는 플라톤과 아리스토텔레스 철학과 관련된 주제들이다. 저서로 『플라톤의 티마이오스』(2000, 공저), 『국가: 훌륭한 삶에 대한 근원적 성찰』(2008) 등이, 논문으로 「『국가』 9권에서 가장 즐거운 삶에 대한 세 번째 논증」(2009), 「플라톤의 철인정치론」(2010), 「플라톤의 『티마이오스』편에서 필연(anankē) 개념)」(2011) 등이 있다.

이충진은 독일 마르부르크대학교에서 칸트 법철학 연구로 철학 박사 학위를 받았으며, 현재 한성대학교 교양학부 교수로 재직 중이다. 윤리학 및 논리학 분야를 강의하고 있으며, 주요 연구 분야는 서양 근대 사회철학, 칸트 철학, 독일 관념론 철학 등이다. 저서로 『이성과 권리』(2000), 『독일 철학자들과의 대화』(2010) 등이, 역서로 『법이론』(2013), 『쉽게 읽는 칸트—정언명령』(1999) 등이, 논문으로 「정치와 역사」(2012), 「칸트 윤리학의 옹호」(2012) 등이 있다.

이광모는 독일 빌레펠트대학교에서 철학 박사 학위를 받았으며, 현재 숙명여자대학교 교양교육원 교수로 재직 중이다. 주요 관심사는 독일관념론과 존재론에 관련된 주제들이다. 저서로 『헤겔철학과 학문의 본질』(2005), 『세계정신의 오디세이』(2007) 등이, 논문으로 「후기 셸링과 아도르노에 있어서 이성과 그 타자 문제」(2009), 「헤겔의 칸트 비판과 사변철학의 형성원리」(2012), 「긍정철학의 원리와 가능성」(2012), 「유다의 운명과 자유」(2012), 「악에 관한 형이상학적 고찰」(2009) 등이 있다.

한희진은 프랑스 파리1대학(팡테옹-소르본)에서 철학 박사 학위를 받았으며, 콜레주 드 프랑스(Collège de France) 생명과학철학 및 의철학 조교수와 성균관대학교 철학과 조교수를 거쳐, 현재 고려대학교 의과대학 의인문학교실 부교수로 재직 중이다. 의철학, 의사학, 생명윤리, 의료윤리 등 의인문학(Medical Humanities) 분야를 강의하고 있으며, 프랑스 근현대철학, 생명과학철학, 생명과학사, 기술철학 등에 관해서도 연구하고 있다. 저서로 *Philosophie et médecine*(2008, 공저)이, 논문으로 "L'heuristique du vitalisme: le principe vital de Barthez et l'élan vital de Bergson"(2008), 「오진(誤診): 의료윤리와 의료법에 선행하는 인식론 문제」(2010), 「미셸 푸코의 파놉티시즘에서 인식, 권력, 윤리의 관계」(2012) 등이 있다.

김종엽은 독일 보훔대학교에서 철학 박사 학위를 받았으며, 현재 성균관대학교, 인하대학교, 명지대학교, 강릉원주대학교에 출강하고 있다. 현상학, 존재론, 윤리학을 강의하고 있으며, 주요 관심사는 인권과 인간존엄성 그리고 생명윤리와 관련된 인간의 존재론적 특징과 관련된 주제들이다. 저서로 『안다는 것과 사랑한다는 것』(2010), 『인격의 철학, 철학의 인격』(2012) 등이, 논문으로 「인격과 초월의 드러남—하이데거의 인간실존 분석」(2009), 「자살, 그리고 자기정체성을 위한 철학의 변명」(2010), 「인간 존엄성-인간 중심주의의 부활인가」(2010), 「레비나스, 그리고 가까움의 현상학」(2012) 등이 있다.

박필배는 독일 쾰른대학교에서 철학 박사 학위를 받았으며, 현재 성균관대학교, 서울사이버대학교에 출강하고 있다. 윤리학, 형이상학, 칸트 철학 등을 강의하고 있으며, 주요 관심사는 환경과 생명에 관한 인간의 규범 문제와 인간의 실천적 가치에 관된 주제들이다. 저서로 『철학의 전환점』(2012, 공저)이, 논문으로 「칸트 비판철학에서 최고선」(2000), 「칸트 비판철학에서 문화 개념」(2002), 「칸트의 환경 윤리학의 정초」(2003), 「자연과 문화 사이의 갈등—칸트의 목적론적 세계관을 중심으로」(2006), 「인간중심주의와 생태주의—환경 문제 해결을 위한 새로운 대안 모색」(2007) 등이 있다.

박정희는 성균관대학교에서 철학 박사 학위를 받았으며, 현재 성균관대학교 학부대학에서 학술적 글쓰기를 강의하고 있다. 주요 관심사는 자연주의 윤리학과 생태철학과 관련된 주제들이다. 역서로 『생물학의 고유성은 어디에 있는가?』(2005), 『도덕성이란 무엇인가』(2006) 등이, 논문으로 「반실재론적 진화 윤리학에 대한 대안: 실재론적 진화 윤리학」(2011)이 있다.

홍지호는 성균관대학교에서 철학 박사 학위를 받았으며, 현재 성균관대학교 학부대학 교수로 재직 중이다. 논리학 및 비판적 사고 분야를 강의하고 있으며, 주요 관심사는 심신인과 문제, 자유의지 문제 등 형이상학적 주제들이다. 저서로 『비판적 사고—성숙한 이성으로의 길』(2009, 공저)이, 논문으로 「결과논변과 수반논변」(2010), 「행위자 원인은 행위자의 통제력에 도움을 주는가?」(2010), 「'비판적 사고'의 인식적 가치」(2011) 등이 있다.

전대석은 성균관대학교에서 철학 박사 학위를 받았으며, 현재 덕성여자대학교 교양학부 초빙교수로 재직 중이다. 성균관대학교, 덕성여자대학교, 성신여자대학교 등에서 논리학, 비판적 사고, 그리고 학술적 글쓰기를 강의하고 있다. 주요 관심사는 행위 철학에서 의도와 행위에 관련된 주제들과 교양 교육 분야에서 논리적/비판적 사고와 글쓰기에 관련된 영역이다. 논문으로 「인과적 설명에서 자유로운 행위의 가능성 모색」(2008), 「의도와 의

도적 행위의 분석」(2011),「의도적 행위의 인과적 설명과 소극적 행위의 문제」(2012) 등이 있다.